HASARD LEE

Die Macht der Instinkte

Hasard Lee

DIE MACHT *der* INSTINKTE

Klar denken und entscheiden in Echtzeit
Was wir von Kampfpiloten lernen können

Aus dem Amerikanischen von Sven Scheer

ARISTON

Die Originalausgabe erschien 2023 unter dem Titel
The Art of Clear Thinking bei Torva.

Bibliografische Information der Deutschen Bibliothek

Die Deutsche Bibliothek verzeichnet diese Publikation in
der Deutschen Nationalbibliografie; detaillierte bibliografische Daten
sind im Internet unter www.dnb.de abrufbar.

MIX
Papier | Fördert
gute Waldnutzung
FSC® C014496

Penguin Random House Verlagsgruppe FSC® N001967

Aus dem Amerikanischen von Sven Scheer

Redaktion: Ulrike Strerath-Bolz
Umschlaggestaltung: wilhelm typo grafisch
Satz: Satzwerk Huber, Germering
Druck und Bindung: GGP Media GmbH, Pößneck
Printed in Germany

ISBN: 978-3-424-20296-0

Dieses Buch ist den Kriegern der Lüfte gewidmet, die für ihr Land und das Streben nach Vortrefflichkeit ihr Leben gegeben haben. Nickel on the grass …

Inhalt

Einleitung

Als Kampfpilot gewöhnt man sich zwangsläufig irgendwann an die Tatsache, dass einen in jedem Moment nur Sekunden von einem furchtbaren Tod trennen. Jeder Flug ist aufs Neue ein Ritt auf Messers Schneide, dessen Gelingen auf dem Zusammenspiel Tausender richtiger Entscheidungen beruht. Ein einziger falscher Schritt, und ein Flug mündet in der Katastrophe – was bedauerlicherweise im Lauf der Geschichte allzu oft vorgekommen ist.

Um Ihnen eine Vorstellung von der Geschwindigkeit unserer Flugzeuge zu geben, möchte ich eine Geschichte aus meiner Zeit auf der F-16 erzählen. Damals war ich in Korea stationiert. Bei einem Kampfjet war das Triebwerk ausgetauscht worden, und nun musste ihn ein Pilot auf seine Lufttüchtigkeit überprüfen. Es handelte sich um ein »cleanes« Flugzeug, das heißt, es war nicht mit Raketen, Bomben, Targeting Pod (externer Behälter zur Navigation, Zielerfassung und Zielbeleuchtung) oder zusätzlichen Treibstofftanks ausgerüstet. Mit anderen Worten: Es war ein auf das Wesentliche reduzierter Feuerstuhl, der auf seine theoretische Maximalgeschwindigkeit beschleunigen konnte.

Normalerweise fliegen wir ausschließlich in Formation, um an unserer Kampftaktik zu feilen. Jeder Tropfen Kerosin dient der Vorbereitung auf den Ernstfall. Doch bei jenem Flug sollte ich allein starten, um das Triebwerk auf unterschiedlichen Flughöhen und mit verschiedenen Leistungseinstellungen zu testen. Als Schlusspunkt war ein Check bei Maximalgeschwindigkeit vorgesehen, ein sogenannter *Maximum Speed Run*, bei dem ich die Maschine an ihre Grenzen bringen würde.

Nach dem Start steuerte ich den reservierten Luftraum über dem Meer an, wo ich zügig die verschiedenen Triebwerkstests abspulte. Vollgetankt passten gerade einmal 3200 Kilogramm Kraftstoff in die Maschine – eine geradezu lachhafte Menge angesichts des gigantischen Triebwerks in meinem Rücken, das pro Stunde mehrere Tausend Kilogramm Kerosin verbrannte. Beim Blick auf das Profil einer F-16 erkennt man, dass sie im Grunde nur aus Triebwerk und Tanks besteht, um die herum ihre äußere Hülle konstruiert wurde, auf der vorne der Pilot thront.

Nach 15 Minuten war ich mit allen Tests durch, abgesehen vom letzten: dem Max-Speed-Run. Auf 25000 Fuß Flughöhe schob ich den Gashebel bis zum Anschlag nach vorne – mehr gab das Mantelstromtriebwerk nicht her. Doch Kampfflugzeuge verfügen noch über einen weiteren Antrieb, den sogenannten Nachbrenner. Dafür drehte ich den Schubhebel seitlich, sodass ich ihn auf einem gesonderten Kanal weiterschieben konnte. Nun wurden die zusätzlichen Pumpen des Kraftstoffsystems aktiviert, die den Kraftstoff in einem Tempo ansaugten, bei dem ein Swimmingpool nach wenigen Minuten bis auf den letzten Tropfen leer wäre. Allerdings wird bei diesem Manöver der Kraftstoff nicht in die Turbine geleitet, sondern direkt in das Abgasrohr, wo er sich wie bei einem Flammenwerfer entzündet und einen zehn Meter langen Feuerstrahl am Flugzeugheck produziert. Der zusätzliche Schub presste mich in den Sitz. Innerhalb kürzester Zeit ließ ich die Mach-1-Marke hinter mir, jene berühmte Schallmauer, die Chuck Yeager in seiner Bell X-1 als erster Mensch durchbrochen hat. Ich zog die Maschine hoch und war bereits nach wenigen Sekunden auf 35000 Fuß Höhe, während ich immer noch an Geschwindigkeit zulegte. Auf 45000 Fuß verlangsamte ich meinen Steigflug, bis ich schließlich die Dienstgipfelhöhe von 50000 Fuß erreichte. Hier war Schluss, nicht etwa, weil der Jet nicht mehr höher gekonnt hätte, sondern weil ich bei einem Druckverlust im Cockpit innerhalb von Sekunden das Bewusstsein verloren hätte.

Beim Blick aus der Kabine auf 50 000 Fuß Höhe erschien der Himmel deutlich dunkler. Ich war nun oberhalb der Troposphäre und sah, wie weit vor mir das tiefe Indigoblau der oberen Luftschichten in den eisblauen Horizont überging. Auch die Erdkrümmung war deutlich zu erkennen. Rechts von mir lag die koreanische Halbinsel, eine grüne, unter einer dünnen Dunstglocke liegende Landmasse. Links zogen einige Wolken über das Gelbe Meer, das mich vom chinesischen Festland trennte.

Während ich meine Flughöhe hielt, beschleunigte der Jet immer weiter. Ich war inzwischen mit 1,4-facher Schallgeschwindigkeit unterwegs, also mit mehr als 1600 Kilometern pro Stunde. Da ich nur noch für wenige Minuten Kraftstoff an Bord hatte, schob ich den Sidestick, den seitlich montierten Steuerknüppel, nach vorne und ging in den Sinkflug über, um rascher Geschwindigkeit aufzubauen. Auf meinem Head-up-Display zog Mach 1,5 vorbei, bestätigt durch die altmodische analoge Geschwindigkeitsanzeige, auf der sich der Zeiger allmählich im Uhrzeigersinn dem roten Grenzbereich näherte.

Bei Mach 1,6 wurde der Jet unruhig. Aufgrund der extremen Belastung durch den Luftwiderstand – der bei dieser Geschwindigkeit mehr als das 300-Fache beträgt wie bei einem Wagen auf der Autobahn – flatterten die Flügel, die aus einer Aluminiumlegierung gefertigt sind, und versetzten das gesamte Flugzeug in Vibrationen, die in einem Tempo zunahmen, bei dem mir angst und bange um das Flugwerk wurde.

Luftfahrt

Damit ein Flugzeug überhaupt fliegen kann, bedarf es eines permanenten Kampfes mit der Physik. Eine Maschine, die sich mit 1000 Stundenkilometern auf 30000 Fuß Höhe bewegt, ist von der Natur schlicht nicht vorgesehen. Ein Flugzeug ist keine störungssichere Sache, mit anderen Worten: Eigentlich müsste es vom Himmel fallen. Verhindern können wir das nur dank unserer Erfindungsgabe und unserer Entscheidungen.

Die Luftfahrt ist ein einzigartiges Universum, das nicht den geringsten Fehler verzeiht. Während man beim Motorschaden eines Autos lediglich ein paar Stunden am Straßenrand festsitzt, bedeutet ein Triebwerkschaden in der Luft oftmals den sicheren Tod. Selbst in der Wirtschaft sind Alles-oder-nichts-Entscheidungen selten, und wenn sie doch einmal vorkommen, sind nur wenige Personen daran beteiligt. In der Luftfahrt hingegen müssen unzählige Menschen ihr Bestes geben, nur damit das Flugzeug in der Luft bleibt. Sie ist ein instabiles System, und wenn auch nur eine einzige Person ihren Job nicht oder nur unzureichend erledigt, kann das katastrophale Folgen haben. Doch gerade dieser erbarmungslose Charakter sorgte dafür, dass der Entscheidungsfindung in der Luftfahrt seit jeher enorme Aufmerksamkeit gewidmet wurde.

In der Frühzeit der Luftfahrt erschienen die Widrigkeiten unüberwindbar. Die Absturzquote war unfassbar hoch: Rechnet man die Anzahl der Flugzeugunglücke Ende der 1920er-Jahre auf die Anzahl der heutigen Flüge hoch, so müsste es jährlich 7000 Abstürze geben – eine schwindelerregende Zahl. Das führte zu einer fast schon obsessiven Beschäftigung mit der Sicherheit. Im Anschluss an jeden Absturz wurde eine Untersuchung eingeleitet, um Erkenntnisse für künftige Flüge zu gewinnen. Das unerbittliche Wesen der Luftfahrt bildete den perfekten Rahmen für die Analyse von Entscheidungen. Die

Abstürze waren derart spektakulär, dass sie nicht einfach übergangen werden konnten. Und so wurden jedes Mal Spezialisten losgeschickt, die die zugrunde liegende Ursache sowie die unterstützenden Faktoren ermitteln sollten – nicht nur, um zu rekonstruieren, was geschehen war, sondern insbesondere auch, um herauszufinden, *wie* es dazu hatte kommen können. So konnte sich eine Kultur entwickeln, in der Fehler eingestanden, analysiert und behoben wurden, was letztlich erst den Siegeszug der kommerziellen Luftfahrt ermöglichte.

Heute verkörpert sie eine der herausragenden menschlichen Errungenschaften. Seit mehr als zehn Jahren verzeichnen US-amerikanische Fluggesellschaften keinen einzigen Absturz mit tödlichem Ausgang – und das bei annähernd 100 000 Starts und Landungen täglich.

Noch einmal gesteigert wird die Komplexität der Luftfahrt durch den Luftkampf. Ein Kampfpilot muss nicht nur sein Flugzeug sicher steuern und mit Wetter, Gelände, dem Flugverkehr und sonstigen Gefahrenquellen zurechtkommen, er muss sich auch noch eines Feindes erwehren, dessen einziges Ziel darin besteht, ihn abzuschießen. Zumeist ist dieser Feind noch dazu extrem gut ausgebildet und anpassungsfähig. Beide Seiten tun alles, um einander zu täuschen und so die Entscheidungsfähigkeit des Kontrahenten zu schwächen.

Im Luftkampf verändern sich die Bedrohungen permanent, da die Beteiligten versuchen, die eigenen taktischen und technischen Schwachstellen zu schützen und die des Gegners auszunutzen. Jede Entscheidung wird in einem ultimativen Katz-und-Maus-Spiel unermüdlich auf die Probe gestellt und gekontert. Diese unablässige Weiterentwicklung hat ein ebenso vielfältiges wie gefährliches Gefechtsfeld hervorgebracht.

Heute entziehen sich die feindlichen Parteien oftmals dem Zugriff der anderen Seite, indem sie in der Luft, an Land, im Meer, im Weltall und im Cyberspace ihre Spuren verschleiern, um ihrerseits die Achillesferse ihres Gegners zu attackieren. Es gibt Hyperschallraketen, die in einer Sekunde mehr als eineinhalb Kilometer zurücklegen, Tarnkappenbomber, die auf dem Radar nicht einmal die Größe eines Kolibris haben, und Sensoren, die per Triangulation Ziele über den Horizont hinaus lokalisieren können. Oft ist die einzige Warnung vor einem bevorstehenden Angriff das ohrenbetäubend schrille Pfeifen Sekunden vor dem Einschlag.

Der Spielraum für Fehler ist winzig. Die Kampfflugzeuge sind in jeder Hinsicht auf Leistung getrimmt, nicht selten zulasten der Sicherheit. In Verbindung mit beinahe unbeschränkten Budgets, die teilweise die Billionen-Dollar-Grenze überschreiten, entstanden unglaublich leistungsfähige Maschinen, die für den Piloten jedoch große Gefahren bergen.

Geschwindigkeit

Inzwischen flog ich mit mehr als der 1,6-fachen Schallgeschwindigkeit. Das Flugzeug wurde weiterhin durchgerüttelt durch den Stress, dem Flügel und Rumpf durch den Luftdruck ausgesetzt waren. Beim Blick über die Schulter konnte ich erkennen, wie die normalerweise starren Flügel der F-16 auf und ab schwangen. Ich war noch nie so schnell geflogen, und ich hatte auch noch nie das Phänomen des Hochgeschwindigkeits-Flatterns (das sogenannte *Buffeting*) erlebt. Die F-16 war zwar für derartige Geschwindigkeiten konstruiert, allerdings traf das nur für brandneue Jets zu, nicht aber für den, in dem ich saß. Dieser war 25 Jahre alt und hatte Tausende Flugstunden in seiner Struktur. Nach derart vielen Flügen verfügt jeder Jet über spezifische Eigenheiten, die wir festhielten und vor jedem Flug noch einmal durchgingen.

Während früher jeder Kampfpilot sein eigenes Flugzeug hatte, teilen sich heute die Piloten einer Staffel ihre Jets. Es gehört zu unserem Job, uns in kurzer Zeit an die jeweiligen Stärken und Schwächen einer Maschine anzupassen und mit ihr zu einer tödlichen Einheit zu verschmelzen. Da Max-Speed-Runs äußerst selten durchgeführt werden, lagen für diesen Flug keine Daten vor: Ich musste die Bedingungen in Echtzeit einschätzen und auf die sich verändernden Bedingungen reagieren.

Da das Flattern immer heftiger wurde, begann ich mit einer Evaluation der Lage. Das Head-up-Display verriet mir, dass ich mit Mach 1,6 unterwegs war. Um die Möglichkeit auszuschließen, dass es sich um einen Messfehler handelte und ich eventuell die zulässige Höchstgeschwindigkeit des Flugzeugs überschritt, vergewisserte ich mich mit einem Blick auf die analoge Geschwindigkeitsanzeige, dass die Angabe stimmte.

Als Nächstes überprüfte ich auf der Sideslip-Anzeige, ob mein Seitenruder im Luftstrom stand. Wenn es nicht richtig ausgerichtet ist, schlittert das Flugzeug sozusagen über den Himmel, mit negativen Auswirkungen auf die Performance. Für einen Max-Speed-Run muss alles perfekt eingestellt sein. Da das Ruder ein wenig verstellt war, nahm ich meine Hand vom Schubhebel und tastete nach den so gut wie nie verwendeten Trimmschaltern seitlich hinterm Sitz, den Blick unverändert nach vorn gerichtet. Selbst wenn ich hätte sehen wollen, was ich machte, wäre das unmöglich gewesen. Die F-16 war für Piloten von 1,78 Meter Größe entwickelt worden. Mit meinen 1,88 Metern, der unförmigen Überlebensweste und dem Trockentauchanzug zum Schutz gegen das kalte Meer war ich in das Cockpit eingezwängt und konnte mich kaum zur Seite drehen. Also hatte ich mir die Anordnung der Schalter eingeprägt und bediente sie nach Gefühl.

Doch auch als ich das Seitenruder gerade ausgerichtet hatte, änderte sich nichts. Die Vibrationen nahmen sogar noch zu und würden über kurz oder lang das Flugwerk überfordern. Bei dieser Geschwindigkeit hätte ein plötzlicher Ermüdungsbruch katastrophale Folgen; das Flugzeug bräche in tausend Teile auseinander. Ein Notausschuss kam nicht infrage, denn sobald mich der raketenangetriebene Schleudersitz in den fast 2000 km/h schnellen Luftstrom katapultiert hätte, wäre jeder einzelne meiner Knochen gebrochen.

In dem Moment kam mir ein Gespräch in den Sinn, das ich einige Jahre zuvor mit einem erfahrenen Kampfpiloten mit Rufnamen Cygon geführt hatte. Zu jener Zeit war ich noch ganz neu auf der F-16, wohingegen Cygon als erfahrener Kampfpilot nach einem Intermezzo im Pentagon lediglich einen Auffrischungskurs absolvierte. Nominell waren wir beide Flugschüler, doch für ihn sollte es nur eine Durchgangsstation auf dem Weg zum Kommandanten einer Kampfstaffel sein.

Cygon stand in der Kampfpiloten-Hierarchie weit über uns, doch trotz seines hohen Rangs und Status war er sich nicht zu schade, gemeinsam mit uns einfachen Flugschülern die anfallenden Routinearbeiten zu erledigen. Er war ein Mentor für uns, ja sogar für einige der Fluglehrer. Durch seinen Verzicht auf jeglichen hierarchischen Dünkel konnten wir vollkommen offen mit ihm reden, und in diesen Gesprächen legte er uns die Feinheiten unterschiedlicher Taktiken dar und erklärte uns, was einen guten Kampfpiloten ausmacht.

Eines Tages kam ich in den gesicherten Gefechtsstand, das taktische Nervenzentrum jedes Luftwaffengeschwaders, als Cygon gerade von dem Testprogramm erzählte, an dem er auf der F-16 teilgenommen hatte. Dabei hatte er gelernt, dass das Buffeting bei einer »cleanen« Maschine ungefähr bei Mach 1,6 einsetzte – in diesem Bereich, so wusste man, verstärkten sich die aerodynamischen Kräfte gegenseitig und verschlimmerten die Vibrationen. Ihm zufolge musste man entgegen der eigenen Intuition *schneller* fliegen, um den Zustand zu überwinden. Durch die veränderte Resonanz würden sich die Verformungen abschwächen und die Vibrationen verringern. Das hatte sich faszinierend angehört; dennoch hatte ich zu der Zeit nicht gedacht, dass es für unsere alltäglichen taktischen Flugmanöver von Belang sein würde.

Als ich zu meinem Maximum Speed Run abhob, hatte ich seit Ewigkeiten nicht mehr an Cygons Schilderung gedacht. Doch nicht zum ersten Mal stellte ich verblüfft fest, dass einem angesichts einer Entscheidung auf Leben und Tod plötzlich etwas lange Vergessenes wieder einfällt. So gut wie jeder Kampfpilot, der sich einmal mit dem Schleudersitz retten musste, kann davon berichten, wie klar ihm in dem Moment die auswendig gelernte komplexe Abfolge von Schritten vor Augen stand, von der sein Leben abhing, ganz egal, wie lange seine Ausbildung zurücklag. Und so kam mir, kaum dass meine Flügel zu flattern begannen, Cygons Erzählung wieder in den Sinn.

Die grundlegende Entscheidung, die ich treffen musste, lautete schlicht, ob ich schneller oder langsamer fliegen sollte. Beides zog eine Reihe von Folgeentscheidungen nach sich. Falls ich mich dazu entschloss, meine Geschwindigkeit zu verringern, sollte ich dann aus dem Sturzflug hochziehen, was den Druck auf die Flügel noch weiter erhöhen würde? Und wenn ja: Wie sehr sollte ich hochziehen? Oder sollte ich im Sturzflug bleiben und lediglich den Nachbrenner abschalten? Dann würde meine Geschwindigkeit weniger schnell sinken, allerdings wäre das Flugzeug einer geringeren Belastung ausgesetzt. Falls ich mich andererseits entschloss, weiter zu beschleunigen, sollte ich dann meinen Sturzflug einfach unverändert fortsetzen und meine Steuerbefehle reduzieren? Oder sollte ich noch steiler nach unten ziehen, um schneller zu beschleunigen? Egal, wozu ich mich entschloss: Es existierte eine schier endlose Anzahl von Möglichkeiten, wie ich meine Entscheidung anschließend in die Tat umsetzen könnte.

Da mir die Zeit fehlte, alle Optionen durchzugehen, verlegte ich mich auf die bewährte Standard-Entscheidung, nämlich nichts an den gegenwärtigen Einstellungen des Flugzeugs zu verändern. Cygon zufolge waren die Vibrationen höchstwahrscheinlich eine Folge meiner aktuellen Geschwindigkeit. Ich musste schnellstmöglich weiter beschleunigen, ohne dabei die Belastung für das Flugzeug unnötig zu erhöhen. Also entschied ich mich dafür, den Sidestick langsam nach vorne zu schieben und in einen steileren Sturzflug überzugehen.

Mein Head-up-Display zeigte inzwischen Mach 1,7 an, während die Vibrationen noch immer heftiger wurden. Es war ein Gefühl, als würde ich im Autobahn-Tempo über eine ausgefahrene Schotterpiste rasen. Bei Mach 1,8 fiel es mir schwer, die Anzeigen noch abzulesen. Inzwischen nahmen meine Sinne alles, was um mich herum geschah, überscharf wahr. Mir wurde mulmig zumute – hatte ich vielleicht die falsche Entscheidung getroffen? Sollte die Maschine auseinanderbrechen, bliebe von mir nichts übrig. Ich schob den Gedanken rasch weg, um mich vollkommen auf die Kontrolle des Jets konzentrieren zu können.

Endlich, bei Mach 1,9, ließen die Vibrationen nach, und sobald ich bei 2400 km/h angekommen war, breitete sich eine geradezu gespenstische Ruhe aus. Am Steuer eines Kampfjets hat man normalerweise keine Zeit, um den Ausblick zu genießen – man befindet sich in einer taktischen Blase, in der man ausschließlich mit der als Nächstes anstehenden Entscheidung beschäftigt ist. Doch dies war einer der seltenen Momente, in denen die Zeit langsamer zu vergehen schien und ich Gelegenheit hatte, alles in mich aufzusaugen. Beim Blick nach unten entdeckte ich Containerschiffe, die ihre langen Kielwasserspuren durch das Meer zogen, um gleich darauf hinter mir zu entschwinden. Im Cockpit wurde es immer wärmer, doch nicht etwa, als sei einfach die Temperatur hochgeregelt worden; vielmehr strahlte die Hitze von allen Seiten auf mich ein, da sich die Flugzeughülle durch die Luftreibung rapide erhitzte. Ich nahm meine Hand vom Steuerknüppel und hielt sie im Schutz des Nomex-Handschuhs 30 Zentimeter vor das Glas der Cockpithaube. Die Hitze durchdrang das Schutzmaterial, ein Gefühl, als würde ich meine Hand in einen Backofen halten.

Während ich in dichtere Luftschichten vordrang, wurde ich immer noch schneller, bis das Flugzeug schließlich an seine strukturellen Grenzen gelangte. Da mein Kraftstoff zur Neige ging und ich den Max-Speed-Run abgeschlossen hatte, zog ich den Schubhebel aus dem Nachbrennerbereich. Obwohl das Triebwerk weiterhin jede Menge Schub entwickelte, wurde der Jet durch den Widerstand der dichteren Luft abrupt abgebremst. Ich wurde mit solcher Wucht nach vorne katapultiert, dass meine Schultergurte blockierten. Dennoch dauerte es noch rund 80 Kilometer, bis die Maschine nicht mehr mit Schallgeschwindigkeit unterwegs war.

Entscheidungen

Einfach gesagt, besteht der Job eines Kampfpiloten darin, Entscheidungen zu treffen, und zwar bei jedem einzelnen Flug Tausende Entscheidungen. Oft liegen ihm dafür nur unvollständige Informationen vor, und nicht selten stehen Leben auf dem Spiel. Die Entscheidungen beginnen in der Planungsphase eines Einsatzes, in der zur Erreichung eines bestimmten Zieles Prozesse entwickelt und Ressourcen verteilt werden. Oftmals sind Hunderte Menschen aus unterschiedlichen Kontexten an einem Einsatz beteiligt, die zugunsten dieses einen Zieles zusammenkommen. Anschließend muss der Flug im Nebel und unter den Friktionen des Krieges ausgeführt werden, durch die sich jeder noch so gut geplante Einsatz unweigerlich verändert. Trotz aller Anstrengungen im Vorhinein stehen somit in der Luft jedes Mal aufs Neue schwierige und unvorhergesehene Entscheidungen an, für die es keine Lehrbuchlösungen gibt. Im Anschluss schließlich wird jede einzelne Entscheidung noch einmal analysiert, um Erkenntnisse für die Zukunft zu gewinnen.

Kampfpiloten leisten seit Langem wichtige Beiträge zur Theorie der Entscheidungsfindung, beginnend mit Air Force Colonel John Boyd, der auf der Grundlage seiner Erfahrungen bei Kampfflugeinsätzen im Koreakrieg die OODA-Schleife entwickelte, ein Akronym für observe, orient, decide, act (beobachten, orientieren, entscheiden, handeln). In den Jahren seither haben sich weitere herausragende Kampfpiloten wie Colonel John Warden und General David Deptula um das Feld verdient gemacht. Bis heute entwickelt sich die Theorie stetig weiter und versorgt die Kampfpiloten mit den bestmöglichen geistigen Hilfsmitteln, um die Probleme, denen sie begegnen, zu lösen. So talentiert wir als Piloten auch sein mögen: Für unser Überleben vertrauen wir auf das Motto, dass ein guter Pilot dank seines überlegenen Urteilsvermögens Situationen vermeidet, in denen es auf überlegenes Können ankommt. Die saubere und klare Entscheidungsfindung ist so gut wie immer dem reinen Talent überlegen.

Auf der Basis von unvollständigen Informationen und unter Zeitdruck richtige Entscheidungen treffen zu können, ist nicht nur für Kampfpiloten von entscheidender Bedeutung, sondern für jeden. Ob Führungskraft, Unternehmerin, Lehrer, Pflegekraft oder Ersthelfer: Sie alle werden nur dann ihre Ziele erreichen, wenn sie zur richtigen Zeit die richtigen Entscheidungen treffen.

Die Welt ist ein komplexes adaptives System, in dem sämtliche Entscheidungen ineinandergreifen – vergleichbar mit den Zahnrädern eines Uhrwerks wirkt sich jede Entscheidung auf periphere Entscheidungen aus, was oftmals unverhältnismäßige Veränderungen beim Resultat nach sich zieht. Alles im Leben unterliegt einer Kosten-Nutzen-Abwägung, da jede unserer Entscheidungen mit Kosten verbunden ist, sei es in Form von Zeit, Geld, Energie oder einer anderen kostbaren Ressource.

Der Schlüssel besteht darin, herauszufinden, wie sich mit einem bestimmten Aufwand langfristig der größtmögliche Ertrag erzielen lässt. Noch dazu, da heute bei unseren Entscheidungen mehr auf dem Spiel steht als je zuvor.

Viele weniger anspruchsvolle Aufgaben sind inzwischen mithilfe der Technik automatisiert worden. Doch das verleiht jeder unserer Entscheidungen eine zuvor ungekannte Hebelwirkung. Der Computer, auf dem ich schreibe, kann ganz allein die Arbeit erledigen, für die noch vor wenigen Jahrzehnten Dutzende Menschen erforderlich waren. Ein Auto erreicht mehr als die zehnfache Geschwindigkeit eines Pferdewagens. Ein moderner Mähdrescher kann Getreide mehrere Hundert Mal so schnell ernten, wie es von Hand möglich war. Und der Jet, den ich fliege, potenziert meine Leistungsfähigkeit um das Vieltausendfache.

Diese Hebelwirkung kann man sich anhand der von uns verbrauchten Energie vor Augen führen. Ein durchschnittlicher Mensch erzeugt lediglich 100 Watt – also in etwa so viel, wie eine herkömmliche Glühbirne benötigt –, verbraucht jedoch mehr als 12 000 Watt. Diese Energie treibt all die technischen Geräte an, die die Auswirkungen unserer Entscheidungen potenzieren. Nie zuvor war der Unterschied zwischen den Folgen einer guten und denen einer schlechten Entscheidung so groß wie heute.

Doch wie können wir unser Urteilsvermögen entwickeln und durchgehend gute Entscheidungen treffen? Obgleich die Entscheidungsfindung zu den grundlegendsten Fähigkeiten zählt, lernen wir sie nicht in der Schule. Stattdessen steht im Unterricht das konvergente Denken im Mittelpunkt, dem zufolge es für jedes Problem eine einzige, genau definierte Lösung gibt. Diese Denkweise war ein Ergebnis der Industriellen Revolution und eröffnet Schülern die effiziente Möglichkeit, schlicht Fakten auswendig zu lernen, während sie Lehrern ermöglicht, ihre Schüler auf einfache Weise zu bewerten. Für die reale Welt ist diese Methode allerdings ungeeignet, dafür ist die Welt zu chaotisch und birgt zu viele Unsicherheiten und Risiken. Doch mit ein wenig Übung kann jeder seine Entscheidungsfähigkeit signifikant steigern.

In der Kampfpilotenausbildung fließen enorme Ressourcen in die Suche nach Möglichkeiten, die menschliche Entscheidungsfähigkeit zu optimieren. Allein die Entwicklung eines erfahrenen Kampfpiloten kostet an die 50 Millionen Dollar und dauert knapp zehn Jahre. Ich hatte das Glück, diese Ausbildung gleich zweimal zu durchlaufen – zunächst für die F-16 und dann erneut, als ich ausgewählt wurde, die F-35 zu fliegen. In meiner anschließenden Tätigkeit als Ausbilder habe ich im Laufe der Jahre mein Wissen an Hunderte Kampfpiloten weitergegeben. Zuletzt schließlich war ich Leiter des F-35-Trainingssystems und an der Entwicklung der nächsten Generation der Kampfpilotenausbildung beteiligt, die in den kommenden zehn Jahren den Grundpfeiler unserer Luftstreitmacht bilden wird.

Dieses Buch stellt die Quintessenz meiner Erkenntnisse und der Gedanken der heutigen US-amerikanischen Kampfpiloten zur Entscheidungsfindung dar. Als Avantgarde der angewendeten Entscheidungsfindung haben wir die im Folgenden vorgestellten Techniken Kampfpiloten weltweit vermittelt, etwa in den Niederlanden, Dänemark, Israel, Norwegen, Südkorea, Japan und mehr als einem Dutzend weiterer Länder. Zudem haben zahllose hochrangige Teams aus unterschiedlichen Bereichen unser Training vor Ort beobachtet, um anschließend unsere Erkenntnisse auf ihre eigene Arbeit zu übertragen. An unseren Schulungen haben Chirurgen, Coaches von Super-Bowl-Gewinnern, CIA-Agenten, Vorstandsvorsitzende führender Wirtschaftsunternehmen, NASA-Astronauten und unzählige andere Personen teilgenommen, die unsere Prinzipien nun fruchtbringend nutzen.

Abgesehen von der Möglichkeit, eigene Erfahrungen zu sammeln, sind Geschichten die wirkungsvollste Art, Wissen zu vermitteln. Sie erlauben eine Kontextualisierung, die, gekoppelt mit Wissen, zu einem tatsächlichen Verständnis verhilft. Deshalb werde ich immer wieder Geschichten aus meiner eigenen Zeit als Kampfpilot, aus der Wirtschaft und von herausragenden historischen Entscheidungen einflechten, um so unterschiedliche Aspekte des Entscheidungsprozesses und ihre Anwendung zu beleuchten.

Der Wert jeglichen Wissens bemisst sich einzig und allein daran, ob wir in Momenten, in denen wir es benötigen, darauf zurückgreifen können. Es spielt keine Rolle, ob wir unter Laborbedingungen irgendwelche Fakten herunterrattern können – letztlich zählt nur, ob wir sie in der realen Welt mit ihren Ablenkungen, Unsicherheiten und Gefahren nutzen können. Bei jeder Lektion muss von Beginn an auf ihre Einfachheit und Anwendbarkeit geachtet werden; diese Faktoren dürfen nicht erst im Nachhinein bedacht werden.

Daher liegen dem vorliegenden Buch drei zentrale Prozesse zugrunde: zu evaluieren, zu wählen und auszuführen. Zusammen bilden sie die sogenannte EWA-Helix (auf Englisch ACE Helix: assess, choose and execute), auf deren Grundlage wir als Kampfpiloten Probleme lösen.

Der erste Schritt besteht darin, ein Problem zu *evaluieren*. Ohne die angemessene Evaluation – oder Einschätzung – eines Problems wird man nie durchgängig richtige Entscheidungen treffen. Leider überspringen viele Menschen diesen Schritt, obwohl er die Grundlage jeder guten Entscheidungsfindung ist. In dem Kapitel zur Evaluation stelle ich eine methodische Vorgehensweise vor, mit der sich mithilfe von Konzepten wie dem Kipppunkt und den Potenzgesetzen Probleme herunterbrechen lassen, um sodann ihre wichtigsten Aspekte bestimmen zu können.

Der nächste Schritt besteht darin, das richtige Vorgehen zu *wählen*. Wie ich zeigen werde, bilden unsere Entscheidungen, die sich in der Vergangenheit bewährt haben, ein verwobenes Netz – die Grundlage unserer Instinkte. Für Probleme, denen man noch nicht begegnet ist, werde ich hingegen verschiedene Hilfsmittel vorstellen, mit denen sich in kürzester Zeit der Wert unterschiedlicher verfügbarer Optionen evaluieren lässt. Ich werde demonstrieren, wie sich mithilfe des Konzepts der Schnellprognose rasch ein mentales Modell erstellen lässt, das es erlaubt, ausgehend von den eigenen vorhandenen Instinkten zu extrapolieren. Darüber hinaus werde ich mich mit der Bedeutung der Kreativität für den Entscheidungsprozess beschäftigen und mich der Frage widmen, wie Einzelne und ganze Organisationen kreativere Lösungen entwickeln können, mit denen sich der Ertrag oftmals um ein Vielfaches steigern lässt.

Als dritter Schritt folgt schließlich die *Ausführung*. Dabei geht es darum, wie man die Aufgaben, die aus den eigenen Entscheidungen folgen, priorisiert und wie sich zusätzliche geistige Kapazitäten freisetzen lassen, um sich auf die unweigerlich folgende Entscheidung konzentrieren zu können.

Abschließend werden wir das menschliche Gehirn und seinen Einfluss auf unsere Leistungen betrachten. Dabei wird deutlich, dass es zwar in Hinblick auf die Entscheidungsfindung das mit Abstand großartigste Werkzeug der Welt darstellt, zugleich jedoch auch ein zerbrechliches Gebilde ist, zur Voreingenommenheit neigt und dem Einfluss unserer Gefühle unterliegt. Die Frage ist, wie man diese Faktoren besser kontrollieren und sie im Entscheidungsprozess berücksichtigen kann, sofern es einem nicht gelingt, in einen neutralen Zustand zu gelangen.

Das Helix-Modell verwende ich, weil Entscheidungen dynamisch sind und häufig Sekundär- oder Tertiäreffekte nach sich ziehen, sprich, nur selten wieder an ihren Ausgangspunkt zurückführen. Daher muss sich ein Entscheidungsfindungsmodell anpassen, sobald sich die Bedingungen verändern. Grafisch dargestellt, ergibt sich daraus unter Berücksichtigung der zeitlichen Dimension eine Helix-Form. Diese spiegelt zugleich die Art und Weise wider, wie wir als Kampfpiloten gegeneinander kämpfen. Im Luftnahkampf kommt es fast ausnahmslos früher oder später dazu, dass sich die Kampfjets spiralförmig umkreisen, da sich beide Piloten in die bestmögliche Position zu bringen versuchen, um ihren Gegner abzuschießen. Von der Seite betrachtet, gleicht diese Bewegung oftmals einer Doppelhelix – der Struktur unserer DNA.

Das Warum

Bevor ich Kampfpilot wurde und die hier vorgestellten Techniken kennenlernte, fiel es mir schwer, durchgehend gute Entscheidungen zu treffen. Auf mehrere gute folgte unweigerlich und wie aus heiterem Himmel eine schlechte Entscheidung. Ich traf meine Entscheidungen nicht bewusst, und mir fehlte ein geistiges Modell, um sie zu verstehen. Doch da man als Pilot bei jedem Flug Tausende Entscheidungen treffen muss und normalerweise während seines Berufslebens mehr als 1000 Flüge absolviert, wurde mir klar, dass ich diese Techniken so lange üben musste, bis ich sie vollkommen verinnerlicht hatte. Auch wenn ich nach wie vor bei jedem Flug Fehler mache und bis heute keine perfekte Mission geflogen bin, ist der Unterschied zwischen meinen guten und meinen schlechten Entscheidungen mittlerweile erheblich geringer geworden. Dadurch bin ich jetzt ein um ein Vielfaches effektiverer Kampfpilot als zu Beginn meiner Karriere.

Dasselbe gilt für meine Entscheidungen im normalen Alltagsleben außerhalb des Cockpits. Die in dem vorliegenden Buch vorgestellten Konzepte halfen mir bei meiner persönlichen Entwicklung, sodass mir mittlerweile die meisten Entscheidungen leichtfallen. Ich kann in wenigen Augenblicken Prioritäten setzen und bei einer anstehenden Entscheidung den Prozess des Evaluierens, Wählens und Ausführens abspulen, um mich dann der nächsten Entscheidung zuzuwenden.

Bei dem Versuch, uns selbst und unsere Umwelt zu verstehen, übersehen wir oftmals den Einfluss der Gesamtheit unserer bisherigen Entscheidungen. Unsere Entscheidungen formen unser Verhältnis zur Außenwelt – unsere Beziehungen, unsere Arbeit, unsere Gesundheit und unsere finanzielle Situation sind die unmittelbare Folge unserer eigenen Entscheidungen. Jeder von uns hat tagtäglich mit den Auswirkungen seiner Entscheidungen zu tun, doch die meisten Menschen halten kaum einmal inne, um darüber zu reflektieren, wie sie zu diesen Entscheidungen gelangen und was sie in Zukunft besser machen könnten. Täten sie es, sähe die Welt anders aus: Unternehmen wären Innovationen gegenüber aufgeschlossener, wir würden die von uns konsumierten Inhalte kritischer hinterfragen, wir genössen größere finanzielle Sicherheit, wir wären eher bereit, absehbare Risiken einzugehen, und so weiter und so fort.

Es gibt jede Menge Bücher, die sich auf die wissenschaftliche Theorie hinter der Entscheidungsfindung konzentrieren. Das tut das vorliegende Werk ausdrücklich nicht. Vielmehr steht in ihm die praktische Umsetzbarkeit im Mittelpunkt, zudem soll es möglichst kurzweilig sein und nutzt dafür die Macht der Geschichten, damit Sie als Leser und Leserinnen sich auch noch in einem Jahr – oder in fünf oder zehn Jahren – an die Lektionen erinnern. Meine Hoffnung ist, dass Sie am Ende der Lektüre jede Ihrer Entscheidungen bewusst und planvoll treffen. Und wenn Sie dabei vielleicht nicht sklavisch genau den hier vorgestellten Methoden folgen, ist das vollkommen in Ordnung. Wie wir Entscheidungen treffen, hängt nicht nur von den eigenen persönlichen Stärken und Schwächen ab, sondern auch vom jeweiligen Tätigkeitsbereich und den Problemen, denen man begegnet. Das Wichtigste ist jedoch, die eigenen Entscheidungen bewusst zu treffen und sich anschließend zu fragen, was man beim nächsten Mal besser machen kann. Indem die US-amerikanischen Kampfpiloten genau dies immer wieder beherzigten und beherzigen, entstand im Lauf der vergangenen 50 Jahre die leistungsfähigste Luftstreitmacht der Welt, die seit dem 15. April 1953 keinen Soldaten mehr durch einen feindlichen Luftangriff verloren hat und seit mehr als 50 Jahren nicht mehr im Luftkampf besiegt wurde.

Doch nun zu Ihnen.

1

Evaluation

Am 31. Mai 2009 startete am Flughafen Rio de Janeiro-Galeão in Brasilien der Air-France-Flug 447 mit Zielflughafen Paris-Charles-de-Gaulle, Frankreich. Das Flugzeug hob pünktlich um 19:03 Uhr ab. An Bord befanden sich 216 Passagiere – 208 Erwachsene und acht Kinder, darunter ein Kleinkind –, außerdem neun Flugbegleiter sowie drei Piloten mit einer Gesamtflugzeit von mehr als 20 000 Stunden.

Bei dem Flugzeug handelte es sich um einen Airbus A330, eine zweistrahlige Maschine, die bis heute zu den modernsten Flugzeugen zählt. Ihr digitales Fly-by-Wire-Flugsteuerungssystem und die Flugcomputer unterstützen ein ausgeklügeltes System von Sicherheitsroutinen zum Schutz vor unkontrollierten Flugzuständen etwa durch einen Strömungsabriss beim sogenannten Überziehen (Stalling) oder durch die Belastung des Flugzeugs über seine strukturellen Grenzen hinaus. Im Cockpit des A330 wurden die konventionellen Steuerhörner und die mechanischen Messgeräte durch handliche Sidesticks und sechs große LCD-Bildschirme ersetzt, die die Piloten mit allen Informationen versorgen. Das Flugzeug ist auf zwei Piloten ausgelegt, jedoch befanden sich an Bord von Flug 447 drei Piloten, damit sie sich während des geplanten elfstündigen Flugs über den Atlantik abwechselnd ausruhen konnten.

Der Steigflug auf die vorgesehene Reiseflughöhe verlief reibungslos. Die Maschine folgte zunächst mehrere Stunden der brasilianischen Küstenlinie, bevor sie schließlich über den Atlantik einschwenkte. In Äquatornähe gelangte das Flugzeug in die innertropische Konvergenzzone, wo durch das Zusammentreffen der Passatwinde der südlichen und der nördlichen Hemisphäre regelmäßig starke Unwetter auftreten. So auch in jener Nacht. Es gab Berichte über starke Gewitter in der Region, doch diese typischen Wetterverhältnisse hatten keinerlei Auswirkungen auf mehr als ein Dutzend weiterer Flüge gehabt, die auf einer ähnlichen Route wie Flug 447 unterwegs gewesen waren.

Während das Flugzeug seinen Weg über den Atlantik fortsetzte, verloren die brasilianischen Fluglotsen irgendwann den Kontakt zu der Maschine. Doch dies ist bei einer Ozeanüberquerung keineswegs ungewöhnlich. Allerdings gelang es dem nächstgelegenen Flugkontrollzentrum an der afrikanischen Küste nicht, Kontakt zu dem Flugzeug herzustellen. Da es unvorstellbar erschien, dass eine moderne Maschine einfach so verschwinden konnte, wurde ein »virtueller Flugplan« erstellt, der die voraussichtliche Flugroute simulierte. Wie nicht anders zu erwarten, folgte das fiktive Flugzeug in den kommenden Stunden seinem berechneten Weg. Erst am Morgen wurde die Sorge um das Flugzeug so groß, dass Air France schließlich die Behörden alarmierte und von beiden Seiten des Atlantiks Suchaktionen aus der Luft gestartet wurden.

Es sollte mehrere Tage dauern, bis ein Aufklärungsflugzeug schließlich rund 1000 Kilometer vor der brasilianischen Küste auf erste Wrackteile des Flugzeugs stieß. Insgesamt wurden mehr als 1000 Helfer und Dutzende Flugzeuge und Schiffe für die Suche aufgeboten, die sich auf eine Meeresfläche von rund 250 000 Quadratkilometern erstreckte und zum Fund von Trümmerteilen und Leichen führte. Es stand fest, dass niemand an Bord überlebt hatte. Die Frage war jedoch, wie es dazu hatte kommen können.

Die Antwort darauf hätten der Cockpit Voice Recorder und der Flight Data Recorder – die beiden sogenannten Blackboxes – liefern können, jedoch lagen diese vermutlich irgendwo auf dem

Meeresgrund. Das Problem war, dass das Meer im vermuteten Absturzgebiet von Flug 447 bis zu 4500 Meter tief und der Boden zudem stark zerklüftet war. Wie ein Experte erklärte: »Dort unten ist ein Gebirge, so groß wie die Alpen. Man musste damit rechnen, dass die Wrackteile des Flugzeugs in eine Schlucht gerutscht waren. Das Gebiet ist alles andere als eben.«

Kurz nach dem Absturz wurde ein Spezialschiff mit einem Tiefsee-U-Boot und einem ferngesteuerten Tauchroboter in die Gegend entsandt, um nach dem Wrack zu suchen. Die Zeit drängte, da die Blackboxes zwar mit Unterwassersendern ausgestattet waren, die Batterien aber nur eine Lebensdauer von 30 Tagen hatten. Sobald sie kein Signal mehr aussandten, verringerte sich die Chance, sie zu finden, drastisch. Die US-Navy unterstützte die Suchaktion durch hochsensible Ortungssysteme. Sogar ein französisches Atom-U-Boot beteiligte sich an der Suche.

Doch Ende Juli, knapp zwei Monate nach dem Absturz, bestand keine Hoffnung mehr, die Blackboxes über ihre Sender aufzuspüren. Die Suche trat in eine zweite Phase ein, in der man den Meeresboden mit Schleppsonaren systematisch absuchte, um so die Trümmer und die so wichtigen Blackboxes zu finden. Eine europäische Untersuchungskommission zu den Absturzursachen hatte bis dahin nur magere Erkenntnisse zusammengetragen:

1. Auf der geplanten Flugroute herrschten schlechte Wetterbedingungen.
2. Die Bordsysteme des Flugzeugs hatten mehrere automatische Meldungen abgesetzt, aus denen hervorging, dass es in den letzten Minuten des Flugs widersprüchliche Geschwindigkeitsanzeigen gab.
3. Gefundene Trümmerteile deuteten darauf hin, dass das Flugzeug nicht in der Luft auseinandergebrochen war, sondern merkwürdig auf dem Meer aufgeschlagen sein musste: in normaler Fluglage, jedoch bei schneller Sinkgeschwindigkeit, beinahe so wie bei einem Bauchklatscher.

Durch diese Erkenntnisse konnten anfänglich kursierende Theorien ausgeschlossen werden, etwa dass eine Bombe an Bord explodiert wäre oder die Flügel durch extreme Turbulenzen abgerissen wären. Höchstwahrscheinlich waren aufgrund des schlechten Wetters die Staudrucksensoren zur Geschwindigkeitsmessung vereist, was dann zu den automatischen Meldungen über widersprüchliche Geschwindigkeitsmessungen geführt hatte.

Doch das allein konnte den Absturz des Flugzeugs nicht verursacht haben. Tatsächlich waren allein im vorangegangenen Jahr allein in der Airbus-A330-Flotte von Air France 15 vergleichbare Vorfälle aufgetreten. Doch jedes Mal hatten die Piloten das Flugzeug problemlos durch alle Schwierigkeiten steuern können. Die angezeigte Geschwindigkeit hat nämlich, wie ein kaputter Tacho eines Autos, keine Auswirkungen auf das Verhalten des Flugzeugs. Die Piloten können sie einfach ignorieren, bis das Eis schmilzt und die Geschwindigkeitsmessung wieder funktioniert. Im Fall von Air-France-Flug 447 gingen die Ermittler davon aus, dass die Vereisung eine katastrophale Kettenreaktion ausgelöst haben musste, in deren Folge die Crew schließlich die Kontrolle über das Flugzeug verlor. Ohne die Blackboxes gelang es in den folgenden zwei Jahren jedoch nicht, das Unglück genauer zu rekonstruieren. Vorkehrungen wurden getroffen, damit die Staudrucksensoren nicht mehr vereisten, außerdem wurde die Übergabe zwischen den Flugsicherungszentralen neu geregelt, um eine ähnliche Verzögerung auszuschließen, sollte erneut ein Flugzeug vom Radar verschwinden.

Erst im April 2011 wurde das Flugzeugwrack schließlich im Zuge der vierten Suchphase gefunden. Autonome, über Seitensichtsonar verfügende Tauchroboter entdeckten in mehr als 4 000 Metern Tiefe ein Trümmerfeld auf dem schlammigen Meeresboden. Innerhalb des darauffolgenden Monats konnten auch die Blackboxes aufgespürt und geborgen werden. Diese wurden daraufhin versiegelt, von der französischen Marine in den Hafen von Cayenne gebracht und von dort umgehend nach Paris geflogen, wo die Daten ausgelesen und analysiert wurden.

Die Erkenntnisse der Ermittler waren ein Schock für die Luftfahrtgemeinschaft und können Generationen von Piloten als Lehrbeispiel dienen, worauf es bei der Entscheidungsfindung ankommt.

Stand-ups

Als Teil der Pilotenausbildung der U.S. Air Force finden jeden Morgen sogenannte Stand-ups statt, bei denen die Flugschüler entlang der Wände des Schulungsraums Platz nehmen, während der Ausbilder an der Stirnseite steht. Ein willkürlich ausgewählter Schüler muss in die Mitte des Raumes treten, wo ihm ein Notfallszenario geschildert wird. Die Situation ist bewusst stressig gestaltet, damit die Schüler zumindest ansatzweise die Angst und das Adrenalin spüren, denen ein Pilot bei einem Notfall in der Luft ausgesetzt ist. Wenn ein Schüler das notwendige Vorgehen unzureichend erläutert, muss er sich setzen, und ein anderer nimmt seine Stelle ein. Die Leistungen werden akribisch dokumentiert und fließen in die Entscheidung ein, welchem Flugzeugmuster die Schüler am Ende der Pilotenausbildung zugeteilt werden. Um den Druck noch zu erhöhen, kann bei einer übermäßig schwachen Leistung eines Schülers die gesamte Klasse bestraft werden.

Wie man sich vorstellen kann, sind die Stand-ups bei den Schülern nicht gerade beliebt – zumindest waren sie das bei mir nicht, als ich da durchmusste. Wurde mein Name aufgerufen, atmete ich tief ein, versetzte mich geistig komplett in die Situation und trat in die Mitte. Dann ratterte ich die Floskeln herunter, die wir als Allererstes aufsagen mussten: »Ich behalte die Kontrolle über das Flugzeug, analysiere die Situation, ergreife geeignete

Maßnahmen und lande, sobald es die Bedingungen zulassen.« Anschließend ging ich jeden Handgriff und Funkspruch durch, als säße ich tatsächlich im Flugzeug.

Was wir hier lernten, war ein Entscheidungsfindungsmodell, das im Laufe der knapp einhundertjährigen Luftfahrtgeschichte entwickelt worden war, ausgehend von der Einsicht, dass in der Luft eine einzige falsche Entscheidung zum Tod führen kann. Auch wenn sich unser Vergnügen in Grenzen hielt, lernten wir auf diese Weise, unter Druck komplexe Probleme zu lösen.

Anders als bei den Klassenarbeiten in der Highschool gab es nicht die eine richtige Lösung. Bei den Stand-ups kam es auf divergentes Denken an, eine Denkweise, der zufolge es stets mehrere richtige Antworten gibt und die von uns verlangte, auch die sich auf sekundärer und tertiärer Ebene fortsetzenden Auswirkungen jeder unserer Entscheidungen zu bedenken. Eine überhastete, scheinbar simple Entscheidung konnte 15 Minuten später zu einem unlösbaren Problem führen. Viele Flugschüler – sogar solche, die im College oder auf der Air Force Academy zu den Besten gehört hatten – stellte diese Veränderung der Denkweise vor erhebliche Probleme. Sie waren im schulischen Denken gefangen, sodass es ihnen schwerfiel, Lösungen für unvorhergesehene Probleme zu finden.

Ich kann mich noch an einen Kameraden erinnern, der jedes Problem, das er sich ausmalen konnte, zusammen mit den möglichen Lösungen akkurat in mehreren Notizbüchern festgehalten hatte. Solange die Probleme zu Beginn des Kurses noch einfach waren, konnte er in seinen Aufzeichnungen nachschlagen und hatte sofort eine Lösung für den jeweiligen Notfall parat. Doch als die Probleme im weiteren Verlauf der Ausbildung immer komplexer wurden und oftmals mehrere parallele Notfälle umfassten, erwies sich sein Vorgehen als hinderlich. Es mangelte ihm an geistiger Flexibilität, sodass er sich bei Problemen, die von seinen Erwartungen abwichen, nicht anpassen konnte und unter dem Druck zusammenbrach. Irgendwann schaukelte sich das so weit auf, dass er unfähig war, noch einen einzigen Notfall zu bewältigen, und das Programm verlassen musste.

Dabei hatten uns die Ausbilder den Schlüssel zum Erfolg bereits in die Hand gegeben, noch bevor wir zum ersten Mal zum Stand-up antreten mussten. Dieser verbarg sich in den Eingangsfloskeln, die wir jedes Mal aufsagen mussten, wenn unser Name aufgerufen wurde: »Ich behalte die Kontrolle über das Flugzeug und analysiere dann die Situation.« Die Kontrolle zu behalten hieß nichts anderes, als dass wir auch in einem Notfall weiterhin das Flugzeug steuern mussten. In einem Einsitzer genießt man nicht den Luxus, sich einfach mal ausklinken zu können, um sich vollkommen dem gerade anstehenden Problem zu widmen. Man muss seine geistigen Kapazitäten zwischen dem Störfall und dem Fliegen aufteilen.

Danach erst stand die Analyse der Situation an. Ein Problem vollständig zu verstehen, ist der erste Schritt zu seiner Lösung. Unser Instinkt sorgt oftmals dafür, dass wir diesen zentralen Schritt übergehen und stattdessen einfach loslegen. Zahlreiche Menschen und Organisationen stehen im Bann der kognitiven Fehlannahme, wir würden ein Problem umso schneller lösen, je eher wir tätig werden. Dieser Instinkt ist derart mächtig, dass Piloten bei der Schulung auf der F-16 eine ungewöhnliche Technik lernten, die verhinderte, dass sie die notwendige Analyse übersprangen.

Im Cockpit der F-16 gab es rechts unten in der Konsole eine winzige analoge Uhr, ein Überbleibsel aus der Zeit, in der das Flugzeug entwickelt worden war, in den 1970er-Jahren. So gut wie alles andere in dem Kampfjet war im Laufe der Zeit modernisiert und ausgetauscht worden, nur nicht dieser Zeitmesser mit Handaufzug. Niemand nutzte ihn noch, um auf ihm die Uhrzeit abzulesen. Doch von jedem erfahrenen Ausbilder hörte man früher oder später: »Bevor du eine Entscheidung triffst, zieh zunächst die Uhr auf.« Auf den ersten Blick ergab das keinen Sinn. Doch es verhinderte, dass man als Pilot dem Drang nachgab, ein Problem sofort lösen zu wollen. Das Aufziehen der Uhr beanspruchte einige Sekunden lang die Aufmerksamkeit des Piloten und hielt ihn ganz konkret davon ab, irgendetwas anderes zu berühren. Es zwang ihn dazu, zunächst einmal die Situation zu evaluieren, bevor er handelte, und ermöglichte ihm damit, um ein Vielfaches bessere Entscheidungen zu treffen.

Die letzten Minuten

Die Aufnahmen der Blackboxes von Air-France-Flug 447 zeigen, dass die ersten Stunden ruhig verliefen. Kapitän Marc Dubois und der zweite Co-Pilot Pierre-Cédric Bonin waren mit Routinetätigkeiten beschäftigt und fanden währenddessen noch Zeit für einen Plausch über Privates. Dubois war 58 Jahre alt und mit annähernd 11 000 Flugstunden, die Hälfte davon als verantwortlicher Pilot, äußerst erfahren. In den Tonaufnahmen aus dem Cockpit sticht er mit seinem gesamten Habitus heraus: Er wirkt ruhig und überlegt und dient seinen Co-Piloten nicht nur als Mentor, sondern erklärt ihnen auch, wie er zu seinen Entscheidungen gelangt.

Im Gegensatz zu Dubois verfügte sein Co-Pilot Bonin über wenig Erfahrung und wurde mit seinen 32 Jahren als das »Baby« der Fluggesellschaft bezeichnet. Bonin wurde von seiner Frau begleitet, die in der Passagierkabine mitflog. Vor dem Trip hatten sie ihre beiden Kinder bei den Großeltern abgegeben, um gemeinsam ein langes Wochenende genießen zu können. In den Aufnahmen tritt Bonins Unerfahrenheit zutage. Er wirkt nervös und unsicher in seinen Entscheidungen, selbst bei Routineaufgaben.

Neben den beiden befand sich noch ein weiterer Co-Pilot an Bord, David Robert, der die ersten Stunden des Flugs schlafend im Ruhebereich der Piloten direkt hinterm Cockpit verbrachte.

Auch er war mit seinen 6500 Flugstunden ein erfahrener Pilot und hatte seine Ausbildung an der angesehensten französischen Hochschule für zivile Luftfahrt absolviert, der École nationale de l'aviation civile. Allerdings war er kurz zuvor in die Verwaltung in der Unternehmenszentrale gewechselt und flog nur noch gelegentlich, um seinen Pilotenstatus zu behalten.

Nach einem dreieinhalbstündigen Routineflug traf die Maschine auf die Ausläufer des Unwetters in der innertropischen Konvergenzzone und tauchte in die oberen Wolkenschichten ein. Normalerweise hätten die Piloten die Unwetterfront überflogen, doch da es wärmer war als üblich und das Flugzeug noch jede Menge Kerosin für den Transatlantikflug an Bord hatte, konnten sie nur auf 35000 Fuß steigen und mussten durch das Schlechtwettergebiet fliegen, anstatt darüber hinweg. Die Turbulenzen wurden heftiger, und sogenannte Elmsfeuer traten auf, ein Wetterphänomen, bei dem durch die elektrische Ladung der Gewitterluft am Cockpitfenster blauviolette Lichtblitze entstehen. Bonin hatte dieses Schauspiel noch nie gesehen, und den Aufnahmen zufolge reagierte er zugleich fasziniert und verängstigt. Er stellte fest, dass sie ein wenig nach oben ziehen könnten, eine versteckte Bitte an den Flugkapitän. Doch Dubois hatte vergleichbare Bedingungen bereits Hunderte Male erlebt. Unbeeindruckt blieb er auf Kurs und forderte seine Ablösung an, um seine vorgesehene Schlafpause einzulegen. Der Co-Pilot Robert kam ins Cockpit und nahm den Platz des Flugkapitäns ein. Obwohl Robert sehr viel erfahrener als Bonin war (er konnte mehr als doppelt so viele Flugstunden nachweisen), übertrug Dubois die Verantwortung für das Flugzeug seltsamerweise Bonin.

Nach dem Abschied des Flugkapitäns diskutierten Robert und Bonin die Wetterverhältnisse. Weder sie noch Dubois hatten darum gebeten, das Gewittergebiet, wie andere Flugzeuge zuvor, umfliegen zu dürfen. Beim Blick auf das Wetterradar erkannten sie, dass unmittelbar vor ihnen eine Gewitterzelle lag, daher gaben sie den Flugbegleitern Bescheid.

Bonin: Hört mal, in zwei Minuten gelangen wir in ein Gebiet, wo es ein bisschen unruhiger werden dürfte als jetzt. Ihr müsst euch da in Acht nehmen.

Flugbegleiterin: Okay. Sollen wir uns hinsetzen?

Bonin: Nun, ich denke, das wäre besser …

Bonins Unerfahrenheit zeigt sich hier überdeutlich – er hatte das Wetterradar gesehen und wusste, was sie erwartete. Doch obwohl die Flugbegleiterin ihn um eine klare Anweisung bat, dachte er offenbar immer noch wie ein Co-Pilot ohne Verantwortung. Er vermied eine klare Entscheidung, dabei war er in diesem Moment der verantwortliche Pilot.

Anschließend unterhielten sich die beiden Co-Piloten über die ungewöhnlich hohen Temperaturen, aufgrund derer sie nicht auf die eigentlich gewünschte Flughöhe steigen konnten. Bonin äußerte sich erleichtert wegen ihres Flugzeugtyps: »Verdammt, zum Glück sitzen wir in einem A330, oder?« Robert erwiderte ungerührt: »Absolut.«

Während sie weiterhin von dichten Wolken umgeben waren, sorgte sich Bonin, dass die Flügel vereisen könnten: »Schalte die Enteisung an. Das ist immerhin besser als nichts.« Kurz darauf erklärte er: »Anscheinend haben wir das Ende der Wolkenschicht erreicht. Das sollte funktionieren.«

Die letztzitierten drei Äußerungen von Bonin verraten, dass er sich selbst davon zu überzeugen versuchte, alles werde schon irgendwie gut gehen. Auf der Aufnahme aus dem Cockpit ist zu hören, dass seine Tonlage höher ist und er schneller spricht. Gäbe es Aufzeichnungen von seinem Puls und seiner Atemfrequenz, würden sie vermutlich zeigen, dass sie erhöht waren. Er hatte Angst. Ich kenne das – man spürt die Last der Verantwortung auf den Schultern und weiß nicht, was man tun soll. Also versucht man, sich selbst mit Aussagen wie »Das sollte funktionieren« zu beruhigen. Gleichzeitig sucht man nach Bestätigung, etwa mit der Feststellung: »Zum Glück sind wir in einem A330, oder?« Zudem dürfte Bonins Stress nicht gerade geringer geworden sein durch die Tatsache, dass seine Frau mit an Bord war.

Kurz darauf bemerkte Robert, dass das Radarsystem falsch eingestellt war. Als er das Setting änderte, erkannte er, dass sie direkt auf ein Gebiet mit intensiver Aktivität zusteuerten.

Robert: Du könntest vielleicht etwas nach links ziehen.
Bonin: Wie bitte?
Robert: Du könntest ein wenig weiter nach links gehen. Wir sind uns doch einig, dass wir manuell fliegen, oder?

Bonin begann das Flugzeug nach links zu ziehen, als sich plötzlich ein merkwürdiger elektrostatischer Geruch im Cockpit ausbreitete. Zugleich stieg die Temperatur.

Bonin: Verdammt noch mal, warst du an der Klimaanlage?
Robert: Ich habe sie nicht angefasst.
Bonin: Was ist das für ein Geruch?

Robert, der bereits bei ähnlichen Flügen dabei gewesen war, erkannte, dass der Geruch vom Ozon kam, einem Nebenprodukt der elektrischen Ladung des Unwetters, in dem sie sich befanden.

Bonin: Ist das Ozon? Sind wir uns da sicher?
Robert: Das ist der Grund, weshalb …
Bonin: Ich kann schon spüren, wie unerträglich heiß es wird!
Robert: Es ist das da, weswegen es heiß und ozonig ist.

Das Flugzeug geriet in Hagelschauer – die feuchte Tropenluft wurde über dem Ozean nach oben gesogen und gefror in der Höhe umgehend. Auf der Aufnahme ist ein Prasseln zu hören, als würde jemand mit den Fingernägeln auf Metall trommeln –

das Geräusch der Eiskörner, die auf das Flugzeug treffen. Bonins Anspannung stieg noch einmal spürbar. Obwohl er der verantwortliche Pilot war, fragte er immer wieder Robert, was sie tun sollten.

Um die strukturelle Belastung des Flugzeugs zu verringern, gingen die Co-Piloten mit der Geschwindigkeit herunter, außerdem schalteten sie das Enteisungssystem der Turbinen ein. Die Hagelkörner waren so klein, dass sie keine Gefahr für die Flugzeugstruktur darstellten, allerdings konnten sie sich wegen ihrer geringen Größe in den Staudrucksensoren sammeln.

Diese winzigen Sonden am Flugzeugbug messen den Druck des Luftstroms. Daraus wird dann die Fluggeschwindigkeit berechnet, die den Piloten angezeigt und an die modernen Flugsteuerungscomputer weitergegeben wird. Aus Redundanzgründen verfügt ein A330 über drei solche Sensoren. Doch bei Flug 447 verstopften unglücklicherweise alle drei gleichzeitig.

Das Fehlen einer gültigen Fluggeschwindigkeitsangabe zur Steuerung des Flugzeugs verwirrte den Autopiloten, sodass er sich abschaltete und die Kontrolle über das Flugzeug vollständig an die Piloten übergab. Allerdings muss festgehalten werden, dass kein mechanischer Defekt vorlag – das Flugzeug blieb auf seiner Reisehöhe von 35 000 Fuß und flog weiterhin vollkommen regulär, abgesehen vom Verlust der Geschwindigkeitsanzeige. Ohne Eingriff vonseiten Bonins und Roberts wäre das Flugzeug einfach weiter geradeaus geflogen. Innerhalb weniger Minuten hätten die Heizvorrichtungen in den Staudrucksensoren das Eis zum Schmelzen gebracht, und der Flug wäre wie geplant weitergegangen.

In den Aufnahmen ist unmittelbar nach der Abschaltung des Autopiloten ein Alarmton zu hören. Zusammen mit dem Master Warning Light (Hauptwarnlampe) zeigte das akustische Signal demnach an, dass die Maschine nunmehr in manueller Steuerung war. Daraufhin erklärte Bonin: »Ich habe die Steuerung«, und bestätigte damit noch einmal, dass er der verantwortliche

Pilot war, während Robert ihm als Co-Pilot zur Seite stehen sollte.

Das Problem evaluieren

Dies war der Moment der Wahrheit. Das Flugzeug war im Grunde genommen voll funktionsfähig, während Bonin zu verstehen versuchte, warum sich der Autopilot abgeschaltet hatte. Nachdem er bereits in den Minuten zuvor Angst gehabt hatte, dürfte er nun in Panik gewesen sein. Das einzig Richtige wäre in dieser Situation ein sogenannter Crosscheck gewesen, also der Abgleich der Fluggeschwindigkeitsanzeige mit den anderen Anzeigen im Cockpit, etwa zur Geschwindigkeit über Grund, der Höhe, der Fluglage und der Steigrate. Auf diese Weise hätte er erkannt, dass lediglich die Fluggeschwindigkeitsanzeige nicht funktionierte und sie diese vorübergehend ignorieren könnten, um nur mithilfe der anderen Instrumente zu fliegen.

Doch Bonin handelte. Er evaluierte die Situation nicht, sondern zog sogleich den Sidestick nach hinten, sodass das Flugzeug steil stieg. Das war eine irrationale Entscheidung, da er noch wenige Minuten zuvor festgestellt hatte, dass das Flugzeug wegen der hohen Außentemperatur nicht höher steigen konnte. Doch sobald unser Stresslevel steigt, sinkt unser IQ, sodass wir oftmals schlechte Entscheidungen treffen. Bonin hatte die Situation in diesem Moment erheblich schlimmer gemacht.

Ein Alarmton ging los und warnte die Piloten, dass das Flugzeug die programmierte Höhe verlassen hatte. Dennoch hielt Bonin den Sidestick unverändert nach hinten gezogen, und das Flugzeug stieg in einer atemberaubenden Geschwindigkeit von 7 000 Fuß (ca. 2 000 Meter) pro Minute. In der dünnen Luft auf dieser Höhe war das zu viel. Das Flugzeug verlor rasant an Geschwindigkeit.

Bonin: Wir haben keine korrekte ... Wir haben keine korrekte Geschwindigkeitsanzeige.
Robert: Dann haben wir also die ... die ... die Geschwindigkeiten verloren? Achte auf deine Geschwindigkeit. Achte auf deine Geschwindigkeit.
Bonin: Okay, okay, ich gehe wieder in den Sinkflug.

Robert befand sich in einer schwierigen Lage. Er war erfahren, aber auch ein wenig eingerostet, da er nur noch gelegentlich flog – eine gefährliche Situation für einen Piloten, da das Vertrauen in sich selbst dann oftmals nicht mehr den eigenen Fähigkeiten entspricht. Außerdem war er an einem Tiefpunkt seines zirkadianen Rhythmus und vermutlich müde. Vor allem jedoch war ihm als dem weitaus Erfahreneren eine Nebenrolle zugewiesen worden. Verschlimmert wurde die Lage noch dadurch, dass die Flugsteuerung des Airbus, anders als bei älteren Flugzeugmodellen, den Piloten nicht anzeigt, was der jeweils andere mit seinem Sidestick macht.

Robert: Geh in den Sinkflug ... Wir sind dabei, weiter zu steigen, ihm zufolge ... Ihm zufolge steigst du, also geh wieder tiefer.
Bonin: Okay.
Robert: Du bist im ... Geh wieder runter!
Bonin: Wir sind im ... Ja, wir sind im Steigflug.

Robert hatte die Situation erfasst: Das Flugzeug befand sich im steilen Steigflug, sodass die große Gefahr eines Strömungsabrisses (Stalling) bestand. Dieser tritt auf, wenn ein Flugzeug mit so geringer Geschwindigkeit fliegt, dass nicht genügend Auftrieb erzeugt wird, mit der Folge, dass die Maschine absackt. Eigentlich hätte das bei einem Airbus A330 überhaupt nicht möglich sein sollen. Bei der Entwicklung war darauf geachtet worden, dass die Piloten das Flugzeug nicht in eine gefährliche Situation bringen können. Das Unternehmen hatte sein System folgendermaßen angepriesen: »Fly-by-Wire bietet eine verbesserte Handhabung, ein gemeinsames System für die gesamte Airbus-Familie und ein Flugenveloppe-Schutzsystem [das ein Überschreiten der Flugbereichsgrenze verhindert], sodass die Piloten das Flugzeug bis an seine Grenzen treiben können, aber niemals darüber hinaus.«

Unglücklicherweise für Flug 447 wechselte das System aber in einen Back-up-Modus, sobald die Flugcomputer erkannten, dass sie fehlerhafte Daten von den Staudrucksensoren erhielten, wodurch das Flugenveloppe-Schutzsystem abgeschaltet wurde.

Durch die rasant sinkende Fluggeschwindigkeit kam es nach nicht einmal einer Minute tatsächlich zum Strömungsabriss. Ein Alarmton und Master Warning Lights wurden ausgelöst, außerdem warnte eine automatische Ansage: »Stall, stall!« Aufgrund der Turbulenzen an den Flügeln begannen die Flügel zu schwingen, das Phänomen des sogenannten Buffeting. Robert erfasste die Dringlichkeit der Lage und forderte den Kapitän auf, umgehend ins Cockpit zurückzukommen.

Trotz des Strömungsabrisses hätte sich die Situation immer noch problemlos retten lassen. Bei einer Flughöhe von 38 000 Fuß blieb genügend Zeit, um einfach den Sidestick nach vorn zu drücken, auf Fluggeschwindigkeit zurückzukehren und den Flug fortzusetzen. Bis zum Strömungsabriss schien Robert das Problem genau erfasst zu haben. Doch aufgrund der separaten Sidesticks – anstelle des gekoppelten Steuerhorns bei älteren Modellen – wusste er nicht, dass Bonin seinen Steuerknüppel die ganze Zeit über nach hinten gezogen hielt. Er vermutete eine Vereisung der Flügel und schaltete das Enteisungssystem an.

Inmitten dieses Durcheinanders begann einer der Staudrucksensoren wieder zu funktionieren und lieferte gegensätzliche Informationen zur tatsächlichen Fluggeschwindigkeit. Robert verschwendete wertvolle Zeit damit, die Avionik auf ein Standby-Setting umzuschalten, weil er hoffte, auf diese Weise das Problem isolieren zu können und ein korrektes Bild vom Zustand des Flugzeugs zu erlangen. Allerdings verschlimmerte sich die Situation dadurch nur noch, weil der Stand-by-Sensor nach wie vor blockiert war. Da Robert sich einige Zeit vollständig auf die Avionik konzentrierte, verlor er sein Situationsbewusstsein. Als er endlich fertig war und sich wieder auf das Fluggeschehen konzentrierte, war er genauso verwirrt wie Bonin. Inzwischen fiel das Flugzeug mit einer Geschwindigkeit von mehr als eineinhalb Kilometern pro Minute.

> *Robert:* Wir haben immer noch die Motoren! Was passiert hier eigentlich? Verstehst du, was passiert, oder nicht?
> *Bonin:* Verdammt, ich habe keine Kontrolle mehr über das Flugzeug! Ich habe keine Kontrolle mehr über das Flugzeug!
> *Robert:* Die Steuerung nach links!

Robert übernahm das Steuer und führte Korrekturen um die Rollachse durch. Doch anscheinend war auch er sich nicht des Strömungsabrisses bewusst und zog den Sidestick leicht nach hinten. In dem Moment verstieß Bonin gegen eine Grundregel des Pilotenkodex, indem er ohne jede Vorwarnung seinen Sidestick mit aller Kraft nach hinten riss, so die Maschine weiter überzog und Robert noch mehr verwirrte.

Mittlerweile sank das Flugzeug mit einer Geschwindigkeit von mehr als 10 000 Fuß (ca. drei Kilometer) pro Minute, doch da Bonin seinen Steuerknüppel weiterhin nach hinten gezogen hielt, zeigte die Nase nach oben, als wären sie im Steigflug, in etwa so wie bei einem Blatt, das vom Baum fällt. Das Enteisungssystem ließ das Eis in den Staudrucksensoren rasch schmelzen, sodass sie wieder voll funktionsfähig waren und die korrekte Fluggeschwindigkeit von knapp 110 Kilometern pro Stunde meldeten. Eine solche Situation hatten die Entwickler nicht vorausgesehen. Die Flugcomputer waren inzwischen genauso verwirrt wie die Piloten: Da sie einen Fehler im Code vermuteten, schalteten sie den Stalling-Alarm ab und signalisierten den Piloten damit irrtümlich, die Situation würde sich zum Besseren wenden.

Eineinhalb Minuten nach Beginn der kritischen Lage kehrte Kapitän Dubois ins Cockpit zurück. Vermutlich war er gerade erst aufgewacht.

> *Dubois:* Ähm … Was macht ihr da?
> *Bonin:* Wir verlieren die Kontrolle übers Flugzeug!
> *Robert:* Wir haben völlig die Kontrolle über das Flugzeug verloren … Wir verstehen es nicht … Wir haben alles versucht! Was sollen wir machen?
> *Dubois:* Nun, ich weiß es nicht.

Der Kapitän befand sich in einer noch schwierigeren Lage als Robert. Noch wenige Minuten zuvor, beim Strömungsabriss und dem nachfolgenden Buffeting, hatte er wahrscheinlich geschlafen, dann wurde er plötzlich von den Co-Piloten alarmiert und kehrte umgehend ins Cockpit zurück. Dort traf er auf eine Instrumentenkonsole mit lauter blinkenden Master-Caution- und Master-Warning-Lights sowie seine beiden Co-Piloten, die ihm panisch zuriefen, dass das Flugzeug außer Kontrolle sei. Aufgrund der heftigen Drehbewegungen beschloss er, nicht den Platz eines seiner Co-Piloten einzunehmen, sondern vom Notsitz hinter ihnen aus zu versuchen, die Situation in den Griff zu bekommen.

Bonin setzte die Leistungshebel auf Leerlauf, das Gegenteil dessen, was nötig gewesen wäre. Durch den ausbleibenden Schub senkte sich die Nase. Die Maschine befand sich nun mit einer Sinkgeschwindigkeit von bis zu 13 000 Fuß (ca. vier Kilometer) pro Minute mehr oder weniger im freien Fall. Zudem fuhr Bonin auch noch die Luftbremsen aus und verschärfte so die Lage weiter.

Bonin: Ich habe den Eindruck, dass wir in einem enormen Tempo fliegen, oder? Was meint ihr?
Robert: Nein, fahr sie bloß nicht aus!

Robert schob die Leistungshebel bis zum Anschlag nach vorne, sodass die Triebwerke maximalen Schub entwickelten. Anschließend diskutierten die Piloten die Situation und weshalb das Flugzeug außer Kontrolle war. Bonin macht in den Aufnahmen den verwirrtesten Eindruck und fragte einmal sogar, ob sie wirklich an Höhe verlören. Unterdessen war das Flugzeug unverändert im Sinkflug und befand sich inzwischen nur noch 10 000 Fuß (ca. 3 000 Meter) über dem Meer. In seiner Verzweiflung flehte Robert die Maschine an: »Zieh hoch, zieh hoch, zieh hoch, zieh hoch!« Als Bonin das hörte, platzte er heraus: »Aber ich zieh doch die ganze Zeit über voll hoch.«

Einen Moment lang herrschte Stille im Cockpit. *Dies* war die entscheidende Information, die Robert und Kapitän Dubois gefehlt hatte.

Bis zu diesem Moment hatten sie keine Ahnung gehabt, dass Bonin den Sidestick die ganze Zeit nach hinten gezogen hielt und damit den Strömungsabriss verursacht hatte.

Dubois: Nein, nein, nein! Nicht hochziehen! Nein, nein!
Robert: Geh in den Sinkflug!

Robert schob seinen Sidestick nach vorn, um den überzogenen Flugzustand zu beenden. Gleichzeitig hielt Bonin seinen Sidestick weiterhin nach hinten gezogen. Das Flugzeug erkannte dies und aktivierte eine Warnung, dass beide Piloten die Kontrolle über das Flugzeug beanspruchten.

Robert: Gib mir die Steuerung! Die Steuerung zu mir!
Bonin: Nur zu, du hast die Steuerung …

Endlich senkte sich die Nase des Flugzeugs, und die Geschwindigkeit stieg wieder. In diesem Moment war das Flugzeug immer noch 5000 Fuß über dem Meer – noch konnten die Piloten es abfangen, doch der Spielraum für Fehler schrumpfte rapide. Bonin war jedoch weiterhin in Panik und begann nach nicht einmal zehn Sekunden, den Stick erneut nach hinten zu ziehen.

Auf einer Höhe von 2000 Fuß schlug das Ground Proximity Warning System (Bodenannäherungs-Warnsystem) Alarm und löste eine automatische Ansage aus: »Pull up! Pull up!« Der Kapitän hatte keine Hoffnung mehr, die Maschine noch abzufangen, und gab das Kommando zum Hochziehen des Flugzeugs, um die Wucht des Aufpralls abzuschwächen.

Dubois: Zieht hoch!
Bonin: Wir werden abstürzen! Das kann nicht wahr sein! Aber was passiert hier?
Robert: Wir sind tot.
Dubois: Fluglagenwinkel zehn Grad …

1,4 Sekunden darauf schlug das Flugzeug mit einer Geschwindigkeit von rund 200 km/h bäuchlings auf dem Wasser auf. Beim Aufprall mit mehr als dem 51-fachen der Schwerkraft zerschellte das Flugzeug und versank innerhalb kürzester Zeit im Meer. Alle 228 Passagiere und Crewmitglieder starben durch die enorme Wucht des Absturzes. Das Ganze hatte von Anfang bis Ende nicht einmal fünf Minuten gedauert.

Analyse

Ich kann nicht sagen, wie oft ich das Geschehen analysiert und mir die Aufnahmen aus dem Cockpit angehört habe. Doch jedes Mal aufs Neue bemerke ich, wie sehr mir die letzten Worte durch Mark und Bein gehen. Wie konnte ein Routineflug in so kurzer Zeit derart aus dem Ruder laufen?

Dutzende Faktoren haben zum Absturz des Flugzeugs beigetragen. Doch die Wurzel allen Übels war, dass keiner der Piloten über ein korrektes mentales Modell des Geschehens verfügte – bis es zu spät war. Bonin hatte den allerersten Schritt beim Treffen einer Entscheidung vergessen – oder nie gelernt: das Problem zu evaluieren.

In den Momenten, bevor sich der Autopilot abschaltete, hatte Bonin eindeutig Angst, und diese steigerte sich anschließend höchstwahrscheinlich zur Panik. Er übersprang die Evaluation des Problems und handelte sofort, indem er den Sidestick vollständig nach hinten zog – ein unverantwortliches Manöver angesichts eines vollbesetzten Flugzeugs, das in der dünnen Atmosphäre auf 35 000 Fuß Höhe unterwegs war. Ein modernes Linienflugzeug ist relativ einfach zu fliegen – die Ingenieure haben alles dafür getan, damit es sich standardmäßig geradeaus im Horizontalflug fortbewegt. Indem Bonin den Sidestick nach hinten zog, schuf er eine instabile Situation, in der es nur eine Frage der Zeit war, bis es zum Strömungsabriss kam.

Robert, der erfahrenere Co-Pilot, befand sich zu keinem Zeitpunkt in der komfortablen Lage, ein stabiles Flugzeug analysieren zu können, sondern wurde in eine dynamische Situation hineingeworfen. Trotzdem hätte er während des Strömungsabrisses mehrfach um ein Haar das Problem erfasst. Doch jedes Mal, wenn er sich der Lösung näherte, unternahm Bonin etwas anderes und verhinderte so abermals, dass Robert verstand, was vor sich ging.

Im Rückblick hätte der Kapitän nicht unmittelbar vor einem Unwetter einem unerfahrenen Co-Piloten das Kommando überlassen sollen. Dadurch gab er sein Situationsbewusstsein auf und wurde zu einem bloßen Passagier. Beim Abschalten des Autopiloten war er im Piloten-Ruhebereich und schlief höchstwahrscheinlich. Als er noch schlaftrunken ins Cockpit zurückeilte, fand er eine chaotische Lage vor, in der das Flugzeug bereits mit einer Geschwindigkeit von mehr als 13 000 Fuß pro Minute fiel und seine beiden Co-Piloten in Panik waren. Kapitän Dubois hatte erst in den letzten Sekunden eine Chance, ein angemessenes mentales Modell der Situation aufzubauen, nämlich nachdem Bonin erklärt hatte, dass er den Stick die ganze Zeit über nach hinten gezogen hielt. Doch da war es bereits zu spät.

Die Luftfahrt ist ein Drahtseilakt; eine einzige schlechte Entscheidung kann katastrophale Folgen haben. In diesem Beruf steht in jedem Moment nicht weniger als alles auf dem Spiel. Einer Redewendung zufolge gibt es keine alten schlechten Piloten: Jeder Fehler kann zum Tod führen. Daher wird der Entscheidungsfindung solch eine große Aufmerksamkeit geschenkt, und zwar stets in Hinblick auf die praktische Anwendung. Die akademische Theorie allein genügt nicht – eine Ausbildung ist nur dann sinnvoll, wenn sich das Gelernte in der realen Welt umsetzen lässt.

Wenn ich von einem Absturz höre, empfinde ich zuallererst Mitleid für den Piloten und seine Familie, selbst wenn es zu 100 Prozent ein Pilotenfehler war. Zugleich kommt mir unweigerlich ein Zitat in den Sinn, dessen Autor unbekannt ist:

Jedes Mal, wenn wir von einem Piloten sprechen, der bei einem Flugzeugunglück ums Leben kam, sollte jeder von uns eine Sache im Kopf behalten: Dieser Pilot hat auf Grundlage der Summe seines Wissens eine Entscheidung getroffen, von der er so sehr überzeugt war, dass er ihr mit vollem Be-

wusstsein sein Leben anvertraute. Dass seine Entscheidung falsch war, ist tragisch … Jeder Ausbilder, Dienstvorgesetzte und Zeitgenosse, der je mit ihm sprach, hatte die Gelegenheit, Einfluss auf sein Urteilsvermögen zu nehmen, daher stirbt mit jedem Piloten, den wir verlieren, auch ein kleiner Teil von uns.

Die Entscheidungen, die wir treffen, bestimmen unser Verhältnis zu unserer Umwelt. Nur indem wir ein Problem zunächst evaluieren, können wir das erforderliche Verständnis erlangen, um verlässlich die richtige Entscheidung zu treffen. In einem Kampfjet führen wir zur Evaluation einen sogenannten Crosscheck durch. All unsere Sinne wirken an dem Modell mit. Was zeigen die Instrumente an? Was geschieht außerhalb des Flugzeugs? Welche Art von Vibrationen spüren wir? Wie verändern sich die *g*-Kräfte? Was für Funksprüche und welche Alarmsignale hören wir? Riecht es nach Rauch oder etwas anderem? In all diesen Daten liegen die Informationen verborgen, die wir zur Lösung des aktuellen Problems benötigen.

Statt uns im Multitasking zu versuchen – worin der Mensch bekanntermaßen schlecht ist –, nehmen wir uns zwischen einem Bruchteil einer Sekunde und mehreren Sekunden Zeit, um jede einzelne Information zu verstehen, bevor wir uns der nächsten zuwenden. Der entscheidende Punkt ist, sich nicht allein auf eine Datenquelle zu konzentrieren, zulasten aller anderen. In diesem Fall sprechen wir davon, dass »jemand Scheuklappen aufgesetzt hat«. Wenn das passiert, verliert ein Pilot in kürzester Zeit das große Ganze aus dem Blick, sodass er nicht mehr erkennt, inwieweit sein Handeln dem umfassenderen System angemessen ist, innerhalb dessen er operiert.

Eine unübersichtliche Lage zu verstehen versuchen, indem man Informationen vereinfacht und ordnet, ist eine Fähigkeit, die nicht nur beim Fliegen wichtig ist. Vielmehr trägt sie entscheidend dazu bei, dass wir fähig werden, uns in einer zunehmend komplizierter werdenden Welt zurechtzufinden. Wir werden heute mit tausendmal mehr Informationen überflutet als vorangegangene Generationen. Daher benötigen wir eine Methode, mit der wir alles Unwichtige ausscheiden können, um die wesentlichen Bestandteile eines Systems zu verstehen. Nur dann werden wir das im Verhältnis zu unserer Zeit und unseren Ressourcen bestmögliche Resultat erzielen. Das erfordert Urteilsvermögen, und Urteilsvermögen wiederum erfordert nichtlineares Denken.

2

Potenzgesetze

Ich raste mit mehr als 1600 Stundenkilometern auf die gegnerische F-16 zu. Für den Bruchteil einer Sekunde erhaschte ich einen Blick auf den anderen Piloten, der im Höllentempo an mir vorbeirauschte, sah den grünen Fliegeranzug und das metallisch funkelnde Visier, durch das er mich im Auge behielt. Ich riss meine F-16 herum, um ihm zu folgen, und schob den Leistungshebel auf vollen Nachbrenner.

Es war eine meiner ersten Kampfjet-Trainingsmissionen im Himmel über der Wüste von Arizona. Nach dem Abschluss meiner Pilotengrundausbildung saß ich endlich in meiner Wunschmaschine, der legendären F-16 Fighting Falcon, unter Kampfpiloten schlicht als *Viper* bekannt. Nach monatelangem Theorieunterricht und unzähligen Stunden im Simulator unternahmen wir die ersten Schritte auf dem Weg vom Piloten zum Kampfpiloten. Dafür mussten wir lernen, alles aus den Flugzeugen herauszuholen und zugleich im Kampf gegen einen intelligenten Gegner Chancen und Risiken gegeneinander abzuwägen. Waren wir zu vorsichtig, nutzte der Feind in seiner Taktik unseren Sicherheitspuffer zu seinen Gunsten aus. Gingen wir jedoch ein übermäßiges Risiko ein, brachten wir uns selbst und andere in eine unnötig gefährliche Situation. Es war ein schmaler Grat, auf dem wir uns als angehende Kampfpiloten zu bewegen lernten.

Bei der Übung an jenem Tag kämpfte ich gegen einen der erfahrensten Ausbilder des Stützpunkts, einen Colonel, dem das gesamte Reserve-Geschwader mit mehr als 2000 Personen unterstand. Er hatte unzählige Kampfeinsätze absolviert und zu Beginn des Irak-Kriegs verhindert, dass ein Trupp unserer Soldaten vom Feind überrannt wurde. Genau solch ein Pilot wie er wollte jeder von uns frisch ernannten Lieutenants werden.

Als unsere Kampfjets aneinander vorbeirasten, rollte ich auf den Rücken und zog den Steuerknüppel nach hinten. Die riesigen Steuerflächen meiner F-16 stemmten sich gegen den Luftstrom, und die *g*-Kräfte schossen in die Höhe. Am Boden wog ich 90 Kilogramm, in voller Montur 104 Kilogramm. Wenn es sich beim Looping in einer Achterbahn so anfühlt, als würde der eigene Kopf nach unten gedrückt, entspricht das einer Kraft von 3*g*. In diesem Moment wirkten innerhalb von einer Sekunde 9*g* auf mich, sodass mich mehr als 900 Kilogramm in den Sitz pressten.

Das Blut schoss mir aus dem Gehirn in Arme und Beine; im Extremfall konnte ich das Bewusstsein verlieren, ein Vorfall, der in Pilotenkreisen als *g-LOC* (*g-force induced loss of consciousness*) bezeichnet wird. Meine Nase zeigte inzwischen senkrecht nach unten, und bei mehr als 1100 km/h würde ich im Fall eines g-LOC höchstwahrscheinlich auf der Erde aufschlagen, bevor ich wieder zu mir kam: ein Schicksal, das im Lauf der Jahre tragischerweise nicht wenige Piloten das Leben gekostet hat.

Um das zu verhindern, begann ich mein sogenanntes »anti-*g* straining maneuver«, eine aktive Anti-*g*-Maßnahme mit einer Reihe von speziellen Muskelkontraktionen und Atemtechniken, um das Blut wieder ins Gehirn zurückzutreiben. Darüber hinaus trug ich einen Anti-*g*-Anzug mit aufblasbaren Luftsäcken in der Hose, die die Beine zusammenpressten, damit das Blut nicht hineinschoss. Doch trotz meiner Ausrüstung und meines speziellen Trainings spürte ich die Auswirkungen der Blutarmut im Kopf und bemerkte, wie sich mein peripheres Sichtfeld verengte, so als würde ich durch eine Küchenrolle schauen.

Mein Rumpf und meine Gliedmaßen wurden in den Sitz gepresst. Selbst wenn ich einen Arm hätte heben wollen, wäre dies unmöglich gewesen, da er in jenem Moment 110 Kilogramm wog. Ein enormer Druck lastete auf meiner Brust, als wäre ich unter ein Auto geraten, während meine Maske mir zur Unterstützung meiner Atmung Druckluft in die Lungen pumpte.

Ich behielt meinen Gegner über die Schulter im Blick, den Helm zwischen Cockpithaube und Sitz eingekeilt. Auch er hatte sich auf den Rücken gerollt. Nur noch gut eineinhalb Kilometer voneinander entfernt flogen wir beide in Richtung Erde, während wir versuchten, den jeweils anderen vors Visier zu bekommen.

Auf dem Augmented-Reality-Display meines Helms folgte ihm ein Diamant – das Symbol für einen Feind –, außerdem wurden mir sämtliche Informationen eingeblendet, die ich für das Gefecht benötigte. Als wir abermals aufeinander zuhielten, wollte ich eine Rakete abschießen und gleichzeitig mit Hitze-Täuschkörpern, sogenannten Flares, meine eigene Hitzesignatur verschleiern. Doch binnen weniger Sekunden war der Abstand zwischen uns zu gering, um Raketen einzusetzen, und so steuerten wir auf eine zweite Begegnung zu. Es sah so aus, als würden unsere Bordkanonen den Kampf entscheiden müssen.

Als wir uns ein zweites Mal passierten, kamen wir uns so nahe, dass ich die seitliche Aufschrift an seiner Maschine erkennen konnte. Er veränderte seine Taktik. Anstatt weiterhin spiralförmig abwärtszufliegen, richtete er seine Flügel aus und begann, vertikal nach oben zu ziehen. Am Heck seines Jets bildete sich eine eindrucksvolle Dunstwolke, da die Luft hinter ihm durch den niedrigen Druck bei dem extremen Manöver rasch kondensierte. Um ihn zu besiegen, hätte ich wie er steil nach oben ziehen müssen. Allerdings flog ich dafür zu langsam: um lediglich fünf Knoten oder neun Stundenkilometer. Während ich trotz der hohen *g*-Kräfte versucht hatte, meinen Gegner im Blick zu behalten, hatte ich beim Crosschecking meine Geschwindigkeit aus den Augen verloren.

So wie sich der Jet anfühlte, war mir klar, dass es gewagt war; dennoch entschloss ich mich, die aggressive Strategie meines

Gegners mitzugehen. Ich nahm fälschlicherweise an, dass die nur geringfügig zu niedrige Geschwindigkeit kaum Auswirkungen auf das Manöver haben würde. Also richtete ich meine Flügel aus und ging in einen steilen Steigflug über. Gleichzeitig schob ich den Leistungshebel noch entschlossener nach vorn, in der Hoffnung, ein wenig zusätzlichen Schub aus dem Triebwerk herauszukitzeln. Ich war fest entschlossen, meinem Gegner Paroli zu bieten, während wir beide himmelwärts rasten.

Doch je näher ich dem Scheitelpunkt des Loopings kam, desto rascher verlor ich an Geschwindigkeit. Ein Alarmsignal warnte mich, dass ich in Kürze in einen gefährlichen Flugzustand geraten würde. Ich wollte das Manöver abbrechen und in die Horizontale einschwenken, doch der Jet war auch dafür zu langsam. Inzwischen war ich mit so geringer Geschwindigkeit unterwegs, dass ich auf der Autobahn überholt worden wäre, und ohne den Windwiderstand an den Steuerflächen saß ich nicht länger in einem Flugzeug, sondern nur noch in einem 14 000 Kilogramm schweren Metallhaufen.

Fast hätte ich es dennoch bis zum Scheitelpunkt des Loopings geschafft, doch im allerletzten Moment sank meine Fluggeschwindigkeit auf null. Einen winzigen Augenblick lang balancierte ich auf dem Heck meines Flugzeugs, während der Nachbrenner gegen die Schwerkraft ankämpfte. Auf Meereshöhe wäre der Schub höher als das Gewicht gewesen, sodass ich aus dem Strömungsabriss hätte herausbeschleunigen können. Doch in dieser Höhe genügte der Schub nicht, um die Erdanziehungskraft zu überwinden, sodass ich mich langsam rückwärtszubewegen begann – doch dafür war die F-16 nicht konstruiert.

Die F-16 verfügt über mehrere Flugcomputer, die ihr Verhalten überwachen. Diese bemerkten sofort, dass die Maschine ihre Auslegungsgrenzen überschritten hatte, und alarmierten mich akustisch mit »Caution, caution«- und »Warning, warning«-Signalen. Zugleich blinkten die Warnleuchten des Flugkontrollsystems auf. Im nächsten Moment senkte sich die Nase des Jets abrupt, und die *g*-Kräfte fielen auf -2,4*g*. Wenn man mit dem Auto über eine Kuppe fährt und ein flaues Gefühl im Magen verspürt, ist man bei einem halben *g*. Würde man in dem Moment auf eine Waage steigen, würde sie nur noch die Hälfte des eigentlichen Gewichts anzeigen. Bei -2,4*g* rissen mich 250 Kilogramm aus dem Sitz. Alles, was nicht festgezurrt war, wirbelte unkontrolliert durch das Cockpit. Selbst mein Körper, der vom Gurtzeug im Sitz gehalten wurde, schnellte mehrere Zentimeter in die Höhe, sodass meine Schultern an den Gurten zerrten. In meinem Körper schoss das Blut nach oben und staute sich in Kopf und Augen. Ich sah alles wie durch einen roten Schleier.

Der Höhenmesser verriet mir, dass ich bereits um 5 000 Fuß gefallen war. Die Nase des achterförmig taumelnden Jets durchschnitt die Luft auf der Suche nach einem Luftstrom. Bei diesem Tempo blieb mir nicht mehr viel Zeit, bis ich auf der Erde zerschellen würde. Zwischen meinen Beinen suchte ich den unterhalb von mir angebrachten gelb-schwarzen Schleudersitzgriff. Ein Zug daran, und die Cockpithaube würde weggesprengt und ein Raketen-Treibsatz am Sitz gezündet, um mich vom Flugzeug wegzukatapultieren. Ich wollte sichergehen, dass ich ihn im Fall eines Falles noch auslösen konnte, obwohl mich die negativen *g*-Kräfte aus dem Sitz hoben und ich unkontrolliert hin und her geworfen wurde. Im Hinterkopf fragte ich mich, wie die Dinge bloß in so kurzer Zeit derart außer Kontrolle hatten geraten können.

Instabile Systeme

Unter Kampfpiloten kursiert der Spruch: »Kein Problem ist so schlimm, dass man es nicht noch schlimmer machen könnte.« Was damit gemeint ist, lässt sich einfach erklären: Unsere Kampfjets sind unvorstellbar komplexe Maschinen, die wir oftmals am

Rande der Flugbereichsgrenze, der sogenannten Flugenveloppe, bewegen. Dieses Umfeld verzeiht keine Fehler, und es reicht bereits, einmal den falschen Schalter umzulegen, um eine Katastrophe herbeizuführen. Um dies zu verdeutlichen, hier die Notfall-Checkliste bei einer Leitwerk-Störmeldung:

- Der Einsatz der Luftbremsen kann zum Kontrollverlust über das Flugzeug führen.
- Unterhalb von xxx Knoten kann ein sofortiger Kontrollverlust über das Flugzeug auftreten.
- Häufige Eingaben am Steuerknüppel bewirken selbst bei geringer Amplitude eine übermäßige Erhitzung und können zum Kontrollverlust über das Flugzeug führen.

Jeder dieser drei Punkte erscheint harmlos, doch in Verbindung mit einer Leitwerk-Störung kann jeder von ihnen dazu führen, dass das Flugzeug in kürzester Zeit unkontrollierbar wird und abstürzt.

Kampfjets sind ihrem Wesen nach instabile Systeme, sodass unter Umständen durch die kleinste Eingabe zur falschen Zeit oder an falscher Stelle die Auslegungsgrenzen des Flugzeugs überschritten werden: Es stürzt ab oder bricht auseinander. In den verschiedenen Flugzuständen gibt es Hunderte wenig intuitiver Bereiche, in denen sich ein Pilot von einem Moment zum nächsten in Schwierigkeiten bringen kann. Daher müssen Piloten in der Lage sein, eine Situation rasch zu evaluieren und diese zentralen Punkte zu erfassen, um sie in ihr mentales Modell integrieren zu können. Die Flugbereichsgrenze bildet keine gerade Linie, sondern verläuft im Zickzack. Doch wie genau, das muss ein Pilot erst lernen. Die Fähigkeit hierzu lässt sich indessen auch auf zahlreiche Bereiche außerhalb des Cockpits übertragen.

Viele Probleme im Leben sind nichtlinear, sodass geringfügige Veränderungen große Auswirkungen haben können – was nicht selten im Widerspruch zu unseren Instinkten steht.

Jahrzehntelange Forschungen auf dem Feld der kognitiven Psychologie haben gezeigt, dass sich unser Gehirn häufig damit schwertut, diese Art von Beziehungen zu verstehen. Es bevorzugt das lineare Denken: Wir legen 30 Schritte zurück, also sind wir 30 Schritte von unserem Ausgangspunkt entfernt. Um die doppelte Entfernung zurückzulegen, brauchen wir doppelt so lange.

Diese Denkweise kann uns jedoch immer wieder in die Irre führen. Stellen Sie sich zum Beispiel vor, Sie haben zwei Fahrzeuge, mit denen Sie jeweils 10 000 Kilometer im Jahr fahren – einen Pkw, der mit 10 Litern 100 Kilometer weit kommt, und einen Transporter, der mit 10 Litern nur 50 Kilometer weit kommt. Welche der beiden folgenden Optionen ist nun besser, um Benzin zu sparen?

Einen neuen Transporter anzuschaffen, der mit 10 Litern 100 Kilometer weit kommt?

Einen neuen Pkw anzuschaffen, der mit 10 Litern 250 Kilometer weit kommt?

Vor dieses Problem gestellt, entscheiden sich die meisten für den Pkw. Die Steigerung der Reichweite um 150 Kilometer liegt sowohl absolut als auch relativ höher als beim Transporter. Doch entgegen unserer Intuition lautet die Antwort, dass man besser den Transporter durch das sparsamere Modell ersetzen sollte. Aktuell verbraucht der Transporter 2 000 Liter jährlich, der Pkw 1 000 Liter. Ein neuer Transporter senkt den Benzinverbrauch um 1 000 Liter, ein neuer Pkw dagegen nur um 600 Liter.

Wenn Sie nun verblüfft sind, so deshalb, weil Ihr Gehirn das Problem auf ein lineares Verhältnis reduziert hat. Doch bei der Erhöhung der Kilometerleistung je Liter verringert sich die absolut eingesparte Benzinmenge in einem zunehmend kleiner werdenden Maße. Dieser Effekt ist derart bedeutsam, dass Sie auch dann noch mehr Geld durch den neuen Transporter sparen würden, wenn Sie Ihren bisherigen Pkw durch ein Modell ersetzen würden, das mit 10 Litern sogar utopische 500 Kilometer weit käme.

Hier noch ein weiteres Beispiel, um die lineare Voreingenommenheit unseres Gehirns zu verdeutlichen: Nehmen wir an, ich gebe Ihnen einen Cent und erkläre Ihnen, dass sich sein Wert einen Monat lang jeden Tag verdoppele. Wie viel Geld hätten Sie dann nach 31 Tagen? Nehmen Sie sich einen Moment Zeit zum Nachdenken.

Die Schätzungen der meisten Menschen liegen in der Größenordnung von einigen Hundert Euro – nichtlineares Denken fällt uns schwer. Selbst nach dem Hinweis, dass es sich hier um ein exponentielles Problem handelt, nennen die meisten einen Betrag im niedrigen sechsstelligen Bereich. Tatsächlich jedoch sind es mehr als zehn Millionen Euro.

Um die Sache noch zu erschweren, gibt es oftmals bestimmte Punkte, im Englischen als »knees in the curve« (Kurvenknie) bezeichnet, ab denen sich die Werte rasch verändern. Nehmen wir das Cent-Beispiel. Angenommen, der Wert verdoppelt sich nur über einen Zeitraum von 20 statt 31 Tagen, wie hoch würden Sie dann die Endsumme schätzen? Angesichts der um ein Drittel geringeren Zeitspanne dürfte eine lineare Schätzung ungefähr bei sechs Millionen Euro landen. Doch da es sich um ein nichtlineares Problem handelt, setzen Sie Ihre Schätzung vielleicht erheblich niedriger an, etwa bei 500 000 Euro. In Wahrheit jedoch sind es nur 20 000 Euro, weniger als ein Prozent des Betrags nach einem ganzen Monat. Tag 20 ist der Kniepunkt der Kurve, ab dem sich der Wert rasant verändert.

Um die Welt, in der wir leben, besser zu verstehen, müssen wir genau diese nichtlinearen Beziehungen verstehen, die sogenannten *Potenzgesetze.* Diese finden sich in Systemen, in denen, unabhängig von den Ausgangsbedingungen, die Veränderung eines Faktors eine erhebliche Veränderung eines anderen Faktors nach sich ziehen kann.

Die Definition mag abstrakt anmuten, doch im Alltag hat jeder von uns bereits Erfahrungen mit Potenzgesetzen gemacht. Wenn man als Neuling mit dem Fitnesstraining beginnt, steigt die eigene Leistungsfähigkeit zunächst steil an. Doch irgendwann wird sie nur noch langsamer zunehmen, auch wenn man weiterhin genauso viel trainiert wie zuvor. Selbst wenn man seinen Trainingsumfang steigert, wird sich die Leistung schließlich auf einem bestimmten Niveau einpendeln. Aus diesem Grund herrscht bei Olympischen Spielen eine solche Leistungsdichte: Sämtliche Teilnehmer haben jahrelang an ihrem Körper und ihrer Technik gefeilt und befinden sich nun an ihrem Leistungslimit.

Obwohl den meisten Menschen Potenzgesetze durchaus vertraut sind, berücksichtigen nur wenige sie regelmäßig bei ihrer Entscheidungsfindung. Doch aufgrund der enormen Auswirkungen, die Potenzgesetze auf das Resultat haben können, sollten sie rasch erkannt und in ihren Folgen verstanden werden. Dass so viele von uns sie beinahe durchgängig ignorieren, hat vielerlei Gründe. Gleichwohl führt das oftmals dazu, dass eine Person ein Problem falsch evaluiert und deswegen schlechte Entscheidungen trifft. Wenden wir uns einem Beispiel aus der Wirtschaft zu.

Die Billionen-Dollar-Fehlentscheidung

Im Winter 1997 trafen sich einige Stanford-Studenten zu einem Geschäftsessen in einem Restaurant namens Fuki Sushi in Palo Alto, Kalifornien. Zu jener Zeit war das bescheidene Restaurant, das 20 Jahre zuvor als erstes japanisches Restaurant weit und breit eröffnet worden war, bereits zu einem Fixpunkt des Silicon Valley geworden. Beim Eintritt wurden die Studenten von einem grellen SUSHI-Neonschriftzug begrüßt, ein scharfer Kontrast zu den traditionellen Gewändern der Köche.

Das Meeting wäre nicht weiter erwähnenswert, wäre es dabei nicht um einen revolutionären Algorithmus namens BackRub gegangen, mit dessen Entwicklung zwei der Studenten einige Jahre zuvor in einem Schulprojekt begonnen hatten, um ihn später dann in ihrer freien Zeit im Studentenwohnheim von Stanford immer weiter zu verfeinern. Mittlerweile nutzten die Studenten mehr als die Hälfte der Internet-Bandbreite ihrer Universität. Doch sie sahen gar kein Geschäftsmodell dahinter, sondern betrachteten das Programm nur als Sprungbrett für ihre wissenschaftliche Laufbahn.

Das Revolutionäre an dem Algorithmus war, dass er auf skalierbare Weise Ordnung in das Internet bringen konnte. Das Internet hatte sich zu jenem Zeitpunkt in eine Art digitaler Wilder Westen verwandelt, nachdem es in seinen Anfängen lediglich wissenschaftlichen Institutionen dazu gedient hatte, ihre Forschungsergebnisse auszutauschen. Da es von seiner Struktur her dezentral aufgebaut war, ließen sich keine gemeinsamen Standards einführen. Jeder konnte seine Gedanken, Bilder, Produkte und Codes in jedem beliebigen Format hochladen. Das Ergebnis war eine immer stärker ausufernde digitale Welt, die kurz davorstand, in einer Flut von Spam-Seiten zu ertrinken. Die große Frage lautete: Wie ließe sich die riesige Informationsmenge auf sinnvolle Weise organisieren?

Eine Lösung hierfür stellten vermeintlich die Internetportale dar. Unternehmen wie American Online, Excite und Yahoo! wählten Inhalte aus und erstellten daraus raffinierte Homepages, die sämtliche Bedürfnisse der Nutzer befriedigen sollten. Im Gegensatz zu heute, da künstliche Intelligenz und maschinelles Lernen den Nutzern maßgeschneiderte Inhalte liefern, waren diese Startseiten eine Art Pauschalangebot für jedermann. Im Grunde glichen die Internetportale digitalen Zeitungen. Die Nutzer loggten sich ein und surften durch die vom Portal ausgewählten Inhalte, indem sie die für sie interessanten Links anklickten. Den meisten Nutzern, die bis zu diesem Zeitpunkt erst wenige Stunden im Internet verbracht hatten, reichte dies. Das Problem war jedoch, dass sie auf diese Weise nur zu einem Bruchteil der verfügbaren Informationen Zugang erhielten.

Allerdings verfügten viele Portale unten auf ihrer Startseite über ein kleines Kästchen für spezielle Suchanfragen. Doch vor dem Abschicken der Suche mussten die Nutzer aus einem Dropdown-Menü mit verschiedenen Optionen auswählen: Die Standardeinstellung war, einfach nur die ausgewählten Inhalte auf dem Portal zu durchsuchen. Die zweite Option war die Suche auf ausgewählten Nachrichtenseiten. Die letzte Option schließlich lautete, im gesamten Internet zu suchen – was die Nutzer in nicht einmal fünf Prozent aller Fälle taten. Das lag nicht nur daran, dass diese Möglichkeit neu war, sondern auch an den grauenvollen Ergebnissen. Die Nutzer bekamen endlos Spam-Seiten angezeigt und mussten selbst manuell die Ergebnisse durchgehen. Nach einigen unergiebigen Suchanfragen tat der Durchschnittsnutzer das Feature als bloße Spielerei ab und verzichtete fortan darauf.

Excite

Den Studenten gegenüber saßen bei Fuki Sushi zwei der Gründer des Tech-Giganten Excite.com. Excite war das zweitgrößte Internetportal der Welt und die vierthäufigst besuchte Website im Netz. Erst kurz zuvor war das Unternehmen an die Börse gegangen und wurde mittlerweile mit mehr als fünf Milliarden Dollar bewertet. Von anderen Portalen, die als Medienunternehmen betrieben wurden, unterschied sich Excite dadurch, dass es als Tech-Company gegründet worden war und sich auf die Infrastruktur hinter dem Content konzentrierte. Bis dahin hatte sich diese Strategie ausgezahlt. Durch den technologischen Vorsprung gegenüber den Wettbewerbern war Excite zu einem der am schnellsten wachsenden Unternehmen der Welt aufgestiegen. Doch ungeachtet des Wachstums und der Bewertung der Firma war den Gründern bewusst, dass ihr langfristiges Überleben von der Lösung des Suchproblems abhing.

Auf den ersten Blick schien das Problem denkbar einfach in den Griff zu bekommen – man musste nur die Suchbegriffe nehmen, die die Nutzer in das Suchkästchen eingaben, und damit abgleichen, wie oft sie auf einer Website auftauchten. Die Ergebnisse mit den meisten Entsprechungen platzierte man dann am weitesten oben. Das Konzept war keineswegs neu: Zu jener Zeit blickte der moderne Computer bereits auf eine knapp 30-jährige Geschichte zurück, und das sogenannte *Information Retrieval* war eine weitverbreitete Technik. Allerdings funktionierte es verlässlich gut nur in einem wissenschaftlichen Umfeld, in dem einige Tausend Nutzer standardisierte Inhalte von hoher Qualität hochluden. Doch mittlerweile geriet das Information Retrieval an seine Grenzen, da das Internet exponentiell wuchs und größtenteils aus Spam-Seiten bestand.

Aufgrund dieses Problems hatte sich unter Experten zunehmend der Eindruck verbreitet, dass das Internet nicht zähmbar war und daher nicht so revolutionär wie erhofft sein würde. Wie Barry Rubinson, der technische Leiter einer der führenden Suchmaschinen seinerzeit feststellte: »Es ist alles Magie und Hexerei. Wenn Ihnen jemand erzählt, es handele sich dabei um Wissenschaft, verschaukelt er Sie. Das erste Problem ist, dass die Relevanz im Auge des Betrachters liegt. Das zweite ist, die haarsträubend knappen und kryptischen Suchanfragen der Nutzer zu verstehen.«

Der damalige Lackmustest war die Suche nach dem Begriff *Universität*. In der Theorie hätten die Homepages der führenden Universitäten ganz oben auf der Liste auftauchen sollen. Stattdessen zeigten die Suchmaschinen alle Seiten an, auf denen das Wort *Universität* auftauchte, größtenteils Spam-Seiten, die mit ihren Produkten auf Studenten abzielten. Um die Ergebnisse einzuschränken, versuchten die Portale, andere Faktoren zu analysieren, etwa die Großschreibung des Stichworts, die Schriftgröße und die Position auf einer Seite. Doch das mündete rasch in ein Katz-und-Maus-Spiel, bei dem die Websites – oft unsichtbar für den Benutzer – beliebte Stichwörter auf ihren Seiten verstreuten, um mehr Besucher anzulocken. Suchmaschinen, die sich traditioneller Techniken bedienten, erwiesen sich gegen solche Tricks als machtlos.

Die Stanford-Studenten gingen das Problem auf andere Weise an. Sie erkannten, dass die Links, auf die Nutzer beim Navigieren einer Website klickten, so etwas wie die Zitatangaben in ihren Lehrbüchern waren. Je häufiger eine Seite angeführt wurde, desto glaubwürdiger war sie höchstwahrscheinlich. Da Spam-Seiten nicht auf anderen Websites verlinkt wurden, konnten sie ausgesiebt werden, auch wenn sie die richtigen Stichwörter enthielten. Rückblickend handelt es sich um ein unglaublich simples Konzept, dennoch war keines der großen Portale darauf gekommen.

So einfach der Grundgedanke war: In der Praxis erwies sich seine Umsetzung als weitaus schwieriger. Zwar ließen sich weiterführende Links problemlos identifizieren, allerdings konnte man nicht herausfinden, wo überall auf eine bestimmte Website verlinkt wurde. Damit das System funktionierte, mussten die Studenten einen vollständigen Plan der Link-Struktur des Internets erstellen. Nach seiner Fertigstellung würde dieser den Flugverbindungen auf einer Landkarte gleichen, wo die Knotenpunkte auf den ersten Blick ersichtlich sind.

Das gesamte Internet zu kartieren, war allerdings eine beängstigende Aufgabe. Zu jener Zeit gab es bereits Millionen Websites, und allein diese per Hand zu katalogisieren, hätte mit einem Team aus lediglich vier Personen Hunderte Jahre gedauert, während zugleich jeden Tag Hunderttausende Seiten neu hinzukamen. Die Studenten begriffen jedoch, dass das Anklicken von Links eine simple Tätigkeit war, für die keinerlei Denkleistung nötig war – und damit der perfekte Job für ein Computerprogramm namens Webcrawler. Der Crawler folgte fortwährend den von ihm gefundenen Links, indizierte sie und erstellte so eine Karte des Internets. Das explosive Wachstum des Internets stellte somit für die Studenten kein Hindernis mehr dar, sondern verschaffte ihnen sogar einen entscheidenden Vorteil, da der Crawler die Karte immer weiter verfeinern konnte, je mehr Links er fand, was wiederum zu besseren Ergebnissen führte. In Kombination mit den traditionellen Techniken des Information Retrievals sollte der BackRub-Algorithmus seine Konkurrenten daher um Längen schlagen.

Im Restaurant begannen die Excite-Gründer Suchanfragen einzugeben und waren von den Ergebnissen beeindruckt. Die Studenten hatten in der Tat ein überlegenes Suchwerkzeug entwickelt. Der Vorsprung hielt sich noch in Grenzen, gleichwohl lieferte BackRub passendere Ergebnisse. Doch erst als die Excite-Gründer hörten, wie der Algorithmus mit seiner Backlink-Struktur und den Webcrawlern funktionierte, ging ihnen auf, dass sie die Zukunft des Internets vor sich sahen.

Die Studenten waren auf der Suche nach einem Käufer für ihren Algorithmus. Das Projekt war zu einer Belastung für ihre wissenschaftliche Karriere geworden, und sie wollten sich neuen Aufgaben zuwenden. Außerdem verfügten sie über keine Möglichkeit der kommerziellen Nutzung und hatten sich bereits von mehreren Unternehmen Absagen eingehandelt. Für 1,6 Millionen Dollar konnte Excite den Algorithmus haben. Sie würden sogar mehrere Monate in dem Unternehmen verbringen, um ihn in die bestehende Infrastruktur zu integrieren. Ihre einzige Forderung war, dass alles bis zum Herbstsemester über die Bühne gehen müsste, damit sie sich auf ihr Studium konzentrieren könnten.

Es war eine einmalige Gelegenheit für Excite. Die Gründer wussten, dass ihre Firma mit diesem Algorithmus zum weltweit einzigen Unternehmen würde, das auf skalierbare Weise Ordnung ins Internet bringen konnte, und damit Milliarden Dollar scheffeln würde. Es gab nur ein Problem: Die Gründer hatten in ihrem eigenen Unternehmen nicht mehr das Sagen.

Start-ups

Technologieunternehmen treten auf einem der am härtesten umkämpften Geschäftsfelder gegeneinander an. Das liegt nicht zuletzt an dem umfassenden Einsatz von Computercodes, der es ihnen erlaubt, in Windeseile zu skalieren. Sobald eine Software erst einmal entwickelt wurde, lässt sie sich mit weit geringeren Kosten vervielfältigen als ein physisches Produkt und steht somit potenziell jedem zur Verfügung. Darin unterscheidet sich die Branche etwa von der Gastronomie, in der ein Steakhouse in New York nicht in Konkurrenz mit einem Steakhouse in Dallas steht. Allein der Zeitaufwand und die Kosten für die Anfahrt sorgen dafür, dass sich die Gäste in der Regel immer für das Restaurant in ihrer Stadt entscheiden. Beide Restaurants können in ihren voneinander getrennten Ökosystemen existieren, selbst wenn sie vollkommen identisch sind.

Technologieunternehmen dagegen konkurrieren in Ökosystemen miteinander, die um ein Vielfaches größer sind. In diesem zugleich hochriskanten und chancenreichen Umfeld streichen die Unternehmen an der Spitze Milliarden Dollar ein, wohingegen die Firmen aus der zweiten Reihe bereits um ihr Überleben kämpfen und der Rest pleitegeht. Start-ups, die sich in diesem Bereich etablieren wollen, machen oftmals jahrelang keinen Profit, da sie teils achtstellige Summen aufwenden, um ihre Unternehmensinfrastruktur aufzubauen und Personal anzuwerben, in der Hoffnung, dass sich ihr Geschäftsmodell durchsetzen wird und dann die Gewinne sprudeln.

Die Gründer von Excite hatten vieles gemeinsam mit den Studenten. Gerade einmal fünf Jahre zuvor hatten sie sogar noch selbst in Stanford studiert, in denselben Computerräumen, in denen nun ihre Nachfolger hockten. Seinerzeit hatten ihnen schlicht die Mittel gefehlt, um es mit Internet-Giganten wie Yahoo! und America Online aufzunehmen, daher waren sie an eine Risikokapitalgesellschaft herangetreten und hatten die Mehrheit an ihrem Unternehmen abgegeben, um rasch wachsen zu können.

An der Spitze der Risikokapitalgesellschaften standen Topleute mit Abschlüssen von den besten Universitäten. Doch ihnen mangelte es nicht nur an einem tiefgreifenden Verständnis des Internets, sie standen auch für eine andere Führungsmentalität. Seinerzeit wurde das Programmierer-Ethos, das heute in den Vorstandsetagen der Technologieunternehmen gang und gäbe ist, noch skeptisch beäugt. Die Risikokapitalgesellschaften waren davon überzeugt, dass ein Unternehmen nur ernst genommen würde, wenn es von einem traditionellen Vorstandsvorsitzenden geleitet wurde, in der Regel von jemandem mit einem Abschluss an einer der Ivy-League-Universitäten. Das bekannteste Beispiel hierfür war Apple, wo Steve Jobs gefeuert und durch einen Pepsi-Manager ersetzt wurde.

Sobald die Kapitalgeber die Kontrolle über Excite erlangt hatten, änderten sie den Namen und schoben die Gründer auf unbedeutendere Posten ab. Anschließend beauftragten sie eine Headhunter-Agentur mit der Suche nach einem Vorstandsvorsitzenden. Die neuen Besitzer wollten einen richtigen Businessmann, der in Anzug und Krawatte ins Büro kam, nicht in Basketballshorts, wie es die Gründer gerne taten. Ihrer Ansicht nach mussten die gerade einmal Mitte 20-jährigen Jungs unter, wie es im Branchenjargon heißt, »adult supervision« gestellt werden, also unter die Aufsicht von Erwachsenen. Als neuer Chef auserkoren wurde schließlich George Bell.

Bell entsprach exakt dem damaligen Ideal eines Vorstandsvorsitzenden. Er hatte in Harvard seinen Abschluss in Anglistik gemacht und im Squashteam der Uni geglänzt. Anschließend war er zehn Jahre lang rund um den Globus gereist, um als Produzent von Dokumentationen vom Verschwinden bedrohte Völker und gefährdete Tierarten zu filmen. Bell genoss einen Ruf als hervorragender Verkäufer, der selbst mitten auf einer Expedition noch Gelder für seine Dokumentationen auftreiben konnte. Nach seiner Nomadenexistenz als Filmproduzent war Bell sesshaft geworden und hatte sich bis an die Spitze eines Medienunternehmens hochgearbeitet.

Bells Überzeugung zufolge waren für Excite Partnerschaften essenziell, um relevant zu bleiben. Dank seines als Filmproduzent entwickelten Verkaufstalents gelang es ihm schon bald, Excite gegen eine 20-prozentige Beteiligung am Unternehmen zur exklusiven Suchmaschine von America Online zu machen. Als Nächstes ging er eine siebenjährige Partnerschaft mit dem Finanzsoftwareriesen Intuit ein, einem Produzenten von Programmen für Onlinebanking und Finanzbuchhaltung, dieses Mal gegen eine 19-prozentige Beteiligung an Excite. Um die Nutzerbasis zu erweitern, erwarb er Netbot, ein Preisvergleichsportal, und schloss noch im selben Jahr einen Deal mit Ticketmaster ab, um direktes Online-Ticketing anbieten zu können.

Bells Strategie war ein blitzkriegartiger Zug durch das Internet, auf dem er alle sechs bis acht Wochen ein weiteres Unternehmen zukaufte. In seinen Augen war das Internet so etwas wie ein digitaler Immobilienmarkt. Durch die Kontrolle über wertvolles Land, etwa zehn Prozent des Startbildschirms von America Online, würde er die Leute auf das Excite-Portal umlenken können, um dann mit Anzeigen Geld zu verdienen. Excite.com sollte in Bells Worten zu einem »Warenhaus« werden, »in dem die Leute alles bekommen, was sie brauchen«.

Wegen des zunehmenden Spam-Seiten-Problems erwarb Bell im Zuge der ersten großen Suchmaschinen-Fusion für 18 Millionen Dollar den Konkurrenten Magellan. Damit erhielt Excite eines der führenden Teams für die Website-Bewertung: 75 Journalisten, die rund um die Uhr Ein-Satz-Reviews von Websites verfassten. Diese halfen, Ordnung ins Internet zu bringen, und sollten gewährleisten, dass auf Excite.com nur hochwertige Websites auftauchten. Zu dem Zeitpunkt hatte das Team bereits mehr als 40 000 Reviews angehäuft.

Nach dem Meeting im Fuki Sushi baten die Gründer von Excite Bell um grünes Licht für den Erwerb des BackRub-Algorithmus. Doch er lehnte ab. Excite galt bereits als eine der besten Suchmaschinen, und seiner Ansicht nach hatte das Unternehmen das Suchproblem durch den Zukauf von Magellan gelöst. Die Gründer waren anderer Meinung und konnten die Risikokapitalgeber überzeugen, sich noch einmal mit den Stanford-Studenten zu beschäftigen. In dem Meeting gingen die Studenten mit ihrer Forderung auf 750 000 Dollar herunter, da sie keine anderen Optionen hatten und ihnen die Zeit davonlief. Excite hätte die Rechte an allem, was sie entwickelt hatten, erwerben können, sofern die Geschichte damit für sie ein für alle Mal abgeschlossen wäre und sie ihr Studium fortsetzen könnten. Die Excite-Gründer beharrten darauf, dass das Unternehmen den Deal eingehen sollte, und obwohl die Kapitalgeber keine eindeutige Position bezogen, vereinbarten sie ein Treffen zwischen Bell und den Studenten.

Für das Meeting reisten die Studenten in den kurz zuvor eingeweihten Mid-Point Technology Park, wo Excite seinen Firmensitz hatte. Mit ihren Computern und ihrer Präsentationsmappe unterm Arm machten sie sich auf den Weg zu Bells Büro in dem 8 000-Quadratmeter-Glasgebäude. Sie schlossen ihre Computer an und starteten BackRub in einem Fenster und das Excite-Portal in einem zweiten – sie wollten die beiden direkt gegeneinander antreten lassen, um zu zeigen, welches Programm besser war.

BackRub war Excite in der Suchgeschwindigkeit überlegen, jedoch nicht so sehr, dass der Algorithmus wie eine Revolution erschienen wäre. Irgendwann hatte Bell genug gesehen. Bei 750 000 Dollar musste er sich keine großen Gedanken machen.

Er konnte die Rechte erwerben, einen möglichen Konkurrenten ausschalten und die Technologie erst einmal auf Halde legen, um sie später hervorzuholen, falls er einmal Verwendung dafür haben sollte.

Doch die Studenten hatten ihr Projekt nicht wegen des Geldes begonnen, sondern weil sie das Potenzial des Internets erkannt hatten und seinen Nutzen erschließen wollten. Daher hatten sie eine Klausel in den Vertrag einfügen lassen, dass der Algorithmus nach dem Verkauf auch genutzt werden musste. Das wurde zum Stolperstein für den Deal. Excite erzielte seine Gewinne, indem es die Menschen auf dem eigenen Portal hielt. Das Unternehmen konnte nur dann Anzeigen auf einer Website verkaufen, wenn es die Kontrolle über diese hatte. Suchte hingegen jemand nach einem bestimmten Thema und verließ in der Folge das Portal, ging dem Unternehmen ein potenzieller Nutzer verloren. Die sogenannte *stickiness* einer Website war seinerzeit eines der wichtigsten Kriterien, und Bells Ansicht nach würde sich eine Suchmaschine, die »zu gut« war, möglicherweise als kontraproduktiv erweisen. Da er zudem glaubte, das Suchproblem ohnehin schon gelöst zu haben, blies er den Deal ab.

Das Anti-Portal

Im Laufe der folgenden eineinhalb Jahre handelten sich die Studenten von jedem Unternehmen, an das sie sich wandten, eine Absage ein. »Wir konnten niemanden dafür begeistern«, erklärte einer der Studenten. »Wir bekamen mehrere Angebote, doch die lagen so niedrig, dass wir uns sagten ›Was soll's‹ und nach Stanford zurückkehrten, um an dem Projekt weiterzuarbeiten.« Schließlich entwickelten die Studenten BackRub zu einer Art Anti-Portal – anstatt Hunderte Links und Anzeigen auf den eigenen Seiten unterzubringen, reduzierten sie ihre Homepage immer weiter, bis sie nur noch aus einem kleinen Suchfeld und zwei Buttons bestand. Ein Grund dafür war, dass ihnen schlichtweg die Ressourcen fehlten, um weitere Funktionen unterzubringen. Doch der Hauptgrund war, dass die Website auf diese Weise schneller geladen werden konnte, was sie bereits früh zu einem ihrer Grundprinzipien erhoben hatten.

Seit jenem Meeting im Winter 1997 hatte sich die Internet-Landschaft dramatisch verändert. Kurz darauf hatte Excite in einem Riesendeal über 6,7 Milliarden Dollar mit @Home Network fusioniert: der bis dahin größte Zusammenschluss von zwei Internetunternehmen. Doch innerhalb von zwei Jahren implodierte das Konglomerat, weil es riesige Verluste angehäuft hatte; der Aktienkurs stürzte um 90 Prozent ab, und das Unternehmen sah sich gezwungen, Insolvenz anzumelden. In der Folge wurde es in einzelne Teile zerschlagen, die zu Spottpreisen an vormalige Wettbewerber verscherbelt wurden.

Die Studenten arbeiteten weiterhin an ihrer Suchmaschine, getrieben allein von dem Gedanken, sie effizienter für die Nutzer zu machen, und ohne einen Gedanken an die *stickiness* ihrer Website zu verschwenden. Schließlich knackten sie das Problem der Profitabilität, indem sie ein System entwickelten, bei dem Werbekunden in einem Auktionsverfahren dafür boten, mit den Suchanfragen der Nutzer gekoppelt zu werden. Als eines der wenigen Unternehmen weltweit, denen die Zähmung des Internets gelang, wuchs BackRub im Gleichschritt mit diesem.

Auf dem Weg zur Profitabilität ihres Unternehmens entschlossen sich die Studenten, ihren Algorithmus umzubenennen. Nachdem sie zunächst ernsthaft den Namen »The Whatbox« erwogen hatten, änderten sie den Namen schließlich von BackRub zu *Google*, einem Wortspiel mit der mathematischen Bezeichnung für eine Eins, gefolgt von einhundert Nullen, googol. Aktuell ist das von den ehemaligen Stanford-Studenten Larry Page und Sergey Brin gegründete Unternehmen Google mehr als 1,5 Billionen Dollar wert.

Ob Excite genauso erfolgreich geworden wäre wie Google, wenn Bell damals den Algorithmus gekauft hätte, lässt sich nicht sagen. Doch dass er den Deal nicht abschloss, gilt heute als eine der schlechtesten Entscheidungen der Wirtschaftsgeschichte, die letztlich auch zum Zusammenbruch des Unternehmens beitrug. Die grundlegende Ursache war, dass Bell die Potenzgesetze und ihren Zusammenhang mit den Problemen, vor denen er stand, nicht hinreichend durchschaute. Er erkannte nicht, dass das exponentielle Wachstum des Internets das System, in dem er tätig war, radikal verändern würde. Journalisten anzustellen, um Websites zu rezensieren, war eine lineare Lösung. So etwas mag bei Büchern, Filmen und Produkten funktionieren, von denen es im Vergleich mit dem potenziellen Kundenkreis nur verhältnismäßig wenige gibt. Doch das Internet ermöglichte es jedem, der einen Computer zur Verfügung hatte, innerhalb weniger Stunden eine Homepage zu erstellen. Das führte zu einem schwindelerregenden Anstieg der Anzahl von Websites.

Man kann durchaus verstehen, warum Bell dies nicht erkannte: 1997 hatte das Internet noch nicht sein Kurvenknie erreicht. Es war wie an Tag zehn des Cent-Beispiels. Wenn man nah genug an die Kurve heranzoomte, erschien sie linear. Doch binnen weniger Jahre schoss sie dramatisch in die Höhe. Wollte heute ein Unternehmen die Websites wie einst Excite manuell beurteilen lassen, dann würde es dafür weit mehr als 100 000 Journalisten benötigen.

Doch die Webportale der späten 1990er-Jahre beachteten noch ein weit fundamentaleres Potenzgesetz nicht: das Metcalfesche Gesetz. Dieses nach Robert Metcalfe, einem der Erfinder des Ethernets, benannte Gesetz besagt, dass der Wert eines Netzwerks exponentiell zur Anzahl seiner Benutzer steigt. Das kann man sich anhand des Telefons verdeutlichen: Würde man als einziger Mensch auf der Welt ein Gerät besitzen, wäre es wertlos. Selbst wenn ein paar Menschen eines hätten, wäre sein Nutzen immer noch überschaubar. Doch da die meisten Menschen ein

Telefon besitzen, hat es einen immensen Wert. Dasselbe gilt für die sozialen Medien, Dating-Apps und sogar das Internet selbst. Webportale bildeten einen Flaschenhals, der die mögliche Anzahl der Verbindungen der Nutzer einschränkte. Sie waren eine lineare Lösung, die das Internet einfach nur in eine digitale Zeitung verwandelte. Und da das Internet noch so neu war, gaben sich die meisten Nutzer mit dem Status quo zufrieden. Erst Google überwand mit seiner Suchmaschine den Flaschenhals und entfaltete das volle Potenzial des Internets für die Nutzer, während es gleichzeitig kontrollierbar blieb. Daher wechselten die Nutzer in Scharen zu Googles Suchmaschine, was letztlich zum Untergang der Webportale in ihrer damaligen Form führte. Der Netzwerkeffekt ist derart mächtig, dass er heute oftmals 70 Prozent oder mehr des Werts eines Digitalunternehmens ausmacht.

Potenzgesetze gibt es überall

Potenzgesetze beherrschen die Welt um uns herum. Sie werden ausgiebig genutzt, etwa in der Physik, dem Ingenieurwesen, der Biologie, der Psychologie, der Wirtschaft, der Meteorologie, der Kriminologie und auf zahllosen weiteren Gebieten. So besagt zum Beispiel in der Biologie Kleibers Gesetz, dass der Stoffwechsel eines Tieres nicht linear mit seiner Größe ansteigt, sondern einem Potenzgesetz unterliegt. Eine Katze wiegt zwar rund das Hundertfache einer Maus, benötigt jedoch nur 32-mal so viel Energie. Hierbei handelt es sich um eine Form des Degressionsgewinns, da eine Verdoppelung der Größe nicht mit einer Verdoppelung des Energieverbrauchs einhergeht. Kleibers Gesetz gilt erstaunlicherweise für den Großteil des Tierreichs, für ein Rind mit dem hundertfachen Gewicht einer Katze ebenso wie für einen Wal, der wiederum hundertmal so viel wiegt wie ein Rind. Da die Lebenserwartung von Tieren eng mit ihrem Stoffwechsel zusammenhängt, lässt sich somit erklären, warum eine Maus nur wenige Jahre alt wird, während ein Wal mehr als 80 Jahre alt werden kann (wohingegen wir Menschen heute dank unserer technischen Errungenschaften und des Gesundheitswesens sehr viel länger leben, als aufgrund unserer Größe zu erwarten wäre).

Rasch zu erkennen, dass eine Variable einem Potenzgesetz unterliegt, ist eine zentrale Fähigkeit in der Evaluationsphase der EWA-Helix. Dank ihr können wir in kürzester Zeit die entscheidenden Punkte identifizieren, die unsere Entscheidung am meisten beeinflussen werden. Auf so gut wie allen bekannten Gebieten gibt es spezielle Potenzgesetze, ihre Zahl geht in die Hunderte. Doch im Grunde lassen sie sich auf nur drei allgemeine Typen reduzieren, die es uns ermöglichen, beim Crosschecking innerhalb weniger Augenblicke Prioritäten zu setzen.

1. Exponentielles Wachstum

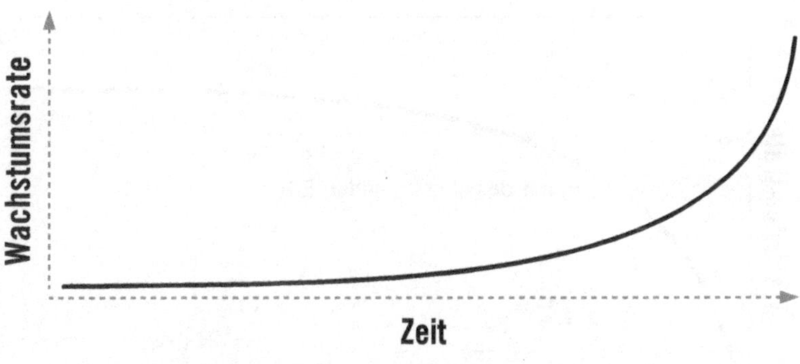

Das Gesetz des exponentiellen Wachstums beschreibt etwa das Bevölkerungswachstum, die Verbreitung von Viren, die Entwicklung von Zins und Zinseszins, die zunehmende Rechenleistung von Computern und vieles mehr. Exponentielles Wachstum bedeutet, dass bei einem Anstieg der Bestandsgröße auch die Wachstumsrate steigt, sich das Wachstum also mit zunehmender Dauer beschleunigt. Die Kurve beim exponentiellen Wachstum nimmt die Form eines »J« an: Die Bestandsgröße nimmt zunächst langsam zu, um dann immer rascher zu wachsen. Ob in einem bestimmten Fall exponentielles Wachstum vorliegt, lässt sich einfach feststellen, indem man schaut, ob eine konstante Verdoppelungsrate existiert. Wenn die Einwohnerzahl einer Stadt in zehn Jahren von 10 000 auf 20 000 wächst und dann in weiteren zehn Jahren auf 40 000 und so fort, steigt sie exponentiell.

Eine Methode zur raschen Berechnung der Verdoppelungsdauer beim exponentiellen Wachstum ist die sogenannte 70er-Regel, für die man nur 70 durch die Wachstumsrate teilen muss. Angenommen, man legt sein Geld zu einem Zinssatz von sieben Prozent an: Wenn man nun 70 durch sieben teilt, ergibt sich, dass sich das eigene Vermögen alle zehn Jahre verdoppelt.

2. Abnehmender Ertrag

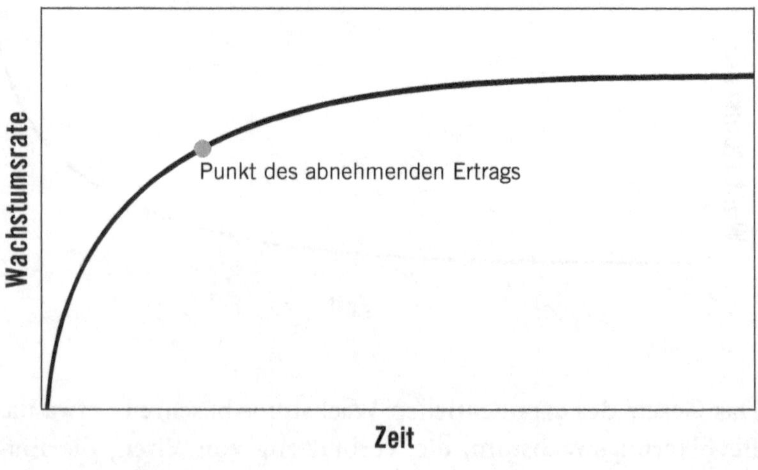

Mit dem Gesetz des abnehmenden Ertrags lassen sich etliche Zusammenhänge beschreiben, von der Frage, warum Supercars so exorbitant teuer sind, bis zu der, warum wir beim Waschen keine Unmengen an Waschmittel brauchen. Der abnehmende Ertrag bezeichnet eine Situation, in der trotz steigender Ressourcen und zunehmenden Aufwands die Erträge nur noch geringfügig wachsen. Die Kurve des abnehmenden Ertrags steigt zunächst rasch an, um dann jedoch immer mehr abzuflachen. In einigen Fällen kann sie sich sogar wieder umkehren und zu einem negativen Ertrag führen.

Stellen wir uns ein Restaurant vor, das nur einen Koch hat, was sich als Flaschenhals für den Betrieb erweisen kann. Stellt das Restaurant nun weitere Köche an, wird es seine Kapazitäten erhöhen. Doch auch wenn mit jedem weiteren Koch die Anzahl der Speisen, die das Restaurant ausgeben kann, steigt, sinkt die Wachstumsrate ab einem bestimmten Punkt. Daher rechnet es sich aufgrund der Kosten irgendwann nicht mehr, noch einen zusätzlichen Koch einzustellen. Doch selbst wenn die Köche umsonst arbeiten würden: Irgendwann würden sie sich in der Küche auf den Füßen stehen, sodass das Restaurant nicht mehr davon profitieren würde. Jeder weitere Koch würde zu einem negativen Ertrag führen.

3. Long Tail

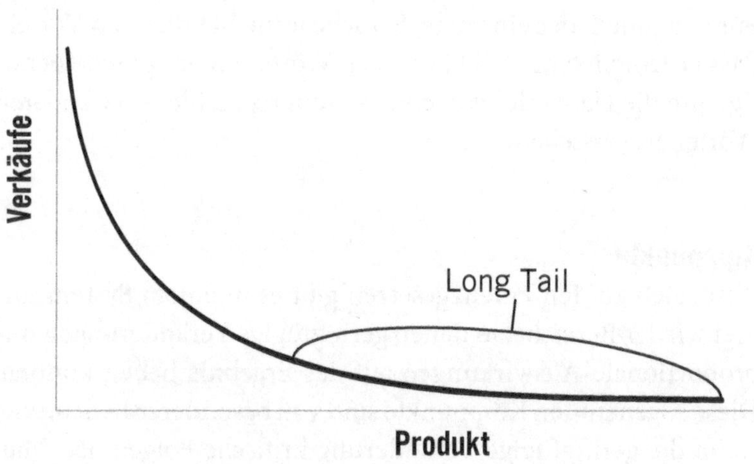

Das Potenzgesetz des Long Tails (Gesetz des langen Schwanzes) stellt die Grundlage der berühmten 80/20-Regel des Ökonomen Vilfredo Pareto aus dem Jahr 1906 dar, der zufolge in Italien 20 Prozent der Menschen 80 Prozent des Bodens besaßen. Das auch als Pareto-Verteilung bekannte Gesetz besagt verallgemeinert, dass 80 Prozent der Ergebnisse mit 20 Prozent des Gesamtaufwands erreicht werden. Seine Gültigkeit wurde seither in vielen Bereichen nachgewiesen, etwa bei der Größe von Unternehmen, der Einkommens- und Bevölkerungsverteilung, TV-Einschaltquoten und selbst der RNS-Codierung in unseren Zellen. Die Kurve zum Long-Tail-Potenzgesetz beginnt auf einem hohen Niveau, fällt dann jedoch rasch ab, um sich schließlich abzuflachen und in Form eines langen Schwanzes dem Nullpunkt anzunähern.

Ein Beispiel ist das nach George Zipf benannte Zipfsche Gesetz, dem zufolge das meistgenutzte Wort einer Sprache zweimal so häufig vorkommt wie das zweitmeistgenutzte Wort, dreimal so häufig wie das drittmeistgenutzte und so weiter. Im Englischen ist »the« mit einem Anteil von fünf Prozent das meistgenutzte Wort, gefolgt von »of« mit einem Anteil von gut 3,4 Prozent und »and« mit einem Anteil von 2,4 Prozent. Dieses erstaunlich konstante Gesetz gilt für beinahe alle Sprachen. Für jemanden, der eine neue Sprache lernt, hat dies den Vorteil, dass er lediglich die 135 häufigsten Wörter einer Sprache benötigt, um die Hälfte der von einem Muttersprachler verwendeten Wörter zu verstehen.

Kipppunkte

Zusätzlich zu den Potenzgesetzen gibt es in einem System immer wieder Bereiche, in denen geringfügige Veränderungen unproportionale Auswirkungen auf das Ergebnis haben können. Diese sogenannten Kipppunkte sind von besonderer Bedeutung, wenn die geringfügige Veränderung kritische Folgen hat. Man

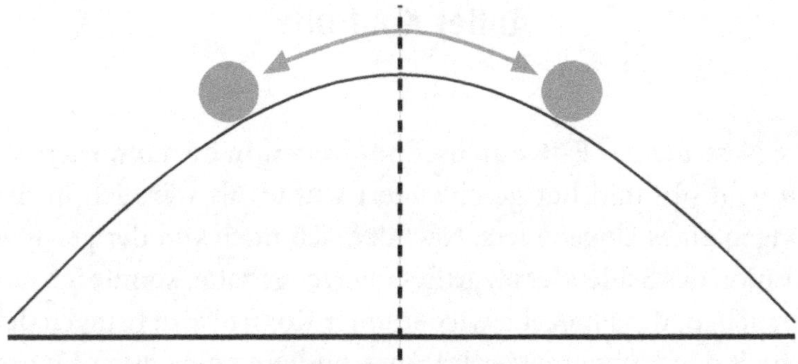

denke etwa an Wasser: Die Differenz zwischen einem Grad Celsius plus und einem Grad Celsius minus erscheint kaum der Rede wert, jedoch führt sie dazu, dass Wasser zu Eis gefriert. Ein weiteres Beispiel ist die Redewendung vom Tropfen, der das Fass zum Überlaufen bringt. Ist ein Fass bereits voll, kann jeder Tropfen ein Tropfen zu viel sein.

Kipppunkte kommen auf allen Gebieten vor und stellen unser Denken oftmals vor große Probleme, da sie extreme Formen des nichtlinearen Verhaltens darstellen. Selbst wenn wir auf einen Kipppunkt hingewiesen werden, lassen sich seine Auswirkungen häufig kaum mit unseren bisherigen Erfahrungen in Einklang bringen; wir müssen sie selbst erleben. Im Laufe der Zeit gewöhnen wir uns an die Auswirkungen unseres Handelns auf ein System und sind daher nicht darauf vorbereitet, wenn von einem Moment zum anderen vollkommen andere Folgen als erwartet auftreten.

Dies war der Grund, weshalb ich plötzlich die Kontrolle über die F-16 verlor. Mir war nicht klar, dass ich beim Crosscheck unbedingt meine Geschwindigkeit hätte berücksichtigen müssen, bevor ich wie mein Gegner in den vertikalen Steigflug überging. Stattdessen nahm ich fälschlich an, dass meine um nur wenige Stundenkilometer zu niedrige Geschwindigkeit lediglich geringfügige Folgen haben würde.

Außer Kontrolle

Die Nase meiner F-16 durchschnitt weiterhin die Luft, während ich wild hin und her geschleudert wurde, als wäre ich in den Fängen eines Ungeheuers. Nachdem ich mich von der genauen Position des Schleudersitzgriffes überzeugt hatte, konnte ich nun versuchen, das Flugzeug wieder unter Kontrolle zu bringen. Ich behielt den Höhenmesser im Auge und ging die *Out of Control Recovery Checklist* (Checkliste zur Wiedererlangung der Kontrolle über das Flugzeug) durch, die ich in meiner Ausbildung auswendig gelernt hatte: Ich nahm Druck vom Steuergriff, stellte den Schubhebel auf Leerlauf und setzte die Flugsteuerungscomputer zurück.

Doch die F-16 taumelte weiterhin in rasender Geschwindigkeit wie ein Blatt durch die Luft. Also nahm ich die nächsten Schritte in Angriff. Mit der linken Hand tastete ich nach dem *Manual-pitch-override*-Schalter (Schalter für den manuellen Nickwinkel-Noteingriff), mit dem ich die automatischen Flugsteuerungssysteme außer Kraft setzen und die Maschine selbst steuern konnte. Während ich den Schalter festhielt, schob ich, sobald sich die Nase senkte, den Sidestick nach vorn, um ihn dann wieder zurückzuziehen, sobald sich die Nase hob – als würde ich ein Auto aus einer Schneewehe losruckeln.

Schließlich drehte sich der Jet, bis er mit der Nase senkrecht nach unten zeigte. Doch nach wie vor war ich weit von der nötigen Fluggeschwindigkeit entfernt. Ich hing in meinen Schultergurten und sah, wie die Berge und Bäume rasch immer näher kamen. Also schob ich den Schubhebel mit aller Kraft nach vorn und ging auf vollen Nachbrenner. Ruckartig beschleunigte ich, bis ich schließlich genügend Geschwindigkeit hatte, um den Sidestick nach hinten zu ziehen. Als sich die Nase des Jets aufrichtete, drehten die *g*-Kräfte ins Positive, und ich sank zurück in den Sitz. Schließlich befand ich mich wieder im Horizontalflug.

Ich hatte die Kontrolle über den Jet zurückgewonnen, allerdings erst wenige Tausend Fuß über den Bergen. Beinahe hätte ich mit meinem Leben dafür bezahlt, dass ich die Sache mit den Potenzgesetzen und Kipppunkten nicht verstanden hatte.

Wie man Potenzgesetze erkennt

Nachdem wir nun wissen, was nichtlineares Verhalten und Potenzgesetze sind, bleibt die Frage: Wie können wir sie bei der Evaluation eines Problems erkennen? Der erste Schritt besteht darin, uns der eigenen linearen Voreingenommenheit bewusst zu werden. Wir sind von Natur aus darauf programmiert, die Welt auf lineare Weise zu betrachten. Während eines Großteils der menschlichen Geschichte stellte es kein großes Problem dar, wenn ein Potenzgesetz fälschlicherweise als lineares Verhältnis interpretiert wurde, da nicht annähernd dieselben Hebelwirkungen herrschten wie in der Gegenwart. Doch heute potenziert die Technik die Konsequenzen unserer Entscheidungen. Jede einzelne unserer Entscheidungen hat weit umfassendere Folgen, als der Mensch auf sich allein gestellt erzielen könnte. So mussten sich etwa die Bewohner eines Fischerdorfs früher kaum Sorgen machen, sie könnten ein Gewässer überfischen. Ihre Ausrüstung beschränkte die möglichen Auswirkungen ihres Handelns. Dagegen kann heute eine kleine Flotte von modernen Mega-Trawlern ohne hinreichende Kontrollmechanismen ein gesamtes Ökosystem innerhalb weniger Jahre kollabieren lassen.

Der nächste Schritt im Kampf gegen unsere lineare Voreingenommenheit ist die grafische Aufbereitung der Daten. Nackte Zahlen sind abstrakt und vom Menschen nur schwer zu verarbeiten. Dagegen legt die grafische Darstellung oftmals Muster offen, sodass aus einzelnen Datenpunkten ein Verständnis des Systems erwächst. Das hilft uns in vielen Fällen, selbst auf die richtige Lösung zu kommen. Wissenschaftler fanden zum Beispiel heraus, dass etliche Autofahrer falsch einschätzen, wie viel Zeit sie einsparen, wenn sie schneller fahren. Das liegt daran, dass unter den angezeigten Informationen die Geschwindigkeit eine hervorgehobene Stellung einnimmt, was die Fahrer aufgrund ihrer linearen Voreingenommenheit dazu verführt, von einem linearen Verhältnis auszugehen. Tatsächlich jedoch unterliegt diese Beziehung dem Long-Tail-Potenzgesetz. Fährt man statt 50 Stundenkilometern 75 Stundenkilometer, spart man bei einer Entfernung von zehn Kilometern vier Minuten ein. Fährt man jedoch statt 75 Stundenkilometern 100 Stundenkilometer, spart man nur noch die Hälfte ein, obwohl die Geschwindigkeitserhöhung absolut gesehen identisch ist. Weil viele Autofahrer diesen Zusammenhang nicht verstehen, fahren sie unnötig schnell, was den Benzinverbrauch in die Höhe treibt und Unfälle verursacht. Wie die Forscher herausfanden, lässt sich diese Fehleinschätzung durch eine zusätzliche Anzeige, das sogenannte »Paceometer«, korrigieren. Dieses zeigt die für eine Strecke von zehn Kilometern benötigte Zeit an, sodass die Autofahrer ein sehr viel genaueres Bild von der eingesparten Zeit erhalten. Auf dieser Grundlage können sie zwischen ihrer Geschwindigkeit einerseits und der Sicherheit und dem Benzinverbrauch andererseits abwägen.

Eine andere Möglichkeit, zu erkennen, ob ein System einem Potenzgesetz unterliegt, ist die Verwendung extremer Datenpunkte. Jede Kurve erscheint linear, wenn man nur nah genug heranzoomt. Zoomt man dagegen weit genug hinaus, wird irgendwann auf den ersten Blick klar, dass eine nichtlineare Beziehung vorliegt. Um beispielsweise die Dynamik des Zinseszinses darzustellen, kann man einen fünf- bis zehnprozentigen Zinssatz durch einen Zinssatz von 100 Prozent ersetzen und statt von einer jährlichen Verzinsung von einer täglichen ausgehen. Das ist das bereits erwähnte Cent-Beispiel, das eindringlich die Wirkung des exponentiellen Wachstums vor Augen führt. Sobald man verstanden hat, dass ein Potenzgesetz vorliegt, kann man die Lösung mithilfe realistischerer Zahlen verfeinern.

Die einzelnen Schritte der EWA-Helix bauen aufeinander auf. Die angemessene Evaluation eines Problems stellt die Grundlage guter Entscheidungsfindung dar. Ohne sie wird man niemals durchgehend gute Entscheidungen treffen. Sie erfordert nicht zwingend viel Zeit, sondern lässt sich oftmals innerhalb weniger Sekunden durchführen. Jedoch muss sie immer wieder trainiert werden, bis sie in Fleisch und Blut übergeht.

3

Aus Erfahrung lernen

Provinz Nangahar, Afghanistan: 17:30 Uhr Ortszeit

Nach mehreren Stunden bewaffneter Luftüberwachung (*armed overwatch*) im Süden Afghanistans jagten mein Wingman (der zweite Mann in einer Zweierformation, entspricht in etwa dem deutschen Rottenflieger) und ich in unseren F-16 quer übers Land, um einem Konvoi von U.S. Army Rangers zu Hilfe zu eilen, der in der Falle saß. Der Konvoi war auf dem Rückweg von einem Räumeinsatz von Kämpfern des sogenannten Islamischen Staats mit automatischen Waffen angegriffen worden. Nach einem langen Einsatz neigten sich die Ressourcen der Rangers dem Ende zu, außerdem verfügten sie über keinerlei Schutz aus der Luft. Angesichts der rasch hereinbrechenden Dunkelheit mussten wir die IS-Stellungen umgehend zerstören, bevor die Nachricht die Runde machte, dass US-Soldaten in Schwierigkeiten waren, und die Organisation Kämpfer aus dem gesamten Gebiet zusammenziehen konnte.

Wir holten alles aus unseren Maschinen raus und waren bereits nach wenigen Minuten bei den Rangers. Über Funk sprachen wir unser weiteres Vorgehen mit ihnen ab. Sie baten uns, auf der Stelle die IS-Maschinengewehrstellungen zu bombardieren. Nachdem mein Wingman und ich die Ziele lokalisiert hatten, warfen wir mehrere GPS-gesteuerte 225-Kilogramm-Bomben ab und zerstörten mehrere der Maschinengewehrnester. Das erlaubte unseren Soldaten, vorsichtig um die feindlichen Stellungen herum vorzurücken. Doch schon bald hatten wir keine Bomben mehr. Da nach wie vor feindliche Heckenschützen auf die Ranger feuerten, mussten wir als Nächstes unsere lasergesteuerten Raketen einsetzen, eine der neuesten Waffen in unserem Arsenal.

Die lasergesteuerten Raketen waren ursprünglich für Hubschrauber entwickelt worden und erst kurz zuvor auch für den Einsatz von Kampfflugzeugen aus zugelassen worden. Unser Geschwader gehörte zu den ersten, die sie verwendeten. Die meisten von uns hatten noch nie von dieser Waffe gehört, bis es mitten in der Vorbereitung auf den Einsatz hieß, dass nach unserer Verlegung Hunderte davon auf uns warten würden. In aller Eile mussten wir zunächst herausfinden, wie wir sie eigentlich nutzen sollten. Über unsere Bordelektronik konnten wir sie noch nicht einmal ins System einspeisen – wir mussten die Computer austricksen, indem wir sie als traditionelle ungelenkte Raketen registrierten.

Das Besondere an den Raketen war, dass sie nach dem Abfeuern mithilfe eines Lasers an Bord unseres Jets gelenkt wurden. In Verbindung mit unserem Targeting Pod, mit dem wir in etlichen Kilometern Entfernung gelegene Ziele heranzoomen konnten, ergaben sie eine tödliche Kombination, die perfekt für den Kampf gegen unsere Feinde in Afghanistan geeignet war.

Ich begann, die lasergesteuerten Raketen abzufeuern. Für jeden Abschuss tauchte ich in Richtung des Ziels ab, drückte den roten Abschussknopf – den sogenannten »pickle button« – und beobachtete, wie die Rakete unter meinem Flügel davonzischte. Dann zog ich die Maschine wieder hoch und steuerte die Rakete mit einem Cursor auf dem Schubhebel ins Ziel. Wir bezeichneten diese Raketen als »nail driver« (Nageltreiber), da sie so gut wie immer genau ins Ziel trafen, die sogenannte »shack« (»Baracke«).

Inzwischen ging die Sonne unter und tauchte die staubige Luft in einen tiefroten Schimmer. Ein Unwetter zog auf, sodass sich tief hängende Wolken in dem Tal ballten, in dem wir operierten. Zusammen mit den mehr als 3000 Meter hohen Gebirgszügen rundherum wirkte die Szenerie bizarr und beinahe unwirklich. Nachdem ich meine Raketen abgefeuert hatte, war mein Jet nun ein *Remington*, sprich: Meine letzte verbliebene Waffe war meine Bordkanone, ein Relikt aus früheren Zeiten, auf das wir nur im äußersten Notfall zurückgriffen.

Der Einsatz von smarten Waffen folgt einem genau festgelegten Prozedere. Als Pilot ist man in erster Linie mit den verschiedenen Systemen beschäftigt, die sicherstellen, dass man die unzähligen Checks zum Einsatz der Waffen durchführt. Auch wenn das höchste Konzentration und entsprechende Kompetenzen erfordert, sind die fliegerischen Anforderungen überschaubar. Für die Bordkanone hingegen muss man ein wahrer Könner an Sidestick und Ruder sein, wohl mehr als bei jedem anderen Manöver. Man muss sich knapp über dem keinen Fehler verzeihenden Grund dem Feind nähern und benötigt ein hervorragendes Gespür für den Jet, um im richtigen Moment einzuschwenken und eine präzise Salve abzufeuern. Hinter der Taktik steht zudem ein erstaunliches Maß an Theorie und mathematischen Berechnungen, wodurch sie zu den schwierigsten Aufgaben überhaupt zählt. Um bei Tieffliegerangriffen erfolgreich zu sein, muss ein Pilot zunächst ein umfassendes Verständnis der theoretischen Grundlagen entwickeln, sodass er in der Luft in kürzester Zeit auf sich verändernde Bedingungen reagieren kann. Anschließend muss er dieses Verständnis in fliegerische Intuition umsetzen, auf die er sich im Ernstfall hundertprozentig verlassen kann.

Ich weiß noch genau, dass ich in meiner ersten Theoriestunde zu Tieffliegerangriffen und dem Abwurf nicht gelenkter Bomben nur Bahnhof verstand. Ich hatte angenommen, es wäre wie bei einem Gewehr: zielen und abdrücken. Doch die geometrischen Berechnungen erwiesen sich als höchst kompliziert. Wir mussten nicht nur die Flugbahn unserer Geschosse einbeziehen, sondern auch unseren Anflugwinkel und unsere Geschwindigkeit, die sich nicht selten der 1000-km/h-Marke annäherte. Doch das Ziel zu treffen, war nur die eine Hälfte des Manövers; die andere Hälfte bestand darin, aus dem Sturzflug, bei dem wir uns immer wieder bis auf 100 Fuß dem Boden näherten, sicher wieder nach oben zu ziehen. Jede unserer Waffen verfügte über einen spezifischen kegelförmigen Bereich, in dem sie eingesetzt werden konnte und durch den wir das Flugzeug genau hindurchsteuern mussten. Setzten wir den Sturzflug zu steil an, waren wir beim Auslösen der Waffe noch zu hoch, um wirklich etwas auszurichten, außerdem wurde das Hochziehen der Maschine problematisch. Bei einem zu stumpfen Winkel dagegen kamen wir zu tief und konnten letztlich sogar auf dem Boden aufschlagen. Doch selbst bei korrektem Anflugwinkel konnten wir uns auf einem sogenannten High Wire oder Low Wire befinden, sprich, bei der Annäherung ein bisschen zu hoch oder zu niedrig angesetzt haben, mit negativen Auswirkungen auf den Vorbeiflug am Ziel, sodass wir unseren Anflugwinkel korrigieren mussten. Und weil das Geschoss oder die Bombe sich vom Flugzeug löste und Richtung Erde fiel, mussten wir auch das sich verändernde Verhältnis zwischen unserem Flugzeug (das einer geraden Flugbahn folgte) und der Waffe (die unmittelbar in eine bogenförmige Flugbahn überging) berücksichtigen.

Nachdem wir die Konzepte verinnerlicht hatten, lernten wir geistige Abkürzungen, sogenannte Heuristiken, mit denen wir in kürzester Zeit zu den korrekten Parametern gelangen konnten. Zu den hilfreichsten Heuristiken gehörten die sogenannten Cockpithauben-Codes. Wenn wir direkt auf ein Ziel zuhielten, mussten wir nur abwarten, bis es an einem bestimmten Punkt unserer Cockpithaube auftauchte, um dann einzurollen. Auf diese Weise konnten wir unabhängig von unserer Flughöhe oder Entfernung den Anflugwinkel perfekt bestimmen. Es war eine großartige Technik, allerdings dauerte es bei der F-16 wegen ihres speziellen Kabinendachs länger, bis man sie beherrschte.

Eines der wunderbarsten Merkmale der F-16 ist ihre blasenförmige Cockpithaube, die dem Piloten beinahe eine 360-Grad-Rundumsicht ermöglicht. Wegen der überwältigenden Aussicht sprachen wir nicht davon, wir würden uns im Jet angurten, sondern dass wir ihn uns auf den Rücken schnallen würden. Es war, als schwebte man in der Luft. Der Nachteil war, dass es keine physischen Kennzeichen gab, an denen man sich orientieren konnte. Stattdessen musste man sie sich vorstellen. In der Ausbildung trugen wir zunächst gelegentlich mit einem Fettstift Orientierungspunkte auf. In einem nächsten Schritt maßen wir mithilfe unserer Hände den idealen Abstand zwischen der Position des Ziels auf der Haube und der unteren Randleiste ab. Für meine Sitzhöhe betrug dieser etwas mehr als eine Faust und eine Daumenbreite. In Hunderten Trainings-Tiefflugangriffen übten wir dies immer wieder ein, bis es automatisch wurde. Durch das Zusammenwirken von Theorie, Heuristiken und Praxis gelangten wir zu einem intuitiven Verständnis, sodass wir schließlich nicht mehr über den Vorgang nachdenken mussten.

Afghanistan

Aufgrund der zunehmenden Dunkelheit konnte ich mittlerweile die Mündungsfeuer der IS-Kämpfer erkennen, die unverändert unsere Rangers beschossen. Ich ging tiefer und schlug eine engere Kreisbahn um das Ziel ein. Damit wurden die Wolken zu einem Faktor. Das Tal, in dem ich mich befand, wurde an zwei Seiten von hoch aufragenden Gebirgszügen eingefasst. Sollte ich in eine Wolke geraten, bestand die Gefahr, an einem Berg zu zerschellen. Daher konnte ich nicht in einer konstanten Kreisbahn fliegen, sondern musste um die dichten Wolken herumnavigieren. Da ich mal hochzog und dann wieder tiefer ging, veränderte sich meine Entfernung zum Ziel ständig. Seit ich das Mündungsfeuer entdeckt hatte, ließ ich die feindlichen Kämpfer nicht mehr aus den Augen. Sie verbargen sich am Rand eines Wäldchens, wo ich sie nicht aus dem Blick verlieren wollte. Wegen ihrer geschützten Stellung konnte ich sie nicht mit den Sensoren der F-16 erfassen – dies würde ein komplett manuelles Manöver werden, bei dem ich mich allein auf die fliegerischen Instinkte verlassen musste, die ich im Lauf der Jahre erworben hatte.

Da ich nun tiefer über dem Boden flog, konnte ich erkennen, dass sich nicht nur rechts und links Bergketten erhoben, sondern auch das Gelände hinter meinem Ziel anstieg. Nach meinem Angriff würde ich auf einen Gebirgszug zurasen und musste genau eine Lücke in der Kammlinie treffen. Obwohl die F-16 eines der wendigsten Kampfflugzeuge überhaupt war, konnte man mit ihr aufgrund der hohen Geschwindigkeit nur lang gezogene Bögen fliegen, im Gegensatz zu den engen Kurven, die mit einem Auto möglich sind. Daher musste man in einer Viper weit im Voraus wissen, wo man demnächst sein würde, sonst konnte es leicht zu einem Crash kommen.

Mir blieb keine Zeit für geometrische Berechnungen und selbst wenn, wäre das Ergebnis aufgrund der Komplexität und Dynamik der Situation nicht präzise genug gewesen. So hätte ich etwa meinen Kurvenradius berechnen müssen, um sicherzugehen, dass ich den Bergen ausweichen konnte. Doch aufgrund der schwierigen Sichtverhältnisse fehlten mir entscheidende Parameter. Auch Heuristiken alleine konnten mir nicht weiterhelfen, da ich in großer Höhe operierte, mit negativen Folgen für die Triebwerksleistung und Kurveneigenschaften des Flugzeugs. Doch weil ich nur noch wenig Kraftstoff hatte und somit leichter war, verbesserte sich wiederum die Manövrierbarkeit des Jets. Zudem herrschte auch noch starker Gegenwind, den ich in meinen Anflugwinkel beim Sturzflug einbeziehen musste. Nur dank der Verschmelzung von theoretischem Wissen und Heuristiken und durch das nachfolgende unermüdliche Üben des Manövers standen mir nun die erforderlichen Mittel zur Verfügung, um dieses taktische Problem zu lösen. Das harte Air-Force-Training hatte ein mentales Modell geschaffen, durch das in dem Moment alles rein intuitiv ablief. Ich sah vor meinem inneren Auge genau die Flugbahn, die mich zwischen den Bergen hindurchführen würde, und erkannte, wie nahe ich beim Hochziehen in meine Kreisbahn dem Boden kommen würde.

Als ich parallel zu den Gebirgszügen war, schob ich den Leistungshebel auf *military power* für maximalen Schub ohne Nachbrenner, rollte den Jet auf den Rücken und richtete die Nase der Maschine auf das Ziel aus, bis es im Zentrum meines Head-up-Displays lag. Gleichzeitig aktivierte ich über einen Knopf auf dem Schubhebel die Bordkanonen des Jets, wodurch das Fadenkreuz eingeblendet wurde. Im Sturzflug raste ich auf das Ziel zu und beschleunigte dabei auf mehr als 800 Kilometer pro Stunde. Während die Entfernung rasch abnahm, richtete ich den Mittelpunkt des Fadenkreuzes auf das Ziel aus. Sobald ich in Schussweite war, drückte ich den Auslöser. Fast im selben Moment rüttelte der Rückstoß der sechsläufigen Gatling-Maschinenkanone das Flugzeug durch. Enorme Kräfte wirkten auf meine Augen ein und ließen mich alles nur noch verschwommen wahrnehmen. Ich feuerte mit einer Frequenz von 6 000 Schuss pro Minute hochexplosive Brandgeschosse mit der Durchschlagskraft von kleineren Granaten auf das Ziel ab. Nach mehreren Sekunden ließ ich den Auslöser los und zog den Sidestick nach hinten. Die *g*-Kräfte pressten mich in den Sitz, während ich den Einschlag der Geschosse am Rand des Wäldchens beobachtete. Als ich direkt über dem Feind war, erkannte ich zwei befestigte Maschinengewehr-Stellungen, die die IS-Kämpfer im Schutz der Bäume errichtet hatten.

Das ansteigende Gelände machte den Steigflug zu einer Herausforderung, denn obwohl ich den Jet hochzog, blieb der Abstand zum Boden konstant. Ich schwenkte zu der Lücke in der Kammlinie ein und erhöhte meinen Steigwinkel. Die Maske presste sich in mein Gesicht. Endlich hatte ich es geschafft. Die

Felswände blieben hinter mir zurück, während ich in meine Kreisbahn zurückkehrte.

Über Funk gaben die Soldaten durch, dass mein Angriff erfolgreich gewesen war. Ich hatte die Kämpfer in der Mitte ausgeschaltet, sodass nur noch die Maschinengewehr-Stellungen blieben. Da die Rangers weiterhin unter Beschuss lagen, beschworen sie mich, sofort einen weiteren Angriff zu starten. Gerade einmal eine Minute darauf rollte ich abermals ein. Ich sah das verzwickte Wäldchen, in dem sich die IS-Kämpfer in ihren Schützengräben verbargen. Sobald ich wieder in Schussweite war, drückte ich erneut den Auslöser der Bordkanone. Das Flugzeug wurde so heftig durchgerüttelt, dass gelblicher Staub von der Isolation des Flugzeugs auf meine linke Schulter rieselte. Ich löste den Finger vom Auslöser, und einen Augenblick darauf konnte ich sehen, wie die Geschosse in das westliche Maschinengewehrnest einschlugen, während ich ein zweites Mal durch den Spalt in der Kammlinie nach oben zog. In dem Moment ertönte das Kraftstoff-Warnsignal, und in meinem Head-up-Display leuchtete der Schriftzug *Bingo* auf. Ich hatte gerade noch genügend Kerosin, um es zu unserem Tankflugzeug zu schaffen.

Bei unserem Sprint quer über Afghanistan hatten wir jede Menge Treibstoff verbrannt. Unser Tankflugzeug – ein Spezialflugzeug, an dem wir in der Luft auftanken konnten – hatte endlich zu uns aufgeschlossen und kreiste nun 80 Kilometer weiter nördlich. In der Regel sind wir als Jagdflieger stets zu zweit unterwegs, um uns im Fall der Fälle gegenseitig unterstützen zu können. Doch angesichts der Situation – schließlich standen unsere Soldaten unter Beschuss – hatte ich meinen Wingman allein zum Tanker vorausgeschickt, eine Taktik namens *yo-yo ops*, dank der wir den Rangers durchgehend Feuerschutz geben konnten.

Mein Wingman hatte sich gerade vom Tanker abgekoppelt und war noch zehn Minuten vom Ort des Geschehens entfernt. Mittlerweile war die Sonne hinterm Horizont verschwunden, und es wurde rapide dunkler. Normalerweise ist ein Angriff mit Bordkanonen auch in der Nacht möglich, wenngleich unter erheblich erschwerten Bedingungen wegen der Nachtsichtbrille. Doch die extremen Geländeverhältnisse und das schlechte Wetter machten ein solches Manöver unmöglich. Ohne Bomben und Raketen blieb nur noch Zeit für einen letzten Bordkanonenangriff.

Bingo

Im Pilotentraining lernt man, niemals etwas an der Einstellung der Mindestkraftstoffmenge, dem sogenannten *Bingo Fuel*, zu verändern. Sobald man an diesem Punkt angelangt ist, macht man sich umgehend auf den Rückweg zum Stützpunkt. Über die Jahre ist es immer wieder vorgekommen, dass Piloten sie dennoch verstellt haben, nur um dann nicht mehr daran zu denken oder ihren Verbrauch falsch zu kalkulieren und mit leerem Tank zu enden. Doch die Komplexität der Situation, in der ich mich befand, war nicht mit dem Pilotentraining zu vergleichen. Ich war der einzige Kampfjet im Einsatzgebiet, ich hatte keine Bomben und Raketen mehr, und wegen der zunehmenden Dunkelheit lief die Zeit ab, in der ich den angegriffenen Soldaten helfen konnte.

Als Mitglied des Voraustrupps war ich eine Woche vor dem restlichen Geschwader in Afghanistan eingetroffen. Unser Job bestand darin, alles vorzubereiten, damit wir unsere Jets gleich nach ihrer Ankunft zu Einsätzen abheben konnten. Eines der Dokumente, die mein Team ausgearbeitet hatte, war die sogenannte »Bingo-Karte«, anhand derer die Piloten auf einen Blick sehen konnten, wie viel Treibstoff sie für die Rückkehr benötigten, wo auch immer im Land sie sich gerade befanden. Bei der Berechnung der Karte mussten wir verschiedene Variablen einbeziehen, etwa die Waffen an Bord eines Flugzeugs, seine Fluggeschwindigkeit, die Flughöhe oder die Windgeschwindigkeit. Da ich an der Karte mitgewirkt hatte, wusste ich, dass sie eher konservativ kalkuliert war und mir daher genügend Kraftstoff für einen letzten Bordkanonenangriff blieb – sofern ich anschließend in einem aggressiven Maximalreichweiten-Modus zum Tankflugzeug fliegen würde.

Also schaltete ich die Bingo-Warnung ab und gab den Rangers durch, dass ich noch einen Angriff fliegen würde. Auf meiner Kreisbahn um das Ziel konnte ich aufgrund der Dunkelheit kaum noch etwas erkennen. Für einen ersten Bodenkanonenangriff wären die Bedingungen zu riskant gewesen, doch da ich das Manöver bereits zweimal geflogen war, wusste ich, was mich erwartete. Als ich einrollte, blitzte in dem verbliebenen Maschinengewehrnest Mündungsfeuer auf. Die IS-Kämpfer zielten auf meine Maschine. Auch wenn sie vermutlich nur über Handfeuerwaffen wie Gewehre und Maschinenpistolen sowie Panzerfäuste verfügten – von uns als geringe Gefahr eingestuft –, bestand das Risiko, dass mein Flugzeug an einer sensiblen Stelle getroffen würde und ich abstürzte. Das galt insbesondere, da ich direkt auf sie zuhielt und ihnen gefährlich nahe kam.

Während bei Flugzeugen wie der A-10 Panzerungen den Piloten und zentrale Komponenten schützen, muss man sich in einer F-16 vollständig auf ihre Geschwindigkeit und Wendigkeit verlassen. Bei der Konstruktion des Jets galt das Hauptaugenmerk einem möglichst niedrigen Gewicht, weshalb auf jeglichen Ballast wie etwa Panzerungen verzichtet wurde. Das ist im Luftkampf und bei Raketenbeschuss in großer Höhe ein Vorteil, macht die Maschine jedoch im Tiefflug verwundbar. Durch einen Glückstreffer kann jeder sie mit einem Gewehr vom Himmel holen. Nur ein Jahr vor der Verlegung meines Geschwaders hatten die Taliban eine Rakete unter dem Flügel einer F-16 getroffen. Diese hatte Feuer gefangen, und die Maschine hatte extrem zu rotieren begonnen. Glücklicherweise hatte das Sicherheitssystem der Rakete eine Explosion verhindert. Dennoch war das eine deutliche Mahnung gewesen, dass selbst eine kleine Kugel – unter Kampffliegern als *the golden BB* bekannt – ein Flugzeug zum Absturz bringen kann.

Das graue Wäldchen wurde immer größer, bis ich schließlich die Maschinengewehrstellung ausmachen konnte, aus der auf mich geschossen wurde. Ich richtete das Fadenkreuz auf mein Ziel aus und drückte den Auslöser. Die Bordkanone begann abermals zu rotieren, um ihre Ladung abzufeuern. Einen Moment darauf explodierten die Geschosse in der feindlichen Stellung und zerstörten jede Deckung. Ich hielt den Auslöser fest, bis mir die ausbleibenden Erschütterungen des Jets signalisierten, dass ich meine Munition verschossen hatte. Damit verfügte ich über keinerlei Waffen mehr. Ich zog den Sidestick entschlossen nach hinten und raste durch den Spalt in der Kammlinie. Dieses Mal blieb ich im Tiefflug, weniger als 1000 Fuß über Grund, und beschleunigte auf ein kerosinsparendes Flugprofil. Bei 500 Knoten (926 Kilometer pro Stunde) zog ich das Flugzeug steil nach oben, um in einem sogenannten *sky hook* (Himmelshaken) das Tankflugzeug anzufliegen. Über Funk gratulierte mir der Chef der Rangers: »Gute Treffer, gute Treffer! Der Beschuss hat aufgehört.«

Das Red-Flag-Programm

Am Steuer eines Kampfflugzeugs hat man keine Zeit, sämtliche Entscheidungen, die man treffen muss, bis zum Ende zu durchdenken. Aufgrund der Komplexität der fliegerischen Prozesse und der hohen Geschwindigkeit muss der Entscheidungsprozess zum größten Teil instinktiv ablaufen. Das Problem daran ist, dass das Fliegen eines Kampfjets etwas vollkommen anderes ist als alles, dem man im normalen Leben begegnet. Niemand wird als guter Pilot geboren. Die meisten Kampfjetpiloten verfügen bei Antritt ihrer Ausbildung sogar über keinerlei praktische Flugerfahrung. Somit müssen ihre Instinkte innerhalb kürzester Zeit von der Pike auf entwickelt werden, bevor sie erstmals bei einem Übungsflug gefordert werden können. Es ist ein heikler Balanceakt zwischen Ressourcen und Risiken mit dem Ziel, auch weiterhin die besten Kampfpiloten der Welt zu stellen.

Ein Schlüsselmoment in der Ausbildung von US-Kampfpiloten war die Einführung eines Trainingsprogramms namens *Red Flag*. Den Anstoß dazu gab der Vietnamkrieg, in dem die Abschussquote unter Kampfpiloten unvertretbar hoch lag. Daraufhin ließ die U.S. Air Force unter dem Namen *Project Red Baron* (nach dem »Roten Baron« Manfred von Richthofen, dem berühmten Jagdflieger aus dem Ersten Weltkrieg) eine Reihe geheimer Studien durchführen, die erst 2001 für die Öffentlichkeit freigegeben wurden. Sie zeigten, dass die US-Piloten unzureichend für Gefechte ausgebildet waren. Aus Angst vor Unfällen hatten die Verantwortlichen veranlasst, dass die Piloten nur bestimmte Trainingsmissionen fliegen durften. Sie mussten immer wieder dieselben, genau vorgeschriebenen Flugübungen durchführen, was letztlich ihre Entscheidungsfähigkeit verkümmern ließ. Wenn sie dann in Vietnam eingesetzt wurden, fiel es ihnen schwer, sich auf die Dynamik des Luftkampfes einzustellen. Besonders akut war dieses Problem bei Piloten mit weniger als zehn Kampfeinsätzen; danach stieg die Überlebensrate steil an. Ziel des Red-Flag-Programms war es daher, die Ausbildung der Piloten realitätsnäher zu gestalten, um sie in die Lage zu versetzen, auch im Nebel und unter den Friktionen des Krieges Entscheidungen zu treffen.

Piloten aus dem gesamten Land kamen auf der Nellis Air Force Base in Las Vegas zusammen, um über der einsamen Wüstenlandschaft Nevadas zu trainieren. Dort konnten sie realistische Einsätze fliegen, die die Kluft zwischen der alltäglichen Ausbildung und der Komplexität des Kampfeinsatzes schlossen.

Mit der Zeit entwickelte sich Red Flag zur führenden Luftkampf-Manöverübung der Air Force. Spezielle Angriffsstaffeln wurden aufgestellt, um feindliche Taktiken zu imitieren, ausgestattet mit erbeuteter Ausrüstung, die den Übungen eine noch realistischere Anmutung verlieh. Die Einsätze wurden digital aufgearbeitet, um den Piloten die Möglichkeit zu geben, Übungen zu entwickeln, mit denen sie ihre eigene Leistung steigern konnten. Das Programm war ein derartiger Erfolg, dass es inzwischen mehrmals im Jahr durchgeführt wird und über die Air Force hinaus auf die anderen Teilstreitkräfte ausgeweitet und in viele Länder exportiert wurde. Inzwischen gilt es als umfassendstes Trainingsprogramm weltweit.

Bei meiner ersten Teilnahme am Red-Flag-Manöver hatte ich bereits mehrere Jahre auf der F-16 hinter mir. Meine Staffel brach an der Ostküste auf und tankte auf dem Weg quer durchs Land mehrfach in der Luft auf. Als wir über die Nellis Air Force Base hinwegflogen, fiel mein Blick auf Hunderte anderer Flugzeuge aller nur erdenklichen Formen und Größen, die Flügel an Flügel auf dem gesamten Stützpunkt standen. Das Durcheinander erinnerte an den Parkplatz eines Einkaufszentrums kurz vor Weihnachten, nur eben mit einigen der modernsten Flugzeuge der Welt. Nach der Landung erhielten wir über Funk unsere Abstellplätze zugewiesen und bahnten uns unseren Weg durch die dicht gedrängten Maschinen und die Flugzeugtechniker, die die Maschinen für das bevorstehende Manöver vorbereiteten.

Im Laufe der folgenden Wochen flogen wir Dutzende simulierte Kampfeinsätze. An einem solchen Trainingsprogramm auf allerhöchstem Niveau teilzunehmen, war ein unglaubliches Erlebnis. Es war ein Lernlabor, bei dem an nichts gespart wurde, um aus uns Spitzenpiloten zu machen. Neben jüngeren Teilnehmern wie mir waren auch Piloten mit jahrzehntelanger Erfahrung dabei. Die Flüge selbst waren atemberaubend. Trotz meiner mehrjährigen Erfahrung auf der F-16 war es eine enorme Herausforderung, im Rahmen einer derart umfangreichen Streitkraft gegen gut vorbereitete gegnerische Teams auf ihrem Heimatstützpunkt anzutreten. Nicht weniger fordernd waren die Nachbesprechungen der Missionen. Die Flüge selbst dauerten nur rund eineinhalb Stunden, doch die darauffolgenden acht Stunden verbrachten wir damit, die Missionen in ihre Einzelteile zu zerlegen und zu analysieren, wobei wir jede Kleinigkeit, die wir hätten besser machen können, unter die Lupe nahmen. Nach nächtlichen Missionen stand die Sonne häufig bereits hoch über dem Horizont, wenn wir aus den fensterlosen, gesicherten Besprechungsräumen taumelten. Es war eine zur Demut mahnende Erfahrung – hätte es sich um echte Gefechte gehandelt, wäre ich mehrfach tot gewesen.

Im Laufe der Jahre hatte ich die Möglichkeit, an knapp einem Dutzend ähnlicher Übungen teilzunehmen, und jede davon stellte höchste Ansprüche an uns. Mit zunehmendem Können wurde mir immer mehr Verantwortung übertragen. Nachdem ich das Fliegen als Wingman gelernt hatte, wurde ich zum *flight lead* (Schwarmführer) mit dem Kommando über vier F-16 befördert. Als Nächstes wurde ich *team lead* (Zugführer) und war als solcher verantwortlich für die Planung eines Teils der Mission sowie ein paar Dutzend Flugzeuge. Schließlich stieg ich zum *mission commander* (Einsatzkommandeur) auf und plante und leitete ganze Einsätze mit knapp 100 Flugzeugen.

Eine ganz besondere Trainingsmission war die Rettung eines am Vortag abgeschossenen Piloten. Als verantwortlicher Mission Commander standen mir 100 weitere Piloten und mehrere Hundert sonstige Einsatzkräfte zur Verfügung, um einen Plan zur Bergung des abgeschossenen Piloten zu entwickeln. Alles von der Abfolge beim Taxiing und der Luftbetankung bis hin zur Taktik und dem Verlassen des feindlichen Gebiets musste bis ins kleinste Detail geplant werden, ergänzt um Notfallpläne, falls Probleme auftreten sollten.

Am Tag der Mission war ich als Erster in der Luft. In der folgenden halben Stunde hob ein Flugzeug nach dem anderen vom

Stützpunkt ab, damit wir über die erforderliche Kampfkraft verfügten, um tief ins feindliche Gebiet vorzudringen und die Hubschrauber auf ihrem Flug ins Landesinnere zu schützen, wo sie den abgeschossenen Piloten bergen sollten.

Doch kein Plan übersteht den Erstkontakt mit dem Feind. In diesem Fall störte er die Funkfrequenzen und erschwerte die Kontaktaufnahme mit dem Piloten. Da es deswegen länger als erwartet dauerte, ihn zu lokalisieren, waren wir zum Warten verdammt, während sich unsere Tanks leerten.

Schließlich kam der Moment, an dem wir handeln mussten, sonst hätten die F-22 – meine schärfste Waffe im Luftkampf – nicht bis zum Ende der Mission im Einsatzgebiet bleiben können. Doch noch immer kannten wir nicht den genauen Standort des abgeschossenen Piloten, sodass eine Fortsetzung der Mission mit hoher Unsicherheit und großem Risiko verbunden war. In dieser Situation hatte ich drei Optionen: loszuschlagen und zu hoffen, dass wir den Piloten auf unserem Weg ins Land aufspüren würden; weiter zu warten und am Ende der Mission auf den Schutz durch die F-22 zu verzichten; oder die Mission abzubrechen.

Als Mission Commander trug ich die Verantwortung für die Entscheidung. Nur zwei der drei Optionen kamen infrage – entweder loszulegen oder abzubrechen. Ein eingeschränkter Schutz aus der Luft hätte unweigerlich zum Scheitern des Einsatzes geführt, sofern der Feind, wie von unserem Aufklärungsdienst erwartet, erhebliche Truppenkontingente aufbieten würde. Ich entschied mich für ein aggressives Vorgehen und die Durchführung der Mission. Also drangen wir in den feindlichen Luftraum ein. Die F-22 begannen umgehend, die feindlichen Kampfflugzeuge unter Beschuss zu nehmen, während die F-16 unter meiner Führung die Boden-Luft-Raketenstellungen zerstörten. Die übrigen Kampfflugzeuge schalteten mit Unterstützung mehrerer B-2-Tarnkappenbomber, die für die Teilnahme an der Mission bereits mehr als fünf Stunden quer durchs Land geflogen waren, verschiedene Schlüsseleinrichtungen aus, um die feindliche Kommunikation lahmzulegen, sodass keine Befehle mehr an die Truppen weitergeleitet werden konnten.

Unterdessen drangen die Hubschrauber langsam in feindliches Gebiet vor und versuchten, Kontakt zu dem abgeschossenen Piloten aufzunehmen. Doch nicht nur war der Funkverkehr gestört, zudem erschwerte ihnen auch noch ihre geringe Flughöhe, das Leuchtfeuer des Piloten auszumachen. Daher kamen die Hubschrauber ein wenig von ihrem Kurs ab. Als sie den Piloten endlich entdeckten, lagen sie zehn Minuten hinter dem Zeitplan.

Nachdem die Hubschrauber den Piloten schließlich gerettet hatten, machten sie sich auf den Rückweg. Doch kurz darauf stand den F-22 nur noch ihr Bingo-Kraftstoff zur Verfügung, sodass sie zum Stützpunkt zurückkehren mussten. Obwohl meine verbleibenden Kampfjets alles gaben, durchdrang ein feindliches Flugzeug unsere Verteidigung und schoss einen der Hubschrauber ab.

Als Mission Commander hatte ich bei der Rettung des Piloten versagt. Doch damit nicht genug: Nun befanden sich auch noch weitere Piloten auf feindlichem Territorium, was die Aufgabe für Folgemissionen noch kniffliger machte.

Nach dem Ende des Einsatzes musste ich den Hunderten Teilnehmern der Übung meine Entscheidungen erklären und ihnen erläutern, was ich hätte besser machen können. In diesem Fall hatte das Zusammenspiel mehrerer schlechter Entscheidungen zum Scheitern der Mission geführt. Als Erstes hätte ich eine Flugzeugformation in größerer Höhe losschicken sollen, um zu versuchen, Kontakt mit dem abgeschossenen Piloten aufzunehmen. Dadurch wären den Hubschraubern einige der Kommunikationsprobleme erspart geblieben, mit denen sie in Bodennähe zu kämpfen hatten. Zweitens hätte ich den Hubschraubern einen größeren Zeitpuffer für die Bergung des abgeschossenen Piloten einräumen sollen. Meine Zeitkalkulation hatte auf der Annahme beruht, dass alles glatt laufen würde. Doch durch den Blick auf ähnliche Missionen wäre mir klar geworden, dass Zeitverzögerungen von 10 bis 15 Prozent die Regel waren. Zuletzt schließlich hatte ich mich zur Durchführung des Einsatzes entschieden, obwohl wir keinen Kontakt zu dem abgeschossenen Piloten hatten. Damit war ich über das bei der Mission vertretbare Risiko hinausgegangen – unser Ziel hatte gelautet, einen Flieger zu retten, und nicht, noch weitere auf dem Gefechtsfeld zurückzulassen. Spätestens als die F-22 auf Bingo-Kraftstoff waren, hätte ich die Mission abbrechen müssen.

Die Erfahrungen im Rahmen des Red-Flag-Programms sowie bei anderen großen Manövern halfen mir, die Qualität meiner Entscheidungsfindung angesichts von Unsicherheit und Druck zu verbessern. Bei jeder Übung hielt ich meine wichtigsten Erkenntnisse in einem kleinen Notizbuch fest, das ich stets in der Tasche meines Fliegeranzugs bei mir trug. Vor jedem Flug schlug ich darin ähnliche Missionen nach und prägte mir einerseits noch einmal ein, was ich gut gemacht hatte, andererseits rief ich mir meine Fehler in Erinnerung, um sie nicht noch einmal zu begehen. Durch diese ständige Wiederholung entwickelte sich meine Entscheidungsfindung bis zu einem Punkt, an dem sie größtenteils unbewusst ablief und ich mich auf übergeordnete Entscheidungen konzentrieren konnte, für die mir bis dahin die geistigen Kapazitäten gefehlt hatten. Wie von den Gründern des Red-Flag-Programms beabsichtigt, hatten mir die Manöverübungen ermöglicht, in einem Trainingskontext aus der eigenen Erfahrung zu lernen, sodass ich später im Kampfeinsatz auf zahlreiche Automatismen zurückgreifen konnte.

Anwendung

In der Wahl-Phase der EWA-Helix geht es darum, zu erkennen, wie aktuelle Probleme mit unseren übergeordneten Zielen zusammenhängen. Der Mensch ist von Natur aus gut darin, zu lernen; unsere Superkraft ist weder unsere körperliche Stärke noch unsere Geschwindigkeit oder Größe. Zwei Dinge fallen im Verlauf der menschlichen Evolution auf: Zum einen hat unsere körperliche Kraft nachgelassen, zum anderen ist unser Gehirn immer größer und komplexer geworden. Heute ist es fast siebenmal so groß wie das von Säugetieren vergleichbarer Größe. Selbst unter den Primaten, die insgesamt das am effektivsten strukturierte Gehirn haben, sticht der Mensch heraus, da sein Gehirn dreimal so groß ist, wie zu erwarten wäre. In gewisser Weise hat die Natur bei uns alles auf diese eine Karte gesetzt, zulasten von allem anderen.

Unser Gehirn ist im Vergleich zu dem anderer Tiere unbestreitbar leistungsfähig, doch unsere pure Intelligenz ist nur das eine. Erst dank unserer Fähigkeit, Erkenntnisse zu systematisieren und diese Informationen in unserem Netzwerk weiterzugeben, konnten wir unsere biologischen Voraussetzungen weit hinter uns lassen. Sie ermöglichte es uns, uns zu spezialisieren und zu Experten auf bestimmten Gebieten zu werden.

Begonnen hat diese Spezialisierung einst in den frühen Stammesgesellschaften. Da sich nicht alle Mitglieder um das zum Überleben Notwendige kümmern mussten, blieb Zeit für Neuerungen. Diese ersten Keime der Innovation bewirkten einen Anstieg des menschlichen Wissens, der sich im Lauf der Zeit potenzierte. Unsere heutigen Werkzeuge sind denen anderer Tiere nicht um das Zehnfache überlegen – sie sind eine Million Mal besser: Satelliten, Tarnkappenflugzeuge und Augmented-Reality-Geräte stellen einen unvorstellbaren Fortschritt dar gegenüber den Werkzeugen und Techniken des übrigen Tierreichs.

Als Kampfpiloten haben wir uns in den vergangenen 50 Jahren darauf konzentriert, herauszufinden, wie wir diese Superkraft nutzen können, um uns einen Vorteil gegenüber unseren Gegnern zu verschaffen. Wenngleich unser Gehirn eine fantastische Lernmaschine ist, besteht bei der Umsetzung von Erfahrungen in praktische Lektionen nach wie vor großes Verbesserungspotenzial. Echte Kampfeinsätze und Manöver wie Red Flag eröffneten uns die Chance, verschiedene Prinzipien zu entwickeln, mit denen sich Informationen so vermitteln lassen, dass sie praktisch nutzbar werden und sich in einer dynamischen Umgebung rasch abrufen lassen.

Die Schritte des Prozesses möchte ich anhand einer wegweisenden Veränderung bei der U.S. Air Force darstellen. Im Jahr 2017 war die F-35 endlich bereit für den Übergang von der Vorserien-Testmaschine zur vollständig kampffähigen Plattform. Bis dahin hatte man nur sehr erfahrene Piloten, die bereits andere Kampfflugzeuge wie die F-16, die F-15, die A-10 oder die F-22 geflogen waren, ans Steuer dieser Maschine gelassen. Doch mit dem Anlaufen der Produktion benötigte man neue Piloten, damit das Programm auch nach der Pensionierung der erfahrenen Flieger nahtlos fortgesetzt werden konnte.

Da sich die F-35 fundamental von früheren Kampfflugzeugen unterschied, musste das Pilotentraining von Grund auf neu gestaltet werden. Dafür verantwortlich waren erfahrene Fluglehrer, die aus unterschiedlichen Kampfflugzeugen kamen, mit jeweils eigener Kultur und einem spezifischen Verständnis davon, was einen guten Kampfpiloten ausmacht. Es stand viel auf dem Spiel, da für das F-35-Programm Kosten von mehr als eineinhalb Billionen Dollar veranschlagt waren. Damit war es nicht nur das teuerste Waffenprogramm der Geschichte, die F-35 sollte auch für die folgenden Jahrzehnte zur tragenden Säule der US-amerikanischen Luftstreitkräfte werden. Es war eine ungeheure Gelegenheit, wie es sie in einer vergleichbaren Größenordnung noch nie zuvor in der Geschichte des Luftkampfes gegeben hatte.

Die entscheidende Frage lautete: Wie können wir angesichts begrenzter Ressourcen die Piloten in der kürzestmöglichen Zeit bestmöglich ausbilden?

Wie bei der Planung von Missionen setzten wir beim angestrebten Ziel an und gingen von dort aus rückwärts vor. Bei Nachwuchspiloten, die gerade erst ihre Flugausbildung beendet hatten, ging es uns darum, F-35-Wingmen zu entwickeln, die bis weit in die 2030er-Jahre im Kampf gegen technisch fortschrittliche Gegner erfolgreich bestehen würden. Bei den erfahrenen Piloten hingegen war unser Ziel, ihre wertvollen Erfahrungen zu bewahren und zugleich ihre Auffassung vom Luftkampf weiterzuentwickeln, sodass sie den revolutionären Veränderungen durch die F-35 gerecht werden würde. Um diese Ziele zu erreichen, nutzten wir unterschiedliche Prinzipien des Lehrens und Lernens. Obwohl diese Prinzipien für das Training von Kampfpiloten entwickelt wurden, lassen sie sich auf unzählige weitere Gebiete übertragen.

1. Konzepte vor Fakten

Ziel des Lernens ist es, zu richtigen Voraussagen über die Zukunft zu gelangen. Indem wir die Ursache-Wirkung-Beziehungen in unserer Umwelt verstehen, können wir Entscheidungen treffen, durch die wir unsere Absichten mit der größtmöglichen Wahrscheinlichkeit erreichen werden – wir können die Welt um uns herum zügig evaluieren, die richtige Lösung wählen und diese schließlich ausführen.

Ein stabiles mentales Modell, das unzähligen Szenarien gerecht wird, stellt eine Herausforderung dar und geht über das bloße Memorieren von Fakten hinaus. Viele Menschen sind klug, gut ausgebildet und haben zahllose Informationen und Fakten gespeichert; dennoch verstehen sie die Auswirkungen ihrer Entscheidungen nur ungenügend. Sie sind durchaus kompetent, allerdings nur in einem engen Rahmen. Ihnen fehlt die

Fähigkeit, klar zu denken, die in der realen Welt sehr viel wertvoller ist als reine Intelligenz. Sobald sich die Bedingungen, an die sie gewöhnt sind, auch nur im Geringsten verändern, treffen sie oftmals spektakulär falsche Entscheidungen.

Doch das Gefechtsfeld ist eine der dynamischsten und anspruchsvollsten Umgebungen überhaupt. Staaten wenden enorme finanzielle und geistige Ressourcen für den Kampf gegen ihre Widersacher auf. Jede wahrgenommene Schwäche wird zur Zielscheibe und oftmals auf asymmetrische Weise attackiert. Als Kampfpiloten werden wir womöglich aus der Luft angegriffen, aber ebenso können wir zum Ziel von Boden-Luft-Raketen, elektronischen Störmaßnahmen und Cyberattacken werden oder auch, bevor wir überhaupt im Cockpit Platz genommen haben, zu Opfern feindlicher Scharfschützen oder improvisierter Sprengfallen werden. So erfuhren wir etwa bei einem Einsatz, dass ein Gefährderstaat Dossiers über jeden in der Region stationierten Kampfpiloten erstellt hatte und wir im Kriegsfall mit Attentaten rechnen mussten.

Damit unsere Piloten lernten, dynamisch und flexibel zu denken, mussten wir ihnen als Erstes ein stabiles mentales Modell vermitteln, das auf allgemeinen Konzepten beruhte und von Lehren aus der eigenen Erfahrung gestützt wurde. Im Anschluss fügten wir schrittweise detailliertere Informationen hinzu, jedoch nur insofern sie zum übergreifenden Modell beitrugen.

Eines unserer Probleme stellte die ungeheure Komplexität moderner Kampfflugzeuge dar. Die Software der F-35 umfasst mehr als acht Millionen Codezeilen und Tausende Untermenüs und Avionik-Einstellungen. Somit mussten die Piloten um ein Vielfaches mehr lernen als je zuvor. Naheliegend wäre gewesen, ihnen den Stoff mithilfe traditioneller Methoden beizubringen, also durch Seminare, Vorlesungen und Tests. Doch auch wenn dies die schnellste Möglichkeit dargestellt hätte, wären sie dadurch nicht in die Lage versetzt worden, innerhalb weniger Momente die relevanten Informationen zur Lösung komplexer

Probleme abzurufen. Dies musste vielmehr zu einem intuitiven Bestandteil ihres Denkprozesses werden.

Zu diesem Zweck räumten wir Konzepten Priorität gegenüber Fakten ein. Bei jeder Gelegenheit legten wir Wert auf ein gründliches Verständnis der Art und Weise, wie unterschiedliche Systeme interagierten und wie sich das auf die zu treffenden Entscheidungen auswirkte. Die Schüler mussten beispielsweise nicht das spezifische Vokabular oder die genauen Zahlen eines feindlichen Raketensystems kennen. Sie mussten jedoch verstehen, wie ihr Flugzeug angegriffen werden konnte und was für Schritte sie in einem solchen Fall zu ihrer eigenen Verteidigung unternehmen müssten. Informationen waren nur dann von Nutzen, wenn sich mit ihnen Entscheidungen besser und schneller treffen ließen. Während sich Zahlen und Begriffe rasch ändern können, verändern sich Konzepte in der Regel in einem gemächlicheren Tempo.

Anschaulich lässt sich diese Lernmethode anhand eines Baums darstellen. Die Basis des Baums bildet der Stamm, der sich allmählich in immer dünnere Äste und Zweige aufspaltet. Am Ende der dünnsten Zweige schließlich sitzen die Blätter. Fallen diese Blätter ab, verlieren sie ihren Nutzen für den Baum. In unserem Lernmodell waren die Blätter die Fakten oder einzelnen Informationen, während der Stamm sowie die Äste und Zweige für die Konzepte standen. Jeder Fakt musste mit einem Konzept zusammenhängen. Wir wollten keine Schüler, die lediglich in Multiple-Choice-Tests gut abschnitten. Sie sollten die verfügbaren Informationen so einsetzen, dass sie zu den bestmöglichen Kampfpiloten wurden.

Die Zusammenführung der geeignetsten Trainingstechniken aus den unterschiedlichen Kampfjet-Kulturen ermöglichte es uns, für das menschliche Lernen grundlegende Prinzipien zu implementieren. Das erste dieser Prinzipien war, klar zu bestimmen, warum wir den Flugschülern etwas Bestimmtes beibrachten, um auf diese Weise in ihrem Kopf die Informationen zu einem einzigen übergreifenden mentalen Modell zu verknüpfen. Bei jedem Gegenstand des Unterrichts verlangten wir eine Erklärung aus der Schülerperspektive, warum dieser auf den Lehrplan gehörte. Da es uns nicht um allgemeine Erklärungen ging, ließen wir, wann immer möglich, die Fluglehrer erzählen, wie sie das jeweilige – oder ein ähnliches – Konzept im Kampf praktisch genutzt hatten.

Darüber hinaus ermunterten wir die Schüler, sich zu melden und nachzufragen, wenn ihnen der Nutzen bestimmter Informationen nicht klar war. Die meisten von uns dürften bereits Situationen erlebt haben, in denen Fragen nach dem Warum nicht erwünscht waren. Doch eine solche Kultur fördert lediglich blinde Zustimmung, nicht jedoch wahrhaftes Verständnis. Und wir wollten Kampfpiloten ausbilden, die selbst ihren Kopf einschalteten. Die Unwägbarkeiten des Gefechts zerstören selbst den ausgeklügeltesten Plan, und damit die angehenden Kampfflieger im Einsatz erfolgreich sein konnten, mussten sie Fragen stellen, wenn ihnen ein Befehl nicht sinnvoll erschien. Außerdem profitierten auch die Ausbilder von den Nachfragen, da so Schwachstellen in ihrem Unterricht aufgedeckt wurden und sie diese in der Folge beheben konnten. Letztlich steigerte dieser Kulturwandel den Lernerfolg der Schüler erheblich.

Als Nächstes wurden für jede Aufgabe Zielvorgaben benannt, wie das Warum zu erreichen war. Die Anzahl der Zielvorgaben hing von der jeweiligen Aufgabe ab, allerdings erwiesen sich unserer Ansicht nach fünf als ideal. Bei mehr als fünf konnte man leicht den Überblick verlieren, wohingegen weniger als fünf nicht erschöpfend genug waren. Die Zielvorgaben setzten sich wiederum aus spezifischen Unterzielen zusammen, bei denen sich anschließend feststellen ließ, ob sie erreicht wurden. Das sorgte dafür, dass jeder Verantwortung übernehmen musste, außerdem lieferte es einen Ausgangspunkt für die folgende Nachbesprechung. Am geeignetsten waren spezifische und messbare Zielvorgaben, auch wenn nicht alle Vorgaben dieser Anforderung entsprachen. Doch das machte nichts, da für uns das Warum im Mittelpunkt stand, nicht, ob etwas einfach zu bewerten war. Bei den weniger spezifischen Zielvorgaben mussten die Ausbilder auf Grundlage ihrer Erfahrung ein Urteil fällen. Oberflächlich betrachtet litt darunter die Standardisierung, doch dieses Vorgehen ermöglichte eine maßgeschneiderte Lösung für jeden Schüler und führte so zu steileren Lernkurven.

2. Das Training lernerzentriert gestalten

Jeder Mensch hat seine eigene Vorgeschichte, und somit hat jeder auch ein anderes Verständnis davon, wie die Welt funktioniert. Wenn die Schüler zu uns kamen, waren sie geprägt durch ihre jeweilige jahrzehntelange Lern- und Entwicklungsgeschichte und sahen die Welt entsprechend auf unterschiedliche Weise. Um ihnen zu helfen, ein vernetztes und übergreifendes mentales Modell aufzubauen, mussten die Lehrer neue Konzepte an die jeweilige Sichtweise der Schüler anpassen, nicht andersherum. Die meisten Menschen wollen lernen, und in der Regel hat das System versagt, wenn ein Schüler ein Konzept nicht versteht. Daher erstellten wir für jeden unserer Schüler einen eigenen Lehrplan, den wir dann den Fortschritten entsprechend weiterentwickelten.

Viele unserer Schüler waren bereits andere Kampfflugzeuge geflogen, sodass der Kenntnisstand in Hinblick auf unsere Trainingsmissionen variierte. Nicht selten kam es jedoch zu einem negativen Transfer, sprich, das, was die erfahrenen Teilnehmer auf einem anderen Kampfflugzeug gelernt hatten, erwies sich auf der F-35 als Hindernis. In diesen Fällen bedurfte es mehr Zeit, ihnen ihre störenden Angewohnheiten auszutreiben, als bei weniger erfahrenen Piloten.

Unser Unterrichtsansatz basierte auf drei Grundsätzen: Zum einen erarbeiteten wir auf Grundlage der Erfahrungen unserer Schüler maßgeschneiderte Lehrpläne. Dadurch stellten wir sicher, dass wir unsere begrenzten Ressourcen auf Bereiche konzentrierten, in denen der größte Effekt zu erwarten war. Als Zweites verkleinerten wir die Klassen, damit den Lehrenden mehr Zeit blieb, den einzelnen Studenten die Konzepte beizubringen. In einem Umfeld mit begrenzten Ressourcen hat alles seinen Preis, also schränkten wir im Gegenzug die Anzahl der Gruppenveranstaltungen ein und nutzten stattdessen für die Basislektionen Lernsoftware. Und zuletzt schließlich bezogen wir bei der Zusammensetzung der Gruppen die vorherigen Erfahrungen der Schüler mit ein. Piloten, die dieselbe Maschine geflogen waren, verfügten oft über dasselbe Verständnis, was es für die Ausbilder einfacher machte, mehrere Schüler auf einmal zu unterrichten.

Viele traditionelle Methoden berücksichtigen nicht, dass der Lernende nicht einfach nur ein passiver Wissensempfänger ist, sondern ein Teil der Lernerfahrung selbst. Vor diesem Hintergrund verzichteten wir auf den klassischen Frontalunterricht, bei dem die Lehrenden ausgiebig monologisieren, sondern setzten auf ein Gesprächsmodell, um ein dynamisches Lernumfeld zu erzeugen. Die Schüler sollten am Ende des Kurses nicht wie ein Papagei irgendwelche Antworten nachplappern, sondern die gelernten Prinzipien im Gefecht anwenden können. Somit spielte das reine Auswendiglernen kaum eine Rolle, da es die Schüler nicht angespornt hätte, neue Verbindungen zu ziehen und Probleme auf kreative Weise zu lösen. Als konvergentes Lernmodell hält mechanisches Auswendiglernen die Menschen dazu an, nach der einen »richtigen« Antwort zu suchen. Doch dies entspricht nicht der realen Welt, in der es selten eine einzige richtige Antwort gibt, sondern vielfältige passende Lösungen mit unterschiedlichen Vor- und Nachteilen, die sich in weit divergierenden Sekundär- und Tertiäreffekten fortsetzen.

So hatten die Piloten beispielsweise in der Vergangenheit Tests zum Vorgehen in kritischen Situationen ablegen müssen, in denen sie wichtige Notfallprozeduren aus dem Gedächtnis handschriftlich wiedergeben sollten. Dem Auswendiglernen wurde eine solche Bedeutung beigemessen, dass ein Pilot nicht ins Flugzeug steigen durfte, wenn er ein Wort falsch geschrieben oder ein Komma falsch gesetzt hatte. Es war eine altmodische Art, die Fähigkeit zum Abrufen von Informationen zu überprüfen, dabei hat die Zeichensetzung keinerlei Auswirkung darauf, ob jemand in der Luft das entsprechende Notfallverfahren ausführen kann. Also schafften wir diese Tests ab, ebenso wie Dutzende andere Maßnahmen, bei denen das Auswendiglernen keinen notwendigen und wichtigen Zweck erfüllte.

Wir machten auch Schluss mit althergebrachten Traditionen wie etwa dem Auswendiglernen der Betriebsgrenzwerte der Triebwerke, etwas, was bis zur Einführung der Digitalanzeigen zwingend notwendig gewesen war. Doch moderne Flugzeuge bereiten die Informationen anders für den Piloten auf. Die Flugcomputer zeigen ein grünes Flugzeug, wenn alles ordnungsgemäß funktioniert, ein gelbes bei kleineren Problemen und ein rotes bei einem gravierenden Problem; zugleich liefern sie sämtliche relevanten Informationen zum Zustand des Flugzeugs. Statt irgendwelche Zahlen auswendig zu lernen, sollten unsere Piloten ihre geistigen Kapazitäten nutzen, um die bestmöglichen Entscheidungen zu treffen.

3. Coaching ist effektiver als Bewerten

Auf vielen Gebieten verstehen sich Ausbilder und Lehrer eher als eine Art Türsteher, nicht als Ermöglicher des Lernerfolgs ihrer Schüler. Auch in der Kampfpilotenausbildung förderte das System dieses Verhalten, sofern keine geeigneten Gegenmaßnahmen ergriffen wurden, und brachte so letztlich weniger gute Piloten hervor. Dagegen gingen wir davon aus, dass wir mit talentierten Schülern arbeiteten, die unsere Ausbildung erfolgreich absolvieren würden, anstatt das Training als Möglichkeit zu betrachten, ungenügende Piloten auszusieben. Unsere Aufgabe war es nicht, eine Auslese durchzuführen, sondern unsere Schüler bei jeder Aufgabe als Coaches zu unterstützen, damit sie uns am Ende als bestmögliche Piloten verlassen konnten.

Auch wenn wir die Leistungen unserer Schüler bei so gut wie jedem Element des Trainings maßen – in manchen Fällen anhand von mehr als 100 Parametern –, taten wir dies nicht, um sie zu rügen oder durchfallen zu lassen, sondern um ihren Ausbildungsplan individuell anzupassen. Ausgehend von der jeweiligen Leistung, wurde das Training der Schüler dynamisch gestaltet. Wenn jemand in einem Bereich hervorragend abschnitt, konnte er verwandte Aufgaben überspringen, während Schülern, die Schwierigkeiten hatten, zusätzliche Wiederholungen angeboten wurden. Auf diese Weise konnte jeder Schüler das Beste aus sich herausholen, anstatt lediglich zu versuchen, irgendwie durchzukommen.

Der Schlüssel bei der Einführung unserer Philosophie war, dass wir das Scheitern eines Schülers als Scheitern des Systems begriffen. Sobald ein Schüler die Erwartungen nicht erfüllte, wurde ihm aufgezeigt, was er beim nächsten Mal besser machen konnte. Zusätzlich fand eine Nachbesprechung unter den Ausbildern statt, um festzustellen, was sie ihrerseits besser machen konnten. Diese Maßnahme mag simpel klingen, bedarf jedoch starker Führungskräfte, um sie immer wieder nachdrücklich einzufordern.

Im Endeffekt bestand unsere Hauptaufgabe auch weiterhin darin, zu gewährleisten, dass aus den Schülern sichere und leistungsfähige Piloten wurden; gleichwohl stellte dies nur einen Bruchteil der Ausbildungstätigkeit dar. Wir verstanden, dass durch das richtige Coaching beinahe alles zu korrigieren war, sofern die Notwendigkeit nur früh genug erkannt wurde. Selbst vermeintlich unveränderliche Eigenschaften wie Einstellung, Arbeitsethik und Fluginstinkt ließen sich durch das passende Coaching maßgeblich verbessern.

4. Ständig überprüfen, wo die Ausbildung von der Technik profitieren kann

Der technologische Fortschritt eröffnet stets neue Möglichkeiten, die Effektivität und Effizienz des Unterrichts zu steigern. Das virtuelle Training ermöglichte uns simulierte Übungseinheiten, die genauso gut wie ein realer Flug waren, gelegentlich sogar noch besser. Bereits seit Langem unterstützen uns Simulatoren beim Übergang von der theoretischen Ausbildung zum tatsächlichen Fliegen eines Kampfjets. Besonders bedeutsam war dies beim F-35-Training, da zu jener Zeit eine echte Flugstunde knapp 50 000 Dollar kostete. Somit stand uns für das Training nur eine begrenzte Anzahl von Flügen zur Verfügung. Doch unsere Simulatoren waren unglaublich realistisch. Jeder von ihnen hatte die Ausmaße eines zweistöckigen Hauses, mit einem riesigen Kuppelraum in der Mitte. Im Zentrum des Raums stand ein detailgetreuer Nachbau des Original-Cockpits. High-End-Projektoren warfen eine virtuelle Welt auf die Kuppel und erschufen ein 360-Grad-Panorama für die Piloten. Sogar die 400 000 Dollar teuren Augmented-Reality-Helme aus Karbonfaser waren die gleichen wie im echten Jet. Die Simulatoren waren untereinander gekoppelt, sodass Kampfjet-Formationen gemeinsam gegen simulierte, die Taktiken realer Gegner imitierende Bedrohungen kämpfen konnten. Das Erlebnis war fast dasselbe, als hätten wir die Schüler in echte Kampfjets gesetzt. Als ein Air-Force-General die Geräte zum ersten Mal sah, erklärte er: »Diese Simulatoren sind ein Denkmal der menschlichen Erfindungsgabe.«

Ihr einziger Schönheitsfehler war, dass sie unfassbar teuer waren und teilweise sogar mehr als das von ihnen imitierte Flugzeug kosteten. Somit konnten nur sehr wenige hergestellt werden, was zu einer sekundären Engstelle beim Training führte, mit oftmals noch größeren Einschränkungen als beim Original. Manchmal konnten die Schüler nur einmal pro Woche in den Simulator, wodurch sich die Ausbildung unnötig in die Länge zog. Uns wurde klar, dass wir in unserem Streben nach einem hyperrealistischen Simulator in eine häufig vorkommende Falle getappt waren: Wir hatten eine bereits ausgereifte Technik noch weiter verfeinern wollen, ohne uns nach dem zusätzlichen Nutzen zu fragen.

In den 1990er-Jahren waren wir auf High-End-Simulatoren angewiesen gewesen, da nur sie den tatsächlichen Flug für unsere Zwecke ausreichend realistisch imitieren konnten. Doch aufgrund der exponentiell steigenden Rechenleistung der Computer lief eine Neunzigerjahre-Simulation – für die seinerzeit noch ein Super-Computer erforderlich gewesen war – mittlerweile auf einem Laptop. Auch wenn High-End-Simulatoren nach wie vor ihre Berechtigung hatten, waren sie für den Großteil unserer Ausbildung schlichtweg zu viel des Guten. Und da die Simulatoren-Technologie einem Potenzgesetz unterliegt – nämlich dem Gesetz des abnehmenden Ertrags –, ließen sich für den Preis eines High-End-Simulators Hunderte einfacherer Geräte anschaffen. Was wir benötigten, war eine breite Palette von Apparaten für die unterschiedlichen Aspekte des Trainings.

In einem ersten Schritt statteten wir neue Schüler mit leistungsfähigen Laptops sowie Sidesticks und Schubhebeln wie in der F-35 aus. Selbstverständlich reichten die Laptops nicht im Entferntesten an die High-End-Simulatoren heran, doch sie dienten einem anderen Zweck: Die Schüler konnten mit ihnen einfache Abläufe üben, etwa das Starten des Flugzeugs, das Taxiing und das Durchgehen der Checklisten. Der entscheidende Vorteil war, dass die Schüler ihre Laptops rund um die Uhr nutzen konnten. Wir entwickelten sogar ein Flugmodell, das nicht der Geheimhaltung unterlag und mit dem sie in ihrer Freizeit zu Hause üben konnten.

Sobald alle Schüler über einen eigenen Flugsimulator verfügten, erstellten wir auf Grundlage des Lehrstoffs der Kurse und Fachbücher Lektionen, die unmittelbar in die Simulation integriert wurden. Mithilfe einer eigens entwickelten Software machten wir daraus ein Multilevel-Spiel, bei dem ein virtueller Ausbilder die Schüler durch die unterschiedlichen Manöver führte. Auf diese Weise konnten die Schüler von Beginn an aus den Konzepten, Erfahrungen und Informationen ein zusammenhängendes mentales Modell aufbauen. So unterbrach der Simulator beispielsweise das Takeoff-Training, um eine Risszeichnung des Triebwerks einzublenden und auf die wesentlichen Stellen hinzuweisen, an denen Triebwerkfehler auftreten können. Anschließend demonstrierte er, wie sich das im Cockpit darstellte und wie man die entsprechenden Checklisten abarbeitete, um das Flugzeug wieder kontrolliert fliegen zu können. Dieser integrierte Ansatz erwies sich als weitaus effektiver als das vorangegangene Auswendiglernen von Bergen an Papier.

Den Übergang zwischen den Laptops und den High-End-Simulatoren bildeten Virtual-Reality-Systeme, mit denen sich eine immersive Flugumgebung erzeugen ließ. Auf diese Weise konnten die Schüler Manöver üben, die mehr Feingefühl verlangten, etwa Flammabriss-Landungen, die sich auf dem Bildschirm eines Laptops kaum simulieren lassen. Darüber hinaus ließen wir Fluglehrer F-35-Missionen fliegen, für die wir 360-Grad-Kameras an den Kampfjets anbrachten. Die Videos konnten anschließend auf Virtual-Reality-Geräten angeschaut werden und führten den Schülern beispielhaft vor, wie ein erfahrener Fluglehrer das jeweilige Manöver korrekt durchführte. In die Videos wurden Einblendungen und Texte eingefügt, die die Crosschecks und Entscheidungsfindung des Fluglehrers in jeder Phase des Manövers erläuterten und so das Verständnis der Schüler vertieften.

Dank unserer Philosophie, verschiedene Geräte zu koppeln, konnten die Schüler ein neues Konzept mehr oder weniger simultan kennenlernen und üben. Das führte zu einem enormen Leistungssprung, sodass wir schon nach kurzer Zeit den Lehrplan anpassen mussten, um die Schüler nicht zu unterfordern – was sich wiederum auf andere Aspekte der Lehre auswirkte. Anstelle des konventionellen Unterrichts ließen wir die Schüler in den Kursräumen am Laptop und mit ihren Virtual-Reality-Brillen lernen, wobei die Aufgabe der Ausbilder nur noch darin bestand, für Fragen zur Verfügung zu stehen. Durch diese hybride Methode konnten die Schüler selbst bestimmen, wie und in welchem Tempo sie lernen wollten, während sie zugleich Fragen stellen und Diskussionen führen konnten, auf die wir niemals gekommen wären.

Inwieweit technische Hilfsmittel die Ausbildung unterstützen können, muss ständig aufs Neue überprüft werden. Aufgrund des oftmals exponentiellen technischen Fortschritts können sich vormals ungeeignete Werkzeuge auf einmal als nützlich erweisen. Das gilt nicht nur für das Pilotentraining, vielmehr können die meisten Berufsfelder etwa von erweiterter Datenvisualisierung, maßgeschneidertem Feedback und computergestützten Schulungsprogrammen profitieren. Selbst bei etwas so Einfachem wie dem Auswendiglernen lassen sich die Leistungen erheblich mithilfe einer Software steigern, die auf Grundlage von neurowissenschaftlichen Erkenntnissen und der Auswertung vorheriger Sitzungen die Übungen an die jeweiligen Bedürfnisse anpasst.

5. Die Verwendung eines Meister-Lehrling-Modells

In so gut wie jedem Berufsfeld wird man Personen finden, die ein klares Verständnis davon haben, wie man erfolgreich sein kann. Die von ihnen im Laufe ihres Berufslebens zusammengetragenen Erkenntnisse nicht zu nutzen, stellt eine enorme Verschwendung von Ressourcen dar. Bei uns Kampffliegern werden die besten und erfahrensten Piloten Fluglehrer. Sie haben gar keine andere Wahl. Diese Aufgabe abzulehnen ist undenkbar. Für die reine Vermittlung von Informationen könnten wir problemlos andere Lehrkräfte finden, doch zu lernen heißt nicht nur, die vermittelten Informationen aufzunehmen, sondern vor allem, zu verstehen, wie man sie so organisiert und verknüpft, dass sie sich zu einem zusammenhängenden Orientierungsrahmen fügen. Das ist von solch überragender Bedeutung, dass wir bereit waren, unsere kostbarste Ressource dafür aufzuwenden.

Damit die Schüler reale taktische Probleme verstanden, erläuterten die Ausbilder ihnen Schritt für Schritt, wie sie selbst diese lösen würden. Zugleich eröffneten sie den Schülern damit einen Einblick in ihre eigene Denkweise. Sogar bei einfachen Problemen berücksichtigten sie oftmals eine Vielzahl von Konzepten – etwa die Physik hinter den Einsatzsystemen des Flugzeugs, die psychologischen Grundlagen der feindlichen Mentalität, die optimale Vorgehensweise bei bestimmten Luftkampf-Taktiken und die Abwägung von Chancen und Risiken in verschiedenen Phasen eines Einsatzes. Zudem wurde den Schülern auf diese Weise noch einmal vor Augen geführt, dass praxistaugliches Wissen aus der Verknüpfung von Konzepten entsteht, nicht durch das Auswendiglernen von Informationen.

Nach unserer Erfahrung waren zwei Besprechungen vor jedem Flug ideal, damit die Schüler ein Verständnis der anstehenden Aufgabe entwickeln konnten. Die erste, das sogenannte Vorab-Briefing, bestand aus einem informellen Durchgang sämtlicher für die jeweilige Trainingsmission wichtiger Konzepte, mit dem Ziel, die Lücken im Verständnis der Schüler zu schließen, sodass sie über die erforderlichen Mittel für ihren Flug verfügten. Das zentrale Element des Vorab-Briefings bildeten offene Fragen der Ausbilder, woraufhin die Schüler Lösungsmöglichkeiten für unterschiedliche Szenarien darlegen sollten. Viele Schüler gingen davon aus, sie hätten ein Konzept vollkommen verstanden. Doch wenn sie es in einem konkreten Kontext einsetzen mussten, traten ihre Defizite zutage.

Sobald die Schüler demonstriert hatten, dass sie ein Konzept tatsächlich verstanden hatten, führten wir die Heuristiken ein. Da beim Fliegen der Zeitfaktor eine wesentliche Rolle spielt, ist alles, wodurch die Entscheidungsfindung beschleunigt werden kann, von entscheidender Bedeutung. Heuristiken stellen gewissermaßen Daumenregeln dar, mit denen sich die Zeitspanne verringern lässt, die jemand zur Lösung eines komplexen Problems benötigt – dank ihnen kann jemand funktionieren, ohne ständig innehalten und den nächsten Schritt erwägen zu müssen. Heuristiken sind eine extreme Form der Priorisierung, sodass man unter bestimmten Voraussetzungen nur noch einige wenige Dinge crosschecken muss, um selbst hochkomplexe Probleme zu lösen. Das Konzept mag abstrakt klingen, gleichwohl nutzt es jeder von uns im Alltag.

Nehmen wir zum Beispiel einen Baseballspieler, der einen Ball fangen will. Die mathematische Berechnung der Flugbahn ist kompliziert und erfordert Differenzialgleichungen, um die auf den Ball einwirkenden Kräfte zu beschreiben. Der Spieler könnte nun also zunächst diese Gleichungen lösen und dann zu der Stelle rennen, an der der Ball gemäß seinen Berechnungen landen wird. Das mag die genaueste Lösung sein, doch aufgrund des Zeitfaktors ist sie für den Spieler nutzlos. Stattdessen kann er auch einfach den Ball fixieren und, während er rennt, dessen Flugbahn bestimmen. Diese beiden einfachen Schritte ermöglichen es ihm, den Ball zu fangen. Zwar gewährleistet das heuristische Vorgehen nicht, dass der Spieler den optimalen Laufweg wählt, und er kann bei einem Schlag über seinen Kopf hinweg dem Ball auch nicht im Laufen den Rücken zukehren. Doch es stellt eine Abkürzung dar, die der Spieler unter bestimmten Bedingungen nutzen kann.

Demselben Konzept verdankte sich das sogenannte »Wunder vom Hudson River«, als bei einem Passagierflugzeug direkt nach dem Start am New Yorker Flughafen LaGuardia beide Triebwerke ausfielen. Die Piloten mussten entscheiden, ob sie es im Gleitflug zurück zum Flughafen schaffen würden oder sich nach einer anderen Landemöglichkeit umschauen mussten. Der Co-Pilot Jeffrey Skiles erkannte, wie sich der Flughafen über das Cockpitfenster bewegte. Im Anschluss an das Unglück erklärte er:

Dabei handelt es sich weniger um eine mathematische Berechnung als vielmehr um eine visuelle, denn wenn man am Steuer eines Flugzeugs sitzt, bewegt sich ein Punkt, den man nicht erreichen kann, auf dem Cockpitfenster nach oben. Dagegen wandert ein Punkt, den man überfliegen wird, nach unten.

Da sich der Flughafen auf der Frontscheibe allmählich nach oben bewegte, während sie auf ihn zuflogen, war Skiles klar, dass sie es nicht dorthin schaffen würden. Der Kapitän Sully Sullenberger konnte somit den Flughafen als Landemöglichkeit ausschließen. Er entschloss sich zur Landung auf dem Hudson River und rettete dadurch allen an Bord das Leben.

Dieses Konzept – wie sich ein Objekt über das Cockpitfenster bewegt – ist eine Heuristik, die Kampfpiloten ständig verwenden, die sogenannte Sichtlinie (*line of sight*). Im Gefecht versuchen wir immer wieder, andere Kampfjets abzufangen und uns in eine Position zu bringen, in der wir unsere Waffen einsetzen können. Da wir keine Zeit haben, die Flugbahn unserer Maschine zu berechnen, nutzen wir die Sichtlinie, um unsere Bewegung in Relation zum feindlichen Flugzeug zu verstehen. Unerfahrenen Schülern brachten wir zunächst eine vereinfachte Version bei. Wenn der feindliche Jet wendete, ließen wir die Schüler so lange warten, bis sich ihr Gegner auf Höhe ihres Sidesticks oder Schubhebels befand, bevor sie sich an die Verfolgung machten. Auf diese Weise blieb das andere Flugzeug in Reichweite ihrer Raketen, während sie auf eine optimale Bordkanonenlösung warten konnten. Bei jedem Trainingsflug erstellten sie auf diese Weise einen geistigen Schnappschuss der Sichtlinie, bis sie schließlich zu der fortgeschritteneren Heuristik mit breiterem Anwendungsspektrum übergehen konnten.

Der Nachteil von Heuristiken ist jedoch, dass sie nur unter bestimmten Bedingungen funktionieren. Da sie sich zur Entscheidungsfindung nur auf einige wenige zentrale Faktoren stützen, sind sie nicht so stabil wie ein vollkommen verstandenes Konzept. Daher sprechen ihnen viele ihre Bedeutung ab. Doch im Grunde sollten sie einfach als ein Hilfsmittel zur Entscheidungsfindung betrachtet werden. Beispielsweise haben wir bei der Planung von Einsätzen eine sogenannte *good-idea cutoff line*. Oftmals sind Hunderte Personen am Planungsprozess beteiligt und arbeiten gemeinsam auf ein Ziel hin. Es ist nur natürlich und sogar erwünscht, dass jeder der Beteiligten Ideen zur Lösung der verschiedenen Probleme einbringt. Doch noch vor Beginn des Prozesses legt der Mission Commander einen Zeitpunkt fest, an dem der endgültige Plan beschlossen wird. Von dem Moment an werden keine neuen Ideen mehr aufgenommen, und jeder richtet seine gesamte Energie auf die Ausarbeitung des beschlossenen Plans. Die Erfahrung hat gezeigt, dass die Beschäftigung mit neuen Ideen nach der *good-idea cutoff line* – die in der Regel ungefähr bei zwei Dritteln der für den Planungsprozess vorgesehenen Zeit gezogen wird – oftmals nur noch zu Verzögerungen und Verwirrung führt und letztlich den Erfolg einer Mission gefährdet. Selbstverständlich ist das nur eine Heuristik – wenn gegen Ende des Planungsprozesses eine wirklich gute Idee vorgebracht wird oder irgendein Aspekt, der zum Scheitern führen könnte, nicht berücksichtigt wurde, wird der Plan höchstwahrscheinlich noch geändert.

Im Anschluss an das Vorab-Briefing traf sich der Schüler einige Stunden vor dem Flug erneut mit seinem Ausbilder zu einem formalen Briefing. Dabei ging der Fluglehrer sämtliche Eventualitäten der Mission sowie die zu verwendende Taktik durch. Das formale Briefing eröffnete dem Schüler einen letzten Blick auf die kognitive Karte des Ausbilders; zugleich wurden darin die an ihn gestellten Erwartungen formuliert. Er musste die Probleme nicht auf exakt dieselbe Weise wie der Ausbilder lösen, doch er sollte sie so lösen, dass sein Situationsbewusstsein hoch blieb und er die Taktik oder das Manöver sicher durchführen konnte.

Dem Schüler wurde der äußere Rahmen dessen dargelegt, was noch als vernünftig galt; zudem wurde sichergestellt, dass er auf bewährte Praktiken zurückgriff. Mit zunehmender Erfahrung und gestiegenem Können des Schülers wurde der Rahmen allmählich ausgeweitet, sodass er weiter an die Flugbereichsgrenzen vorstoßen konnte.

Ob im Simulator oder in der Luft: Der größte Lernerfolg stellte sich immer dann ein, wenn Schüler und Ausbilder bei der Lösung taktischer Probleme Hand in Hand arbeiten mussten. Dadurch entstand ein dynamisches Umfeld, das in seiner Unübersichtlichkeit und Unvorhersehbarkeit der Situation im Gefecht glich, wo Teamwork und Kommunikation oftmals bedeutsamer sind als einzelne Manöver. Die Schüler wurden somit gezwungen, ausgehend von Konzepten, die Varianten der erlernten darstellten, selbst Lösungen zu extrapolieren, während jemand, der Lösungen nur auswendig lernt, sich nicht an sich wandelnde Bedingungen anpassen kann.

6. Zeit für die Nachbesprechung einplanen

Fragt man einen beliebigen Kampfpiloten nach dem wichtigsten Lernfaktor, wird dieser zweifellos antworten: die Nachbesprechung. Bei unseren Trainingsmissionen waren wir rund eineinhalb Stunden in der Luft. Doch im Anschluss verbrachten wir mehrere Stunden, gelegentlich sogar mehrere Tage mit dem Debriefing. Bei diesen Treffen drehte sich alles um die Frage, was wir beim nächsten Flug besser machen konnten. Wenn irgendetwas besonders gut gewesen war, wurde es noch einmal herausgestrichen, doch ansonsten ging es ausschließlich um die problematischen Aspekte und die Diskussion darüber, welche Erkenntnisse wir daraus ziehen konnten.

Neue Piloten waren oftmals schockiert, wie brutal ehrlich es in den Nachbesprechungen zugehen konnte. Nachdem wir den ganzen Tag mit Planung, Briefings und Fliegen zugebracht hatten, kamen wir in einem Raum zusammen und sezierten stundenlang selbst den kleinsten Fehler. Dabei hatte wir es mit den besten Piloten der Welt zu tun. Doch selbst wenn alle Zielvorgaben erfüllt worden waren und die Mission ein Erfolg gewesen war, gingen wir die Flüge noch einmal ausführlich durch, um auch noch die kleinste Kleinigkeit zu entdecken, die verbessert werden konnte.

Der Rang spielte bei diesen Treffen keine Rolle. Ranghohe Offizier und erfahrene Piloten wurden genauso kritisiert wie ein Wingman, der noch grün hinter den Ohren war. Das mag viele erstaunen, die davon ausgehen, dass in der Armee eine strenge Hierarchie gilt. Ich habe in Nachbesprechungen erlebt, wie ein junger Flight Lead Fehler des Stützpunkt-Kommandeurs klar benannte und der Kommandeur sich nicht etwa hinter seiner Position verschanzte, sondern dem Flight Lead dafür dankte, dass er seine Fehler aufgezeigt hatte, um dann Möglichkeiten zu erörtern, was er beim nächsten Flug besser machen konnte. Genau das erwarteten wir von einer Nachbesprechung.

Ein Lufteinsatz verläuft so gut wie nie genau nach Plan: Ständige Veränderungen zwingen den Piloten, in einem erbarmungslosen Umfeld Entscheidungen zu treffen, oftmals mit unvollständigen Informationen und unter Zeitdruck, nicht viel anders als in der Wirtschaft. Wir kämpfen gegen einen intelligenten Gegner, der bewusst unsere Schwachstellen ins Visier nimmt, und versuchen selbst, mit unseren Entscheidungen seine auszunutzen. Jede Seite ist bestrebt, die Initiative zu übernehmen, sodass sich ein Gefecht ständig in eine andere Richtung entwickeln kann. Wenn im Training der Bomber, dem wir Begleitschutz gaben, abgeschossen wurde oder ein feindliches Flugzeug die von uns verteidigte Stellung bombardierte, waren zuvor in der Regel mehrere Fehler zusammengekommen. Jeder der Beteiligten hatte höchstwahrscheinlich früher oder später die Chance gehabt, einzugreifen und die Mission zu retten. Die Nachbesprechungen der Missionen funktionierten, weil jeder bereit war, für seine Fehler geradezustehen.

Die Verantwortung für eigene Fehler zu übernehmen, fällt den meisten von uns schwer. Die meisten Menschen wollen zu den Gewinnern gehören und in einem guten Licht dastehen. Doch bei der Nachbesprechung – wenn die Mission also bereits abgeschlossen war – gab es nur eine Möglichkeit, zu gewinnen: Indem man präzise die Erkenntnisse benannte, durch die jeder bei der nächsten Mission einen noch besseren Job abliefern würde. Dieses instabile Umfeld konnte nur bestehen, indem jeder bereit war, zunächst bei sich selbst nach Fehlern zu suchen. Sobald auch nur ein Einziger die Schuld von sich abwälzte, brach der kollaborative Kontext auseinander. Gerade weil dieser Kontext nicht robust war, bedurfte er der ständigen Hege und Pflege, insbesondere von denen, die sich nur auf ihren Status hätten berufen müssen, um jedem Ärger aus dem Weg zu gehen. Der Mission Commander musste sich selbst als Erster bloßstellen, der erfahrenste Pilot musste bereit sein, einen einfachen Fehler zuzugeben, und der höchstrangige Pilot musste mit gutem Beispiel vorangehen, um zu zeigen, dass der eigene Rang niemanden vor den Konsequenzen seiner Fehler schützte.

Indem beim Debriefing jeder gleich behandelt wurde, ließ sich der Einsatz in einer klinischen Umgebung analysieren. So konnten wir herausfinden, was falsch gelaufen war, und die gewonnenen Erkenntnisse für künftige Flüge festhalten. Auf den zufälligen Beobachter mochte das Vorgehen erbarmungslos wirken, doch für die teilnehmenden Piloten ging es einzig und allein um die Frage, wie sie besser werden konnten.

Die Nachbesprechung begann mit einer Datensammlung. Es war alles andere als außergewöhnlich, sich bei der Rückkehr von einem Flug nicht an irgendwelche Details zu erinnern. Da man die ganze Zeit vollauf damit beschäftigt war, im Bruchteil einer Sekunde Entscheidungen zu treffen, blieb dem Gehirn keine Zeit, das gesamte Geschehen zu verarbeiten. Ich war in riesigen Manövern dabei, in denen ich bis an meine Grenzen getrieben wurde, und bereits 45 Minuten nach der Landung hatte ich nur noch eine verschwommene Erinnerung an den Flug, als wäre ich gerade aus einem Traum erwacht.

Angesichts der vielen Teilnehmer an einem Debriefing musste zunächst einmal jeder über ein genaues Bild von der Mission verfügen, bevor wir sie zu analysieren begannen. Die modernen Kampfjets zeichneten so gut wie jeden Aspekt eines Fluges auf, vom Anlassen der Motoren bis zu ihrem Abschalten. Alle unsere Displays wurden aufgenommen, außerdem die Eingaben an Sidestick und Schubhebel, die Triebwerksleistung, die Bewegungen der Steuerflächen und sogar unsere Blickbewegungen. Nach der Landung wurden alle diese Informationen ausgelesen und aufbereitet, damit wir die Mission noch einmal Revue passieren lassen konnten. Zunächst schaute sich jeder von uns seine eigenen Aufzeichnungen an und machte sich dabei Notizen zu wichtigen Vorkommnissen, sodass wir am Ende ein genaues Verständnis unserer eigenen Performance im Flug hatten.

Nach der Durchsicht der eigenen Flugzeugdaten wurde in der nächsten Phase die gesamte Mission rekonstruiert. Angesichts der Vielzahl an Beteiligten mit unterschiedlichen Tätigkeitsfeldern – am Boden, in der Luft, im Weltraum und im Cyberspace – diente diese Rekonstruktion dazu, aus sämtlichen Daten ein umfassendes Gesamtbild der Mission zu erstellen, das dann in dem Nachbesprechungsraum auf riesigen Monitoren und Leinwänden wiedergegeben wurde. Einzelne Teilnehmer konnten die Vorführung an wichtigen Stellen unterbrechen, damit jeder genau verstand, was sich ereignet hatte. Redezeit war hierbei ein kostbares Gut: Bei rund 100 Personen in einem Raum blieb keine Zeit für lange Ausführungen. Zugelassen waren ausschließlich hochwertige Informationen in prägnanter Form. Im Zuge der Rekonstruktion schälte sich allmählich ein genaues Bild von den Geschehnissen während der Mission heraus. Der Mission Commander und seine Stellvertreter achteten auf nicht umgesetzte Zielvorgaben und machten sich Notizen zu den möglichen Gründen.

An die Rekonstruktionsphase schloss sich die Analysephase an, die ganz im Zeichen der Priorisierung stand. Der Mission Commander musste die zentralen Bereiche bestimmen, auf die sich alle konzentrieren sollten: die sogenannten Fokuspunkte der Nachbesprechung. Dabei handelte es sich um verfehlte Zielvorgaben, etwa Abschüsse durch die eigene Seite oder sonstige schwerwiegende Fehler, aus denen die gesamte Gruppe Lehren ziehen konnte. Anschließend ging es darum, sämtliche Faktoren zu identifizieren, die zu einem Fehler führten. Diese ließen sich in drei Kategorien aufteilen:

1. Die Person, der ein Fehler unterlaufen war, hatte die Situation nicht richtig *evaluiert*. Ihr Crosscheck vor der Entscheidung hatte nicht ausgereicht, um das notwendige Situationsbewusstsein zu erlangen.
2. Die Person hatte nicht das richtige Vorgehen *gewählt*. Wenn sich ein Pilot für die falsche Taktik entschieden hatte, versuchten wir zu verstehen, warum es dazu gekommen war und wie er in einer ähnlichen Situation beim nächsten Mal andere Entscheidungskriterien finden konnte.
3. Zuletzt schließlich hatte ein Pilot möglicherweise die richtige Option gewählt, sie jedoch ungenügend *ausgeführt*. Dabei ging es oftmals darum, sich selbst und den Wingman in die richtige Position zu bringen und dann eine geeignete Waffe einzusetzen. Moderne Kampfflugzeuge sind komplexe Waffensysteme, die viele Eingaben in der richtigen Reihenfolge zur richtigen Zeit verlangen.

Den Abschluss der Nachbesprechung bildete schließlich die Instruktionsphase. In ihr wurden sämtliche Lehren aus dem Einsatz zusammengefasst und allen Beteiligten prägnant vermittelt. Der Mission Commander ging noch einmal die Mission durch, wie sie entsprechend der gewonnenen Erkenntnisse hätte ablaufen sollen. Diese Erkenntnisse band er dann in umfassendere

Konzepte ein und legte dar, wie sie im Ernstfall anzuwenden waren. Schließlich wurden die Erkenntnisse dokumentiert, damit sie vor künftigen vergleichbaren Einsätzen konsultiert werden konnten.

Die Nachbesprechung war eines der wirksamsten Instrumente zur Verbesserung der Entscheidungsfindung. Dank der Einsicht in die Ursachen und Wirkungen der von uns getroffenen Entscheidungen konnten wir zu einem Verständnis unserer Umwelt gelangen. Die meisten Entscheidungen stellten lediglich geringfügige Varianten von solchen dar, denen wir bereits begegnet waren. Die Mindestanforderung lautete, denselben Fehler nicht zweimal zu begehen. Noch besser war es jedoch, zu beobachten, wie andere in ähnlichen Situationen erfolgreiche Entscheidungen getroffen hatten, und ihre bewährten Praktiken in den eigenen Lernprozess zu integrieren. Das funktionierte nur, wenn man das *Warum* und das *Wie* hinter den Entscheidungen von Grund auf verstand – ohne diese Informationen lernte man einfach nur Fakten auswendig, verstand jedoch nicht, welche Mechanismen in der Realität wirksam waren.

Im Lauf der Zeit entstand auf diese Weise ein komplexes Gewebe von Erkenntnissen, mit dem man eine breite Palette von Problemen lösen konnte. Da unser Lernen auf Konzepten basierte, konnten wir Verbindungen zu vermeintlich unverbundenen Fragestellungen ziehen und somit zu kreativen Lösungen gelangen. Mit zunehmender Dauer bauten wir auf diese Weise ein mentales Modell auf, durch das viele Entscheidungen automatisch abliefen – eine Art geistiger Werkzeugkasten, der es uns ermöglichte, in kürzester Zeit Informationen aufzurufen, um Entscheidungen zu treffen.

Doch was, wenn man eine Entscheidung treffen muss zu einem Problem, dem man noch nie zuvor begegnet ist? Was geschieht, wenn die Variablen derart komplex sind, dass man von der schieren Masse der potenziellen Resultate überwältigt wird?

4

Schnellprognose

Provinz Parwan, Afghanistan: 02:00 Uhr Ortszeit

Beim Blick aus dem Cockpit entdeckte ich ein diffuses Leuchten hinter den hoch aufragenden Gebirgszügen vor mir. Mein Wingman mit Rufnamen Shark und ich waren auf dem Rückweg von einem fünfstündigen Kampfeinsatz gegen ein Kommando- und Kontrollzentrum der Taliban und der anschließenden bewaffneten Luftüberwachung einer Truppenabsetzung per Hubschrauber. Bis zur Bagram Air Base waren es noch mehr als 150 Kilometer, doch schon auf diese Entfernung sah man den gelblichen Schimmer von der grellen Sicherheitsbeleuchtung, die sich in der staubigen Nachtluft brach.

Ich war dabei, einige Stichpunkte zu unserer Mission zu notieren, die ich nach der Landung an unseren Intelligence Analyst (unseren nachrichtendienstlichen Auswerter) weitergeben wollte. Als ich damit fertig war, machte ich mich daran, die Avionik für den Anflug zu konfigurieren, eine der gefährlichsten Flugphasen. Nach einer langen Mission mitten in der Nacht kann man allzu leicht nachlässig werden. Etliche Kampfpiloten haben in der Vergangenheit furchtbare Kampfeinsätze überlebt, nur um dann auf dem Heimweg abzustürzen. In der Dunkelheit muss man auf dem Flug durch ein Gebirge nur einen Moment lang die Konzentration verlieren, und schon endet eine Routinemission in einer Katastrophe.

Die afghanische Landschaft ist besonders unbarmherzig. Die Gebirge dort bilden die westlichen Ausläufer des Hindukuschs, an den der Himalaya mit dem Mount Everest anschließt. In manchen Gegenden Afghanistans erreichen die Gipfel Höhen von fast 7 500 Metern, mehr als die Reiseflughöhe mancher Zivilflugzeuge. Die extreme Landschaft stellt für jegliche Art von Luftfahrt eine Herausforderung dar. Selbst in der F-16, einem Flugzeug mit einem der besten Schub-Gewichts-Verhältnisse überhaupt, mussten wir unseren Steigflug jedes Mal genau planen, um nicht in einem Tal hängen zu bleiben. In den Briefings vor unseren Einsätzen riefen wir uns routinemäßig in Erinnerung, dass wir bei einem Notausschuss in den Bergen den Sitz manuell von unserem Körper lösen mussten, da wir sonst auf dem Boden aufgeschlagen wären, bevor sich der Fallschirm entfaltet hätte.

Aufgrund der Höhenlage von Bagram benötigten wir bei der Landung mehr Geschwindigkeit. Doch da das Ziel bei der Konstruktion der F-16 gelautet hatte, einen der wendigsten Kampfjets der Welt zu entwickeln, hatten die Ingenieure jedes überflüssige Gramm weggelassen. Die Bremsen des rund 13,5 Tonnen wiegenden Flugzeugs waren in etwa so groß wie die eines Toyota Corolla. Bei der Landung setzte man mit rund 280 km/h auf und balancierte dann beim sogenannten aerodynamischen Bremsen die Nase des Flugzeugs in der Luft, während die beiden Räder des Hauptfahrwerks bereits über den Boden rollten. Der Luftwiderstand bremste das Flugzeug allmählich ab. Erst wenn die Geschwindigkeit nur noch gut 100 km/h betrug, durfte man die Bremsen einsetzen, da sie sonst Feuer gefangen hätten. Neben der Höhe hatte Bagram noch eine weitere Eigenheit: Die Landebahnen waren nur in eine Richtung nutzbar und verliefen abschüssig.

Doch in jener Nacht stand uns eine noch kompliziertere Landung bevor. Wie wir wussten, war die Hauptlandebahn gesperrt, sodass wir auf die kleinere Landebahn ausweichen mussten, die mehrere Tausend Fuß kürzer und zudem nur rund halb so breit war. Die meisten Flugbewegungen auf der Basis fanden tagsüber statt, daher hatte es weniger gravierende Auswirkungen, wenn man nachts eine Landebahn schloss. Zu allem Übel hatten mein Wingman und ich auch noch ungenutzte Bomben mit einem Gewicht von einigen Tausend Kilogramm dabei. Durch diesen zusätzlichen Ballast mussten wir bei noch höherer Geschwindigkeit als üblich aufsetzen, was unsere Bremsen noch stärker belasten würde.

Auf der kleineren Landebahn landen zu müssen war zwar unangenehm, doch im Grunde war es eine Nacht wie jede andere in Afghanistan. Bei jedem unserer Einsätze mussten wir uns an sich verändernde Bedingungen anpassen und Lösungen für Dutzende kniffliger Probleme finden. Kopfzerbrechen bereitete uns jedoch, dass es keinen Ausweichflugplatz für den Fall der Fälle gab. Normalerweise nutzten wir hierfür den internationalen Flughafen von Kabul, der nur rund 50 Kilometer entfernt lag. Doch die Verantwortlichen dort stimmten sich nur selten mit Bagram ab, sodass er an jenem Abend ebenfalls geschlossen war. Somit befand sich die nächstgelegene Ausweichmöglichkeit mehrere Hundert Kilometer entfernt.

Dies stellte uns vor ein Problem. Um auf der kürzeren Piste landen zu können, mussten wir Gewicht loswerden. Jedoch wollten wir auch genügend Treibstoff an Bord behalten, um im Fall eines unvorhergesehenen Ereignisses auf einen anderen Flugplatz ausweichen zu können. Doch beides zugleich ging in jener Nacht nicht. Da wir einige der modernsten Waffen des Air-Force-Arsenals an Bord hatten, durften wir sie nicht einfach abwerfen. Somit konnten wir unser Gewicht nur senken, indem wir Kraftstoff loswurden.

Eine Übungsmission wäre in dieser Situation wegen des hohen Risikos abgebrochen worden. Doch dies war ein Ernstfall, bei dem Leben auf dem Spiel gestanden hatten. Wir waren die einzigen Flugzeuge gewesen, die für die bewaffnete Luftüberwachung einer wichtigen Operation zur Verfügung gestanden hatten. Das höhere Risiko war vom Hauptquartier abgesegnet worden – während der Mission sollten wir zusätzlichen Treibstoff dabeihaben, den wir dann unmittelbar vor der Landung verbrennen würden, um auf der kürzeren Piste aufsetzen zu können. Allerdings ergab sich dadurch ein fünfminütiges Zeitfenster, in dem wir verwundbar waren.

Allmählich näherten wir uns Bagram, daher wurde es Zeit, unser überflüssiges Kerosin zu verbrennen. Über Funk meldete ich: »One's gate«, das Signal, dass ich den Nachbrenner einschaltete. Ich spürte den gewaltigen Schub, mit dem der Jet beschleunigte. Zur Vorbereitung auf die Landung klappte ich meine Nachtsichtbrille nach oben. Ich sah, wie mein Wingman mir folgte, während ein zehn Meter langer, weiß-blauer Feuerstrahl aus seinem Heck schoss. Es war eine ruhige Nacht ohne jeden Funkverkehr. Über mir funkelten Hunderttausende Sterne, und ich konnte sogar das unverkennbare Band der Milchstraße ausmachen, die wegen der fehlenden künstlichen Beleuchtung vor Ort seltsamerweise heller wirkte als die Erde unter uns. Als ich den letzten, 4500 Meter hohen Gipfel überflog, lag Bagram direkt vor mir.

Der Stützpunkt glich eher einer ausufernden, massiv befestigten Stadt als dem üblichen Bild von einer Militärbasis. In der Spitze lebten dort mehr als 40 000 Soldaten und Zivilangestellte. Wer zum ersten Mal nach Bagram kam, konnte zumeist gar nicht glauben, dass es solch einen Ort tatsächlich gab – er wirkte wie einem Science-Fiction-Film entsprungen. Jahrzehntelang war kein einziges Gebäude abgerissen worden. Wenn eines seinen Zweck nicht mehr erfüllte, wurde direkt daneben einfach ein Ersatz hochgezogen, sodass das Ganze den Eindruck einer chaotischen Hightech-Deponie vermittelte. Nachts zog die grelle Sicherheitsbeleuchtung einen weithin sichtbaren Ring um den Stützpunkt, der ihn von der dunklen, feindseligen Landschaft rundherum trennte.

Während ich ins Tal herunterzog, um mich auf die Landung vorzubereiten, meldete ich mich über Funk beim Fluglotsen im Tower, der uns die Landefreigabe erteilte. Mit meinem Wingman im Schlepptau drosselte ich die Geschwindigkeit, fuhr das Fahrwerk aus und ging in den finalen Sinkflug über. Die Stimme meines Wingmans klang müde. Vermutlich ließ die Wirkung seiner »Go-Pill« nach, einer speziellen, von der Armee entwickelten Dextroamphetamin-Mischung, die wir vor langen Einsätzen erhielten. Diese Pillen putschen nicht nur auf, sie steigern auch die kognitive Leistung. Manche behaupten, sie verbänden die besten Eigenschaften von Amphetamin und dem ADHS-Medikament Adderall.

Plötzlich schossen überdimensionale, leuchtend orangefarbene Seile vor mir in den Himmel. Mein erster Gedanke war, dass mir Schweiß in die Augen gelaufen wäre und Lichtblitze verursacht hätte. Ich kniff meine Augen zusammen und dachte, dass sie dadurch verschwinden würden. Doch auch danach bot sich mir derselbe Anblick. Er wirkte so bizarr, dass mir zunächst nicht klar war, was eigentlich vor sich ging. Nach mehreren Sekunden – so kam es mir zumindest vor, auch wenn es vermutlich sehr viel kürzer war – begriff ich endlich, dass die Basis angegriffen wurde. Die glühenden »Seile« waren die Spuren von Geschossen des Mörsergranaten-Abwehrsystems.

Weil es im Laufe der Jahre immer wieder zum Beschuss der Basis gekommen war, hatte man überall auf dem Gelände Gatling-Maschinenkanonen installiert. Gesteuert wurden sie durch ein automatisches System, das, sobald es heranfliegende Mörsergranaten entdeckte, die sechsläufigen Maschinenkanonen auslöste. Deren Geschosse waren 25-mal so groß wie eine Gewehrkugel und mit einer Sprengladung gefüllt, die unweit der feindlichen Mörsergranaten explodierte und diese so zerstörte.

Kurz nach unserer Ankunft auf der Basis hatte man uns das System erklärt. Unmittelbar vor dem Auslösen der Maschinenkanonen ging ein Warnsignal los – dann musste man sich die

Ohren zuhalten, um keinen Hörschäden zu riskieren. Einige Tage darauf war ich nach der Rückkehr von einem Einsatz gerade auf dem Weg zum Frühstück, als knapp 100 Meter weiter eine Kanone losging. Das hochfrequente Sirren der rotierenden Läufe und die folgenden dröhnenden Explosionen der 75 Geschosse pro Sekunde veranstalteten einen ohrenbetäubenden Lärm, der mir durch Mark und Bein ging und mich buchstäblich mit den Zähnen klappern ließ.

Nun sah ich zum ersten Mal aus der Luft, wie das System in Aktion trat. Mindestens drei Kanonen gingen an verschiedenen Stellen des Stützpunkts los und schufen am Himmel ein skurriles, verwobenes Muster. Die Explosionen der Geschosse waren um ein Vielfaches stärker, als sie vom Boden aus wirkten. Es war, als würde ich mich inmitten eines riesigen Feuerwerks befinden – wobei die Szene beim Blick aus dem Cockpit jedoch einem Stummfilm glich. Kein Laut war zu hören, bis kurz darauf der Lotse über Funk rief, dass die Piste getroffen worden sei und wir unseren Landeanflug sofort abbrechen müssten.

Theoretisch sollten die Kanonen so kalibriert sein, dass sie uns nicht versehentlich abschießen konnten. Doch in der Vergangenheit hatten ähnliche Systeme bereits mehrfach eigene Flugzeuge vom Himmel geholt. Da vor uns die Leuchtspurgeschosse mehrerer Kanonen kreuz und quer durcheinanderflogen, wollte ich kein Risiko eingehen.

Die Kontrolle über das eigene Flugzeug zu behalten, besaß zu jedem Zeitpunkt oberste Priorität. Meine erste Sorge war, nicht versehentlich abzustürzen. Wenn man mit geringer Geschwindigkeit knapp über dem Boden fliegt, neigt man instinktiv dazu, den Steuerknüppel nach hinten zu ziehen, was unweigerlich zum Strömungsabriss und dann zum Crash führt. Also schob ich den Gashebel entschlossen auf vollen Nachbrenner und zog mein Fahrwerk wieder ein, während ich mit dem Flugzeug stur geradeaus flog, um rascher zu beschleunigen. Nach wenigen Sekunden war ich wieder auf taktischer Manövergeschwindigkeit.

Jetzt erst zog ich den Sidestick nach hinten und stieg steil in den Himmel. Unter mir spuckten die Kanonen erneut Feuer, um einen weiteren Granatenhagel abzuwehren. Ich klappte meine Nachtsichtbrille nach unten, um erkennen zu können, von wo die Mörsergranaten kamen. Doch außer einem dunklen Pixelmeer sah ich nichts.

Sobald mein Wingman und ich in sicherer Höhe waren, machten wir eine Bestandsaufnahme unserer Jets. Wir befanden uns weit unterhalb der Bingo-Treibstoffmenge. Mehrere Probleme waren zusammengekommen und hatten uns in eine gefährliche Situation gebracht, in der uns nicht mehr viel Zeit blieb. Da die Basis beschossen wurde und wir kaum noch Kerosin hatten, hing unser Überleben von unseren Entscheidungen in den nächsten paar Minuten ab.

Risiken

Einfach gesagt, ist der Entscheidungsfindungsprozess nichts anderes als eine Wette auf den Ausgang eines Wahlvorgangs. Wenn ein Löwe eine Gazelle jagt, wägt er intuitiv die Risiken gegen die Chancen ab. Bei jedem Angriff verbraucht er enorme Energiereserven und setzt sich zudem selbst der Gefahr einer Verletzung aus. Um herauszufinden, ob die Jagd sich lohnt, muss der Löwe etliche Faktoren evaluieren, bis er möglicherweise zu dem Schluss kommt, dass die Chancen das Risiko überwiegen. Aufgrund der eher geringen Größe seines Herzens und seiner Lungen ist der für den Jagderfolg eines Löwen entscheidende Faktor, dass er sich an die Beute heranschleichen kann, im Normalfall bis auf wenige Dutzend Meter. Wenn er sich seiner Beute nicht weit genug nähern kann, wird er auf eine bessere Gelegenheit warten.

Wir Menschen evaluieren auf vergleichbare Weise unaufhörlich unsere Umgebung. In vielen Fällen – insbesondere in Situationen, denen wir bereits begegnet sind – funktioniert ein solches intuitives Vorgehen hervorragend. Doch insbesondere in unbekannten oder komplexen Situationen müssen wir diese Art der Risiko-Chancen-Abwägung überwinden und stattdessen den *erwarteten Wert* einbeziehen.

Zur Bestimmung des erwarteten Werts einer Entscheidung multipliziert man das mögliche Plus mit der Wahrscheinlichkeit seines Auftretens und zieht dann das mögliche Minus, multipliziert mit der Wahrscheinlichkeit seines Auftretens, davon ab. Die Differenz zeigt dann, wie hoch der erwartete Wert absolut liegt. Ein einfaches Beispiel: Sagen wir, man setzt bei einer Wette mit 80-prozentiger Gewinn- und 20-prozentiger Verlustwahrscheinlichkeit 1000 Euro. Um das Plus zu bestimmen, multipliziert man 1000 Euro mit 80 Prozent (0,8) und kommt somit auf 800 Euro. Das Minus beträgt 1000 Euro multipliziert mit 20 Prozent (0,2), also 200 Euro. Die Differenz lautet somit plus 600 Euro, was die Wette durchaus lohnend erscheinen lässt.

Dieses Beispiel dürfte wohl jedem einleuchten, allerdings bekommen viele Menschen Probleme, sobald sich sowohl die Wahrscheinlichkeit als auch die Erträge unterscheiden. Nehmen wir erneut eine Wette, diesmal mit der 10-prozentigen Chance, 10000 Euro zu gewinnen, doch zugleich dem 70-prozentigen Risiko, 1000 Euro zu verlieren. Sollte man sie eingehen? Durchaus, denn obwohl die Gewinnwahrscheinlichkeit sehr viel geringer ist, lohnt sich bei einem erwarteten Wert von 300 Euro auch diese Wette.

Selbstverständlich kann es in der realen Welt schwierig, wenn nicht sogar unmöglich sein, die Variablen exakt zu bestimmen. Dieses sogenannte *Base of Sand*-Problem stellt Computermodelle vor große Schwierigkeiten – so ausgefeilt und raffiniert sie sein mögen, können sie dennoch häufig keine exakten Voraussagen treffen. Die Lösung hierfür lautet, sich von der Illusion der Exaktheit zu verabschieden und stattdessen eine Technik namens *Schnellprognose* zu nutzen.

Diese Methode beruht darauf, ausgehend von unserer Intuition den erwarteten Wert einer Entscheidung näherungsweise zu bestimmen. Deshalb ist es so wichtig, Konzepte zu lernen. Während Fakten lediglich einzelne Datenpunkte darstellen, umfassen Konzepte vollständige Bereiche des Verstehens. Die Kenntnis zahlreicher benachbarter Konzepte ermöglicht es uns, einen breiten Verständnishorizont auszubilden, dank dem wir in wenigen Augenblicken zu einer Näherungslösung gelangen. Auf diese Weise können wir die besten Aspekte unserer Intuition mit den besten Aspekten der Modellbildung verbinden.

Bei der Schnellprognose erstellen wir im Grunde genommen ein mentales Modell eines Problems. Unser Gehirn kann in einem bestimmten Zeitraum wesentlich weniger Informationen verarbeiten als ein Computer. Wir sind gezwungen zu vereinfachen. Allerdings läuft das unserem natürlichen Bestreben zuwider, so viele Variablen und Daten wie möglich zu berücksichtigen. In jedem System gibt es nur einige wenige Variablen, die es, aufgrund wirkungsvoller Potenzgesetze, entscheidend beeinflussen, und genau auf diese müssen wir uns konzentrieren. So ist etwa bei einem Ausschuss per Schleudersitz der mit Abstand wichtigste Faktor für das eigene Überleben, die Geschwindigkeit des Flugzeugs zu verringern, und zwar deshalb, weil der Luftwiderstand nicht linear, sondern exponentiell ansteigt. Stellen Sie sich vor, Sie würden bei 100 Kilometern pro Stunde die Hand aus dem Fenster eines Autos strecken. Und nun versuchen Sie sich die Kraft vorzustellen, die bei 1000 km/h an ihrer Hand zerren würde. Da der Luftwiderstand mit zunehmender Geschwindigkeit exponentiell steigt, würde nun nicht die zehnfache Kraft auf Ihre Hand wirken, sondern die hundertfache, sodass sie höchstwahrscheinlich abgerissen würde. Für einen Piloten bedeutet das, dass er vor dem Betätigen des Schleudersitzes zwar ein Dutzend Schritte erledigen muss, dass jedoch ein einziger dieser Schritte – die Verringerung der Geschwindigkeit – bei Weitem wichtiger ist als alle anderen zusammen.

Etwas Vergleichbares können wir auch bei Finanzinvestitionen sehen. Hier ist der Zinseszins das mit Abstand wichtigste Konzept, das ein Investor unbedingt verstehen muss, also die unmittelbare Reinvestierung der Zinsen eines Investments. Stattdessen konzentrieren sich viele Anleger jedoch allein auf eine möglichst hohe Zinsrate. Da der Finanzmarkt verhältnismäßig effizient ist, geht jedes Investment, das höhere Profite als der Aktienmarkt verspricht, in der Regel mit einem gesteigerten Risiko einher, sofern man nicht über ein spezielles, der Allgemeinheit nicht zugängliches Wissen verfügt. Ist sich ein Anleger hingegen bewusst, dass die Zeit die wichtigste Variable auf dem Weg zum Wohlstand darstellt, kann er problemlos ein Investment finden, das *gut genug* ist, und sollte dann sein Geld umgehend anlegen. Hätte man beispielsweise vor 30 Jahren 1000 Dollar in einen Fonds gesteckt, der den S&P 500 abbildet – also den Index der 500 größten US-amerikanischen Unternehmen –, und dann jeden Monat weitere 200 Dollar nachgeschossen, stünde man aktuell bei mehr als 400 000 Dollar, obwohl man insgesamt lediglich 72 000 Dollar investiert hätte. Wäre man dagegen erst vor zehn Jahren auf die Idee gekommen, Geld zu investieren, hätte man eine Investitionsmöglichkeit mit einer Renditerate von durchgängig fast 30 Prozent finden müssen, um auf einen vergleichbaren Betrag zu kommen. Höchstwahrscheinlich wäre dieses Investment – angesichts der erwähnten Effizienz des Finanzmarktes – mit einem hohen Risiko einhergegangen, und zwar im Hinblick auf eine unterdurchschnittliche Rendite oder sogar einen vollständigen Verlust der gesamten Summe. Der erwartete Wert hätte in diesem Fall also sehr viel niedriger gelegen als beim ersten Investment.

Das Entscheidende an der Schnellprognose ist, sich nicht von den Details überwältigen zu lassen – diese Technik beruht auf Logik und Verstand. Exaktheit ist häufig der Feind des konzeptuellen Denkens. Stattdessen versuchen wir bei der Einschätzung des erwarteten Werts einer Entscheidung das mentale Modell zu nutzen, das jeder von uns im Laufe seines Lebens entwickelt hat. Verkomplizieren wir ein Problem übermäßig, wird es unmöglich, in kurzer Zeit die relevanten Informationen zu verarbeiten und dabei zugleich unsere Konzepte, Prinzipien und Heuristiken sowie die Faktenlage einzubeziehen.

Unter Kampfpiloten kursiert der Spruch: »Keine Entscheidung ist auch eine Entscheidung – und zwar in der Regel die schlechteste.« Bei jedem Einsatz werden wir mit Tausenden Situationen konfrontiert, die uns zwingen, Prioritäten zu setzen und dann so schnell wie möglich eine Entscheidung zu treffen. Einen Kampfjet zu fliegen, ist körperlich höchst fordernd. Nicht selten schwitzen wir bei einem Flug zweieinhalb bis fünf Liter Flüssigkeit aus. Noch weit anstrengender ist jedoch die mentale Seite. Während eines Fluges kommt es mir so vor, als liefe alles in meinem Gehirn im Zeitraffer ab. Ich springe von einer Entscheidung zur nächsten und denke so gut wie nie an irgendetwas, was nichts mit dem Einsatz zu tun hätte. Nach einer komplexen Mission kann ich oft keinen klaren Gedanken mehr fassen, und meistens dauert es einen Tag, bis ich mich geistig wieder erholt habe. Weil die Flüge derart kräftezehrend sind und so gravierende Konsequenzen haben können, erlegt uns die Air Force vor einem Einsatz eine rechtlich bindende zwölfstündige Auszeit auf, in der wir nicht durch irgendwelche beruflichen Aufgaben abgelenkt werden dürfen.

Das Leben außerhalb des Cockpits ist zwar in der Regel weniger intensiv, doch auch hier spielt Geschwindigkeit eine entscheidende Rolle. Die meisten von uns müssen jeden Tag mehr Dinge erledigen, als sie eigentlich schaffen können. Damit wird Zeit zu einer entscheidenden Ressource, von der wir den bestmöglichen Gebrauch machen müssen. Doch auch die geistige Leistungsfähigkeit ist eine endliche Ressource: In einer bestimmten Zeitspanne können wir nur ein bestimmtes Maß an geistiger Arbeit verrichten, bevor die mentale Erschöpfung unser Urteilsvermögen zu trüben beginnt. Daher muss jede Minute, in der wir keine Entscheidung treffen, zu den von uns angehäuften Kosten hinzugezählt werden. Sobald sich weitere Informationen nur mit zusätzlichem Zeitaufwand gewinnen lassen, sollten diese Kosten vom Wert der neuen Informationen abgezogen werden. In vielen Fällen unterliegt der Erwerb zusätzlicher Informationen dem Gesetz des abnehmenden Ertrags, sodass wir, wenn wir eine Entscheidung hinauszögern, an einem gewissen Punkt die Schwelle überschreiten, ab der ihr Wert sinkt. Dies bedeutet auch, dass wir ein System niemals vollkommen verstehen werden, so sehr wir uns auch bemühen. Der Mensch sehnt sich nach Gewissheit, doch jede Entscheidung geht mit Unsicherheit und Risiken einher.

Bei Entscheidungen, die sich später noch ändern lassen, ist es oftmals das Beste, sie umgehend zu treffen und dann anzupassen, sobald weitere Informationen zur Verfügung stehen. Ein möglicher Effekt ist, dass die Kurve des abnehmenden Ertrags wieder auf null gesetzt wird, was bei demselben Aufwand an Zeit und Anstrengung eine bessere Evaluation ermöglicht. Die Technik des raschen Scheiterns und anschließenden Neuansetzens kann bei kleinen Teams oder neuen Aufgabenbereichen mit einem hohen Maß an Unsicherheit ausgesprochen effektiv sein.

Bei wichtigen und unumkehrbaren Entscheidungen hingegen ist es sinnvoll, sich Zeit zu nehmen, um weitere Informationen zu sammeln, bevor man sich für ein Vorgehen entscheidet. Doch auch bei diesen Entscheidungen kommt es auf die Geschwindigkeit an, mit der man ungeeignete Optionen ausschließt, um seine Anstrengungen dann auf die verbleibenden Optionen zu konzentrieren.

Für viele ist die Überschlagsrechnung im Kopf der schwierigste Aspekt der Schnellprognose. In diesem Fall vereinfacht man nicht genug. Bei der Schnellprognose sollte man stets lieber zu viel als zu wenig vereinfachen. Halten Sie die Dinge also einfach – Sie können Ihre Lösung später immer noch verfeinern. Betrachten Sie eine Lösung nicht als endgültig, sondern als ersten einer Reihe von Schritten. Beginnen Sie mit dem umfassenden Konzept und fügen Sie dann nach und nach immer mehr Einzelheiten hinzu, bis es detailliert genug ist, um eine Entscheidung zu treffen. Manche Entscheidungen sind schon zu einem frühen Zeitpunkt klar, während andere einer stärkeren Verfeinerung bedürfen. Auf diese Weise bleibt man beweglich und kann in kürzester Zeit verschiedene Szenarien durchspielen, um ihre Auswirkungen zu verstehen, bevor man sich für das richtige Vorgehen entscheidet.

Selbst komplexe Formeln lassen sich oftmals dank unkonventioneller Methoden, die sich die Funktionsweise unseres Gehirns zunutze machen, im Kopf lösen. Nehmen wir die Umrechnung der Temperatur von Fahrenheit in Celsius. Das nichtlineare Verhältnis der beiden Maßeinheiten bereitet den meisten Menschen bei der Berechnung im Kopf Schwierigkeiten. Die Umrechnungsformel lautet:

°C = 5/9 (°F – 32)

Doch statt sich mit der Formel herumzuquälen oder das Ergebnis nachzuschlagen – was beides unser Denken ins Stocken bringt und uns das große Ganze aus den Augen verlieren lässt –, gibt es noch eine andere Möglichkeit: mithilfe eines visuellen Tricks zu einer Näherungslösung zu gelangen. Betrachten Sie die folgenden Zahlenpaare, bei denen es sich entweder um Spiegelzahlen handelt oder die aufgrund einer anderen Eselsbrücke leicht zu merken sind:

–40 °F = –40 °C
41 °F = 4 °C
61 °F = 16 °C
82 °F = 28 °C
104 °F = 41 °C

Diese Zahlenpaare stelle ich mir nun auf einer linealartigen Skala vor. Muss ich eine bestimmte Temperaturangabe umrechnen, extrapoliere ich das Ergebnis ausgehend von den auswendig gelernten Zahlenpaaren. Bei 70 °F beispielsweise nehme ich einfach den Mittelwert der beiden nächstgelegenen auswendig gelernten Celsius-Werte und komme somit auf 22 °C, eine Abweichung von nur einem Grad Celsius von der tatsächlichen Temperatur. Mithilfe dieser Methode kann ich jederzeit Celsius und Fahrenheit näherungsweise ineinander umrechnen, ohne dass ich durch Nachschlagen oder zeitaufwendige Berechnungen abgelenkt würde.

Die Technik des Extrapolierens mithilfe von auswendig gelernten Zahlen wird als *Staking* (Abstecken) bezeichnet und kommt bei so gut wie allen Aspekten des Fliegens eines Kampfjets zum Einsatz, um die Entscheidungsfindung zu beschleunigen. Bei etlichen unserer Taktiken müssen wir das sich verändernde Verhältnis von mehreren sich bewegenden Objekten über die Zeit kalkulieren. Ob im Luftkampf mit einem anderen Kampfflugzeug oder bei der Lokalisierung eines feindlichen Boden-Luft-Raketensystems: Zur exakten Lösung eines taktischen Problems bedarf es in vielen Fällen der Infinitesimalrechnung. In der Luft haben wir jedoch keine Zeit, Differentialgleichungen zu lösen. Zum Glück müssen wir das auch nicht – diese wurden bereits im Voraus gelöst, sodass wir nur ausgehend von einigen wenigen zentralen Zahlen extrapolieren müssen. Das Konzept findet in allen möglichen Bereichen Anwendung, vom Kraftstoff-Management über das Timing der Waffen und das Abschießen von Raketen bis zum Einsatz unserer Tarnkappen-Eigenschaften und vielen weiteren komplexen Entscheidungen. Doch auch außerhalb des Cockpits nutzen wir es. Bei der Planung umfangreicher Missionen müssen oftmals Hunderte bewegliche Komponenten verteilt und in die richtige Abfolge gebracht werden, um mit größtmöglicher Wahrscheinlichkeit die Zielvorgaben zu erreichen. Indem wir den erwarteten Wert unterschiedlicher Taktiken grob per Schnellprognose bestimmen, können wir sukzessive die bestmögliche Lösung einkreisen.

Der Wert der Schnellprognose beschränkt sich jedoch nicht auf den Luftkampf – jeder Bereich kann davon profitieren. Dank ihr kann man in kurzer Zeit zu einer groben Lösung gelangen, die logisch sinnvoll ist. In manchen Fällen liegt der erwartete Wert unterschiedlicher Optionen derart weit auseinander, dass die beste Lösung offensichtlich ist und man seine Zeit und seine geistigen Kapazitäten unmittelbar der nachfolgenden Entscheidung zuwenden kann. In anderen Fällen wiederum lassen sich durch eine Schnellprognose die Alternativen rasch einschränken, sodass sich jede weitere Analyse allein auf die sinnvollen Möglichkeiten beschränken kann, was Zeit und Ressourcen spart.

Die reale Welt ist komplex, und jede Entscheidung geht stets mit einer gewissen Unsicherheit einher. Vor diesem Hintergrund zeigt sich die Effektivität der Schnellprognose, die passenden Lösungen den Vorrang vor exakten Lösungen einräumt, wofür sie sich unserer mühsam erworbenen Intuition bedient.

Im Kontext einer Gruppe bedeutet dies gleichwohl, dass es zu Diskussionen über die richtige Entscheidung kommen kann. In diesem Fall gilt es, in einem ersten Schritt die Perspektive der Beteiligten auf das Problem zu analysieren. Zahlen sind stets den Konzepten nachgeordnet, daher sollte man mithilfe von Logik und Vernunft die beste Methode zur Lösung des Problems bestimmen. Ist dies geschehen, wird es die Anzahl der möglichen Optionen erheblich einschränken. Erst dann sollte man sich den einzusetzenden Zahlen zuwenden.

Das klingt nicht nur vertrackt, sondern ist es auch. Anders als beim Würfeln oder beim Werfen einer Münze lassen sich in den meisten Systemen die Wahrscheinlichkeiten kaum, teilweise sogar überhaupt nicht, exakt bestimmen. Da zudem die meisten Menschen eine ausgesprochene Abneigung gegen Unsicherheit haben, vertrauen sie bei der Suche nach Lösungen nicht auf ihr eigenes analytisches Denken, sondern verlassen sich etwa auf Kommissionen oder Computermodelle. Wenn wir stattdessen jedoch unser kritisches Denken nutzen und die Unsicherheit akzeptieren, können wir zu besseren Entscheidungen gelangen. Deshalb wird noch lange nicht jede unserer Entscheidungen perfekt sein, doch zumindest können wir die schlechten Optionen eliminieren, was im Lauf der Zeit unsere Erfolgschancen deutlich erhöht.

Afghanistan: 02:30 Uhr Ortszeit

Noch eine Minute zuvor war es im Funkverkehr drunter und drüber gegangen. Doch nun war der Angriff vorbei, und alles blieb still, da jeder erst einmal nur mit seiner eigenen Situation beschäftigt war. Im Fall von mir und meinem Wingman ließ sie sich einfach zusammenfassen: Unsere Tanks waren so gut wie leer, und wir hatten keinen geeigneten Landeplatz. Viel schlimmer konnte die Lage für einen Piloten nicht mehr werden.

Flugunglücke beruhen zumeist auf einer Abfolge mehrerer unwahrscheinlicher Ereignisse, wodurch die Redundanz-Mechanismen überbrückt werden, die einen Absturz eigentlich verhindern sollen. In unserem Fall hatten die Angriffe fatalerweise genau in dem winzigen Zeitfenster begonnen, in dem wir am verwundbarsten gewesen waren. Fünf Minuten früher, und wir hätten auf die mehrere Hundert Kilometer nördlich gelegene Basis Masar-e Sharif ausweichen können. Fünf Minuten später, und unsere Maschinen hätten bereits im Schutz der abgeschirmten Abstellplätze geparkt. Stattdessen steckten wir nun mit kaum noch Kerosin in den Tanks und nur wenigen verbliebenen Optionen über einem beschädigten Stützpunkt fest. Ich kalkulierte unseren Kraftstoffverbrauch: Bis zum Flammabriss blieben uns noch rund 15 Minuten.

Die erste Option war, auf der beschädigten Piste zu landen. Der Tower meldete uns, dass sie noch keinen Überblick über das Ausmaß der Schäden hatten und erst jemanden zur Inspektion losschicken konnten, wenn der Kampfmittelräumdienst nicht explodierte Munition vollständig beseitigt haben würde. Sie hatten lediglich gesehen, dass ungefähr auf halber Höhe der Landebahn eine Mörsergranate eingeschlagen war. Allerdings vermochten sie aus ihrer Position nicht den Grad der Beschädigung zu erkennen. Ihrer Einschätzung nach würde die Landebahn noch mindestens 30 Minuten gesperrt bleiben.

Trotz der Sperrung konnten wir einen Landeversuch unternehmen. Mörsergranaten sind eher klein, und auch wenn wenige Wochen zuvor eine Granate einen Lastwagen unserer Staffel zerstört hatte, dürfte ein Einschlag in der Landebahn höchstwahrscheinlich lediglich etwas größere Schlaglöcher verursacht haben. Das Risiko, eines davon zu erwischen, war gering, doch in der Dunkelheit konnten wir ihnen auch nicht ausweichen. Sollte einer von uns in ein Schlagloch geraten, würde sich möglicherweise sein Jet überschlagen, bevor ihm Zeit bliebe, sich mit dem Schleudersitz zu retten – was mit beinahe hundertprozentiger Sicherheit seinen Tod bedeuten würde.

Die Alternative war, abzuwarten und zu hoffen, dass die Landebahn wieder geöffnet würde, bevor unsere Tanks leer wären. Sollte sie nicht rechtzeitig freigegeben werden, bliebe uns immer noch der Notausstieg. Doch der ACES-II-Schleudersitz der F-16 war zwar verlässlich, aber keineswegs perfekt. Damit ein Pilot aus dem Flugzeug herauskatapultiert wurde und sicher mit dem Fallschirm landete, mussten in kürzester Zeit Dutzende komplexer Abläufe ineinandergreifen. War man erst einmal in den *silk elevator*, den seidenen Fahrstuhl, wie wir ihn nannten, eingestiegen, gab es im Fall eines Versagens keinen Redundanz-Mechanismus. Darüber hinaus bestand wegen der enormen Kräfte des Raketenantriebs ein erhebliches Verletzungsrisiko; immer wieder brachen sich Piloten das Genick oder die Wirbelsäule. Und nicht zuletzt befanden wir uns in einem Gefechtsgebiet, sodass die feindlichen Kämpfer Jagd auf uns machen würden; auch das musste ich in meine Entscheidung einbeziehen.

Beide Optionen waren alles andere als optimal, doch ich brauchte einen Worst-Case-Plan, bevor ich mich kreativeren Lösungen zuwenden konnte. Mithilfe einer Schnellprognose bestimmte ich den erwarteten Wert der beiden Alternativen. In dieser Situation gab es kein Plus, daher musste ich mich nur mit dem Minus befassen. Landeten wir auf der beschädigten Piste und einer von uns geriet in ein Schlagloch, bestand die Gefahr, dass das Flugzeug zerstört, und, viel schlimmer, derjenige getötet würde. Das war ein hohes potenzielles Minus, allerdings sind Möglichkeit und Wahrscheinlichkeit nicht dasselbe. Um den erwarteten Wert bestimmen zu können, musste ich die Wahrscheinlichkeit kennen, mit der es tatsächlich zum Schlimmstmöglichen kommen würde. Da ich kaum verlässliche Informationen hatte und die Zeit knapp wurde, war ihre Bestimmung mit einem hohen Maß an Unsicherheit verbunden. Doch damit musste ich mich angesichts der Lage abfinden.

Wie ich wusste, war die Landebahn 75 Fuß, also knapp 23 Meter, breit, was ich auf 100 Fuß, also 30 Meter, aufrundete. Ausgehend von der schlimmstmöglichen Annahme, dass zwei Mörsergranaten auf der Piste eingeschlagen waren, mussten wir mit zwei Schlaglöchern von jeweils geschätzt einem Fuß oder rund 30 Zentimeter Durchmesser rechnen. Somit wären etwas mehr als zwei Prozent der Landestrecke betroffen. Da wir mit jedem unserer drei Reifen auf eine beschädigte Stelle treffen konnten, multiplizierte ich beide Faktoren und kam somit auf eine sechsprozentige Wahrscheinlichkeit, in ein Schlagloch zu geraten. Doch selbst in dem Fall würde sich der Jet nicht unbedingt überschlagen – nach meiner Einschätzung betrug die Wahrscheinlichkeit hierfür 50 Prozent. Daher schätzte ich unsere Überlebenschance auf 97 Prozent, allerdings verbunden mit einem hohen Maß an Unsicherheit. Meine Berechnung beruhte auf vielen Hypothesen – von denen höchstwahrscheinlich einige schlicht falsch waren –, doch mehr konnte ich unter den gegebenen Umständen nicht tun. Selbst wenn meine Zahlen nicht stimmten, war ich überzeugt, dass die Situation handhabbar war, ohne auf extreme Maßnahmen zurückgreifen zu müssen.

Nun begann ich den erwarteten Wert der Schleudersitzlösung zu berechnen. Die Vereinigten Staaten haben seit Indienststellung der F-16 mehr als 600 Maschinen verloren, daher gibt es umfangreiche Daten zum Schleudersitz. Etliche Piloten sind beim Ausschuss ums Leben gekommen, doch die meisten von ihnen hatten den Schleudersitz außerhalb des vorgesehenen Bereichs einsetzen müssen. Sie hatten ihn zu spät, zu früh oder zu nah am Boden betätigt. Bei denen, die innerhalb des vorgesehenen Bereichs per Schleudersitz ausgestiegen waren, hatte die Technik nur in einer Handvoll Fälle versagt, mit anderen Worten: Der ACES II war einer der zuverlässigsten Schleudersitze der Welt. Auf Grundlage dieser Daten ging ich davon aus, dass die Überlebenschance bei 98 Prozent lag, ungefähr genauso hoch wie bei der Landung auf der beschädigten Piste. Allerdings lag die Wahrscheinlichkeit einer schweren Verletzung bei mehr als 50 Prozent und die Wahrscheinlichkeit, das Flugzeug zu verlieren, sogar bei 100 Prozent. Darüber hinaus bestand die Gefahr, dass wir von feindlichen Kämpfern gefangen genommen oder getötet würden, sollten wir nicht auf dem Gebiet des Stützpunkts landen. An diesem Punkt musste ich die Minus-Werte nicht mehr zusammenzählen – diese Option war eindeutig schlechter als die Landung auf der beschädigten Piste, daher konnte ich sie ausschließen.

Das Ganze hatte bis dahin rund 15 Sekunden gedauert. Vernunft und Logik sagten mir, dass die Landung auf der beschädigten Piste die bessere Option war. Zudem war mir klar geworden, dass die Situation schlimmer klang, als sie tatsächlich war. Die Landebahn war zwar gesperrt, aber nicht vollständig zerstört. Also erklärte ich dem Fluglotsen, dass wir vermutlich in zehn Minuten auf der zerstörten Piste aufsetzen würden. Auf diese Weise konnten wir zunächst nach einer besseren Lösung suchen, trotzdem würden jedem von uns zwei Landeversuche bleiben – ein guter Kompromiss zwischen größtmöglichem Zeitgewinn und dem Aufbau von Redundanz. Der Fluglotse ließ uns wissen, dass er uns nicht die Freigabe zur Landung auf einer beschädigten Piste geben könne und wir daher selbst das Risiko trügen. Letztlich hieß das nichts anderes, als dass es einen Verstoß gegen die Vorschriften darstellen würde und ich die Konsequenzen tragen müsste, sollte etwas schiefgehen.

Da ich nun über einen brauchbaren Plan verfügte, der unser Überleben mit hoher Wahrscheinlichkeit sicherstellte, wandte ich mich der Suche nach einem besseren zu. Eine Option, die mir in den Sinn kam, war ein Manöver zur Reichweitenmaximierung, der sogenannte *Sky Hook*, bei dem man bis in die Stratosphäre aufsteigt, um die Effizienz und Reichweite des Jets zu erhöhen. Auf diese Weise würden wir es möglicherweise bis zur Basis Masar-e Sharif schaffen. Doch meine Berechnungen ergaben, dass uns mit ziemlicher Sicherheit trotzdem unterwegs der Kraftstoff ausgehen würde. Im absoluten Notfall konnten wir es vermutlich noch im Gleitflug bis zum Flugplatz schaffen. Dennoch war dies ohne Frage eine schlechtere Option als die Landung auf der beschädigten Piste, also schloss ich sie sofort wieder aus.

Die Zeit lief uns davon, doch es gab noch zwei weitere Optionen. Die erste war, mich zu erkundigen, ob sich ein Tankflugzeug in der Nähe befand. Diese kamen oftmals schon einige Zeit vor einem Einsatz ins Land und kreisten dann in einer Warteschleife in Reichweite der zu betankenden Kampfjets. Ich hatte keine Ahnung, wo der nächstgelegene Einsatz stattfand oder stattfinden sollte, aber wenn er nicht allzu weit entfernt wäre, ergäbe sich vielleicht die Möglichkeit, aufzutanken. Die zweite Option war, herauszufinden, ob die Bauarbeiten am Kabul International Airport für die Nacht bereits beendet worden waren. Dann könnten wir vielleicht die dortige Landebahn nutzen, auch wenn sie offiziell noch gesperrt sein sollte. Ich bat den Lotsen, sich in Kabul nach der aktuellen Lage zu erkundigen. Währenddessen wollte ich wegen eines Tankflugzeugs nachfragen. Ich stellte mein Funkgerät auf Satellitenkommunikation und drückte meinen Mikrofonknopf, um das Hauptquartier, Rufname Trinity, zu kontaktieren.

Hasard: Trinity, hier Viper 51. Wo befindet sich das nächste Tankflugzeug? Wir sind auf Reserve-Kraftstoff, und Bagram ist gesperrt.
Trinity: Viper 51, das nächste Tankflugzeug, Rufname Mojo, befindet sich 120 Kilometer ostwärts und geht in die Warteschleife für Flug Viper 61 über.
Hasard: Copy, wir wollen versuchen, an ihm aufzutanken. Auf welcher Frequenz ist es?
Trinity: Mojo ist auf Blue 47.

Obwohl jegliche Satellitenkommunikation verschlüsselt erfolgte, verwendeten wir Codewörter für die Frequenzen. Also schlug ich Blue 47 im Handbuch nach und wechselte auf die richtige Frequenz.

Hasard: Mojo, Viper 51 – wir sind über Bagram und auf Reserve-Kraftstoff. Bitte fliegt in Höchstgeschwindigkeit Richtung Bagram, ASAP.
Mojo: Viper, wir können in rund zehn Minuten da sein.

Zu diesem Zeitpunkt blieben uns nur noch sieben Minuten bis zu unserer selbst gesetzten Landezeit. Das Tankflugzeug war eine vielversprechende Option, allerdings bestand die Gefahr, dass wir uns dadurch in einer trügerischen Sicherheit wiegen würden und uns zuvor der Kraftstoff ausginge. Da das Tankflugzeug nun mit Höchstgeschwindigkeit auf dem Weg zu uns war, fragte ich beim Fluglotsen wegen der Lage am Kabuler Flughafen nach. Ihm zufolge wurden die Bauarbeiten gerade für die Nacht beendet. Es befänden sich immer noch Menschen und Geräte auf der Landebahn, aber angeblich könnten sie die Piste möglicherweise in den nächsten paar Minuten räumen. Aus Erfahrung wusste ich, dass das Wörtchen *möglicherweise* hieß, dass sie uns zwar helfen wollten, aber im Grunde nichts Genaues sagen konnten. Ich teilte meinem Wingman mit, dass Kabul gestorben war.

Uns blieben also zwei Optionen: auf der beschädigten Piste zu landen oder in der Luft aufzutanken.

Angesichts der knappen Zeit konnten wir nicht an Ort und Stelle auf den Tanker warten. Wenn wir uns fürs Auftanken entschieden, mussten wir uns vom Flugplatz entfernen und der Maschine entgegenfliegen. Die Gefahr dabei war, dass wir es nicht zurück nach Bagram schaffen würden, sollte es beim Auftanken zu irgendeiner Panne kommen. Abermals half mir eine Überschlagsrechnung im Kopf dabei, das Problem herunterzubrechen.

Das Tankflugzeug war rund 130 Kilometer entfernt und flog vermutlich mit 0,8-facher Schallgeschwindigkeit, also rund 13 Kilometern pro Minute, sodass es in zehn Minuten bei uns sein würde. Wenn wir ihm mit derselben Geschwindigkeit entgegenflogen, würden wir uns somit in fünf Minuten in der Mitte treffen. Aufgrund meiner Erfahrung schätzte ich die Wahrscheinlichkeit, dass wir beide auftanken konnten, auf 95 Prozent, also ungefähr genauso hoch wie unsere Chancen bei einer Landung auf der beschädigten Piste. Das Plus war, dass wir bei dieser Option, sofern alles glattging, das Problem endgültig gelöst hätten. Das zusätzliche Kerosin würde reichen, um entweder auf einen anderen Flughafen auszuweichen oder zu warten, bis die Landebahn freigegeben würde. Das Minus war jedoch, dass wir uns, sollte irgendetwas schiefgehen, fern unseres Stützpunkts mit dem Schleudersitz retten müssten, und das in den bis zu 4 500 Meter hohen Bergen, in denen es von IS- und Taliban-

Kämpfern wimmelte. Angesichts dieses Minus war es vermutlich besser, sich für die einfachere Option zu entscheiden und ohne Tankversuch zu landen. Allerdings kam mir noch eine dritte Möglichkeit in den Sinn.

Wir konnten dem Tankflugzeug mit weniger Geschwindigkeit entgegenfliegen, sodass wir selbst nur ein Drittel der Strecke zurücklegen müssten, nicht die Hälfte. Dadurch würden wir Treibstoff sparen und zugleich näher am Stützpunkt bleiben. Falls beim Auftanken ein Problem auftreten sollte, hätten wir dann immer noch genügend Kerosin, um es nach Bagram zurück zu schaffen. Diese Hybridoption würde uns einen Auftankversuch ermöglichen, zugleich bliebe uns als Back-up-Option immer noch die Möglichkeit, auf der beschädigten Piste zu landen. Allerdings war der Spielraum bei diesem Manöver minimal. Sobald wir unsere Bingo-Zeit erreichten, müssten wir abbrechen, selbst wenn das Tankflugzeug zum Greifen nah sein sollte. Zudem würde unser Kraftstoff in dem Fall nur für einen Landeversuch ausreichen.

Ich gab meinem Wingman durch, dass wir versuchen würden, aufzutanken. Dann schwenkte ich langsam in Richtung des Tankflugzeugs ein, darauf bedacht, nicht an Geschwindigkeit zu verlieren, um anschließend nicht wieder beschleunigen und damit mehr Kerosin verbrennen zu müssen. Nach und nach wurden die hellen Lichter der Basis von den dunklen Umrissen der Berge abgelöst. Mir blieb nur zu hoffen, dass alles gut gehen würde und unsere Kraftstoffanzeigen stimmten. Bei einem Ausstieg über dem Gebirge lag unsere Überlebenschance quasi bei null. Selbst wenn die Rettungshubschrauber unsere Position kennen würden, könnten sie in der dünnen Luft nicht hoch genug aufsteigen, um uns rauszuholen.

In dem Moment konnten wir nicht mehr viel machen. Ich ging meine Berechnungen noch einmal durch und forderte meinen Wingman auf, erneut seine Kraftstoffmenge zu überprüfen. Er hatte noch ein paar Hundert Kilogramm weniger als ich.

Nach knapp einer Minute entdeckte ich auf meinem Display ein Radarsignal, das langsam abwärts wanderte: das Tankflugzeug. Ich ging mit dem Cursor darauf und klickte es an, sodass mir die Daten angezeigt wurden, die ich benötigte, um das Ankoppelmanöver auf meinem grünen Head-up-Display durchzuführen. Durch meine Nachtsichtbrille konnte ich mittlerweile zudem das schwache Blinken der Infrarot-Signalleuchte des Tankflugzeugs erkennen, das es unter den Hunderten Sternen seiner Umgebung heraushob.

Das Ankoppeln an einem Tankflugzeug ist stets ein Drahtseilakt. Wenn man sich dem Tanker auf einem übermäßig aggressiven Kurs nähert, kreuzt man seine Bahn und riskiert eine Kollision. Ist man dagegen übertrieben vorsichtig, landet man möglicherweise mehrere Kilometer hinter dem Tankflugzeug und braucht kostbare Zeit und knappen Kraftstoff, um sich näher heranzuschieben. In jener Nacht musste das Ankoppelmanöver mehr oder weniger perfekt verlaufen; beim geringsten Problem mussten wir den Versuch im Grunde sofort abblasen und uns auf den Weg zurück zum Stützpunkt machen.

Endlich kam das Tankflugzeug selbst in Sichtweite. Ich schob den Gashebel langsam nach vorn und überprüfte noch einmal meinen Kraftstoffstand und unsere Entfernung zum Stützpunkt. Bis zum Abbruch hatten wir noch zwei Minuten. Um Kraftstoff zu sparen, blieb mein Wingman dichter hinter mir als üblich und folgte haargenau jeder Bewegung meines Schubhebels. Über Funk teilte ich der Besatzung des Tankflugzeugs mit, dass ich auf Sichtdistanz war, und erhielt die Freigabe zum Ankoppeln.

Nach all dem Durcheinander der vorangegangenen zehn Minuten war ich nun endlich wieder Herr des Geschehens. Ich hatte das Manöver bereits Hunderte Male durchgeführt, daher war ich überzeugt, es auch dieses Mal wieder erfolgreich über die Bühne zu bringen. Sobald ich den Tanker an meiner Cockpithaube vorbeiziehen sah, schwenkte ich in seine Richtung ein und zog den Sidestick nach hinten. Da ich, um Kerosin zu sparen, langsamer als gewöhnlich unterwegs war, musste ich bei der Annäherung einen etwas aggressiveren Winkel wählen, sodass ich mich auf Kollisionskurs mit dem Tanker befand. Als das Tankflugzeug fast das gesamte Sichtfeld meiner Nachtsichtbrille ausfüllte, nahm ich langsam Schub raus und ließ mich nach hinten fallen, bis ich schließlich direkt hinter der Maschine wieder ausrollte.

Über Funk teilte ich meinem Wingman mit: »Vorab-Checks für die Betankung. Du bist zuerst dran.« Nicht nur hatte er weniger Kraftstoff als ich, vor allem wollte ich ihn in eine etwas komfortablere Position versetzen. Im Fall einer Verzögerung bliebe ihm noch die für meine Betankung vorgesehene Zeit, während ich abdrehen würde, um auf der beschädigten Piste zu landen. Ich verspürte den Drang, ihn zu ermahnen, dass bei der Betankung nichts schiefgehen durfte, hielt mich aber im Zaum. Er wusste selbst, was auf dem Spiel stand, und jeder zusätzliche Druck hätte nur die Wahrscheinlichkeit eines Fehlers erhöht.

Ich drosselte meinen Schub und glitt seitlich hinter das Tankflugzeug. Als ich meine Nachtsichtbrille hochklappte, konnte ich den langen Luftbetankungsausleger mit der kleinen Leuchte am Ende erkennen, der übers Heck hinaus nach hinten ragte. Mein Blick fiel auf die hellen Scheinwerfer der Bagram Air Base, die langsam wieder näher kam. Über Funk erteilte der Verantwortliche für die Bedienung des Auslegers die Kontakt-Freigabe. Mein Wingman schob sich vorsichtig nach vorn, während ihm der Ausleger Platz machte. Der Jet ging in eine stabile Position unterhalb des Tankers, sanft schaukelnd wegen der Turbulenzen durch die innenliegenden Triebwerke des riesigen Flugzeugs. Nach einigen Sekunden fuhr der Ausleger aus, und der Verantwortliche rief über Funk »Kontakt«. Damit floss der Kraftstoff in die beinahe leeren Tanks meines Wingmans, und bereits nach einer Minute waren sie wieder mit rund 1500 Kilogramm gefüllt. Mein Wingman koppelte sich ab, damit ich mir eine erste Ladung abholen konnte, ehe er wieder dran wäre.

Während er neben das Tankflugzeug schwenkte, ging ich hinter dem Ausleger in Position, bis über Funk das Kommando »Kontakt freigegeben« kam. Ich schob den Gashebel nach vorn und glitt langsam unter das Tankflugzeug. Wir waren inzwischen fast direkt oberhalb des Stützpunkts angekommen. Ein blinkendes F an der Unterseite des Tankers signalisierte mir, weiter vorzurücken. (Bei allem technischen Fortschritt ist die Luftbetankung nach wie vor ein zu 100 Prozent manuelles Manöver.) Als ich mit meiner Cockpithaube dem Ausleger gefährlich nahe kam, schwang er bedächtig nach rechts, so dicht, dass ich ihn ohne das schützende Glas hätte berühren können. Obwohl wir mit mehr als 550 Stundenkilometern unterwegs waren, kam es mir so vor, als würde alles in Zeitlupe ablaufen. Schließlich hörte die Leuchte zu blinken auf. Im Geiste machte ich einen Schnappschuss des riesigen Tankflugzeugs über mir und prägte mir die Größenverhältnisse genau ein, um nicht versehentlich nach oben oder unten abzudriften. Sekunden darauf koppelte der Ausleger mit einem Stoß an und rüttelte meinen Jet kurz durch. Ich war nun fest mit dem Tankflugzeug verbunden und spürte, wie der Ausleger meine Maschine leicht hin und her schwenkte. Während ich die Signalleuchte über mir im Blick behielt, kontrollierte ich immer wieder die kleine Kraftstoffanzeige neben meinem rechten Knie. Es dauerte mehrere Sekunden, dann begann sie sich endlich zu regen. Langsam füllten sich meine Tanks wieder. Nach einer Minute koppelte ich mich ab, damit mein Wingman weiter auftanken konnte.

Am Boden gab inzwischen der Kampfmittelräumdienst die Landebahn frei, sodass die Wartungsmannschaft den Schaden begutachten konnte. Sie fand einen kleinen Krater auf der Landebahn, den sie jedoch rasch ausbessern konnte. Ob wir ihn getroffen hätten oder nicht, lässt sich unmöglich sagen. Zum Glück mussten wir es nicht darauf ankommen lassen. Eine weitere Mission hatte ein glückliches Ende gefunden.

Der Mensch als Entscheider

In jeder Sekunde strömen annähernd 20 Billionen Impulse mit Informationen durch die Neuronen in unserem Gehirn. Zur Einordnung: Ein moderner Supercomputer benötigt 40 Minuten, um nur eine Sekunde unserer Hirnaktivität zu reproduzieren. Unser Gehirn verschmilzt Erinnern und Verarbeiten zu einem außerordentlich effektiven Paket. Eine Berechnung, für die Computer Millionen Schritte benötigen, können wir oftmals mit wenigen Hundert Neurotransmissionen erledigen. Zudem kann sich unser Gehirn dank seiner neuronalen Plastizität in kurzer Zeit neu verdrahten und sich an neue oder veränderte Bedingungen anpassen. Für all das benötigt es verblüffenderweise lediglich 20 Watt Energie.

Da Computer für die Betrachtung vorhandener Daten und die Suche nach Korrelationen statistische Regressionsverfahren nutzen, versagen sie kläglich, wenn es darum geht, vorauszusehen, wann ein Muster sich verändern wird – wohingegen der Mensch genau dies hervorragend kann, da er nach Kausalitäten sucht, nicht einfach nur nach Korrelationen. Verändert sich eine Umgebung, kann sich der Mensch um ein Vielfaches besser anpassen als ein Computer. Unser Gehirn ist unübertroffen darin, ein Muster mit einem scheinbar unzusammenhängenden anderen Muster zu verbinden: die Grundlage unserer Kreativität.

Das ist einer der Gründe, weshalb der Mensch so gut darin ist, komplexe Probleme zu lösen, die Computer vor Probleme stellen. Wir sind um ein Vielfaches effizienter und kreativer, wenn es darum geht, ein Verständnis des von uns beobachteten Systems zu entwickeln. Um eine Entscheidung zu treffen, müssen wir nicht alles bis ins Kleinste durchrechnen. Oftmals genügen uns einfache Hilfsmittel, um komplexe Beziehungen zu verstehen.

Nehmen wir zum Beispiel ein simples Diagramm: Indem wir die nackten Zahlen visuell aufbereiten, machen wir uns den außerordentlich schnell und effizient arbeitenden visuellen Kortex unseres Gehirns zunutze. Laut einer bekannten Redewendung sagt ein Bild mehr als tausend Worte. Doch manchmal liegt sein Nutzen auch noch sehr viel höher. Als Kampfpiloten bedienen wir uns bei so gut wie jedem Verhältnis, das für den Luftkampf von Bedeutung ist, irgendeiner Form der Datenvisualisierung.

Den Grundstein hierfür legte in den 1960er-Jahren Colonel John Boyd mit dem von ihm entwickelten Energy-Maneuverability-Diagramm, in dem er die Wenderate eines Flugzeugs und seine Fluggeschwindigkeit zueinander ins Verhältnis setzte. Indem für jedes Flugzeug der Welt ein solches Diagramm erstellt wurde, konnten Piloten die Kurven des eigenen und des gegnerischen Flugzeugs übereinanderlegen und somit unmittelbar sehen, unter welchen Bedingungen sie im Vorteil und unter welchen sie im Nachteil waren.

Dass der Mensch so gut darin ist, Entscheidungen zu treffen, verdankt er seiner Fähigkeit, Dinge zu *verstehen*, und zwar mithilfe eines übergreifenden Verständnismodells, in das sein im Laufe des Lebens auf Basis von Tausenden Erfahrungen erworbenes Wissen auf Dutzenden unterschiedlichen Gebieten einfließt. Wir können konzeptuell, kritisch, metaphorisch oder schöpferisch denken; zudem verfügen wir nicht zuletzt über unseren sogenannten gesunden Menschenverstand, an dem es selbst dem raffiniertesten KI-Programm mangelt.

Doch sobald wir die Entscheidungsfindung leichtfertig externen Hilfsmitteln wie Kommissionen oder Computern überlassen, schöpfen wir bei der Lösung eines Problems nicht mehr das volle Leistungsvermögen unseres Gehirns aus. Im Grunde misstrauen wir in dem Moment unserer eigenen Erkenntnisfähigkeit und verlassen uns stattdessen auf eine fremde Lösung. Ohne die Konzepte hinter einer neuen Information zu lernen, vertrauen wir einfach nur blind darauf, dass sie stimmt. Damit büßen wir die Fähigkeit ein, Konzepte rasch in kreative Lösungen umzusetzen, obwohl gerade sie eine der großen Stärken des menschlichen Gehirns ist.

Damit soll keineswegs gesagt werden, dass wir nicht mit anderen zusammenarbeiten sollten. Angesichts der Fülle an Informationen kann kein einzelner Mensch alles wissen. Zudem ist es wichtig, vielfältige Denkweisen zusammenzubringen – womöglich hat eine andere Person eine angemessenere Perspektive auf ein Problem. Dennoch muss die Person, die schließlich die Entscheidung trifft, sämtliche beteiligte Konzepte zumindest grob verstehen und sagen können, warum der erwartete Wert für die letztlich getroffene Entscheidung spricht. Solange dies nicht der Fall ist, sollte sie immer weiter nach dem Warum fragen.

Glaubwürdigkeit spielt bei der gemeinsamen Arbeit an einer Lösung eine zentrale Rolle. Je mehr Kompetenz jemand auf einem bestimmten Gebiet besitzt, desto mehr sollte er seiner Intuition und seinem Verständnis vertrauen. Auch Computermodelle können als vertrauenswürdige Quelle betrachtet werden, sofern die Ergebnisse mehrfach bestätigt wurden. Dennoch sollte im einen wie im anderen Fall ein wohldurchdachtes Argument mehr zählen als vermeintliche Glaubwürdigkeit.

Ein Problem per Schnellprognose zu lösen, stellt eine der besten Möglichkeiten dar, sicherzustellen, dass wir unser kritisches Denken nutzen und die Entscheidungsfindung nicht einfach blind jemand oder etwas anderem überlassen. Wir werden gezwungen, selbst den erwarteten Wert einer Entscheidung abzuschätzen, und können uns nicht aus der Verantwortung stehlen, indem wir die Entscheidung auf eine andere Person oder einen Computer abwälzen. Stattdessen müssen wir die Konzepte, Prinzipien, Heuristiken und Informationen nutzen, die wir uns im Laufe unseres Lebens angeeignet haben, um eine Lösung zu finden. Sollte jemand anderer oder etwa eine Kommission oder ein Computer zu einer anderen Antwort gelangen, können wir auf unser analytisches Denken und unseren Verstand zurückgreifen, um zu ermitteln, wer vermutlich recht hat und warum. Für Führungskräfte stellt dies eine der effektivsten Methoden dar, um Gruppendenken vorzubeugen und ein kritisches Bewusstsein zu fördern. Indem alle Beteiligten eines Entscheidungsprozesses zunächst selbst eine Schnellprognose durchführen müssen, bevor ihnen andere Lösungen vorgestellt werden, werden sie gezwungen, zu ihren Überzeugungen und ihrem eigenen Denkprozess zu stehen.

Auch wenn sich unser Gehirn zu einem wahren Meister bei Kosten-Nutzen-Entscheidungen entwickelt hat, lässt sich seine Leistung durch die Anwendung der Wahrscheinlichkeitsregeln im Rahmen der Schnellprognose noch einmal erheblich steigern. Selbst bei komplexen und höchst anspruchsvollen Denkprozessen kann diese Herangehensweise von Nutzen sein. Nehmen wir etwa die theoretische Physik, die auf den ersten Blick derart komplex und präzise ist, dass ein approximativer Ansatz wertlos sein sollte. Dennoch erklärte Richard Feynman, einer der wichtigsten Physiker des 20. Jahrhunderts:

> *Ein paar Jahre lang habe ich versucht, mathematische Tricks zu erfinden, die es mir ermöglichen, die Gleichungen zu lösen, aber das hat nichts gebracht. Daher bin ich zu dem Schluß gekommen, wenn ich das machen will, muß ich zuerst mehr oder weniger genau wissen, wie die Antwort wahrscheinlich aussieht. Es ist schwierig, dies einigermaßen einleuchtend zu erklären, doch ich mußte eine qualitative Vorstellung davon bekommen, wie das Phänomen abläuft, ehe ich eine passende quantitative Vorstellung entwickeln konnte. Anders gesagt: Man hat nicht einmal annähernd verstanden, wie das Ganze funktioniert. In der letzten Zeit … habe ich mich also darum bemüht zu verstehen, was da ungefähr vor sich geht – allerdings noch nicht quantitativ –, in der Hoffnung, daß dieses ansatzweise Verständnis sich irgendwann in der Zukunft zu*

einem präzisen mathematischen Instrument, einer Methode, einem Algorithmus verfeinern läßt …

Egal, wie schwierig eine Entscheidung sein mag: Man kann stets selbst ihren erwarteten Wert bestimmen. Das heißt nichts anderes, als dass jeder selbst die Verantwortung dafür trägt, die Beziehungen in einem System zu verstehen. Gleichwohl kann man seine Einschätzung in der Folge immer noch anpassen und verfeinern. Doch per Schnellprognose zu einer Lösung zu gelangen, bewahrt uns davor, auf eine unserer kostbarsten Ressourcen zu verzichten: die Fähigkeit zum kritischen Denken.

Bis hierher sind wir der Frage nachgegangen, wie wir ausgehend vom erwarteten Wert unter mehreren Optionen die beste wählen können. Doch wie gelangen wir zu weiteren Optionen, insbesondere unkonventionellen, die möglicherweise eine effektivere Lösung darstellen?

5

Kreativität

Am Nachmittag des 16. Januar 1991 raste ein staubiger Mietwagen über die Piste der vorgeschobenen Einsatzbasis al-Dschauf im Norden Saudi-Arabiens. Der einsame Außenposten unweit der irakischen Grenze war zum Ausgangspunkt der Anfangsoffensive des Zweiten Golfkriegs bestimmt worden. In dem Wagen saß der Kommandeur der Basis, der gerade die streng geheime Mitteilung erhalten hatte, dass ihre Mission nach monatelangen Planungen und unzähligen Trainingsstunden das Go erhalten hatte – in weniger als zwölf Stunden würden die ersten Hubschrauber-Besatzungen von der Basis abheben und damit den Startschuss zu einem massiven koordinierten Angriff auf Saddam Husseins Regime geben.

Der Erfolg dieser Mission würde über den weiteren Kriegsverlauf entscheiden. Sie sollte ein Loch in das irakische Luftverteidigungssystem reißen und damit den Kampfjets der Koalition zu einem Überraschungsmoment verhelfen, dank dem sie kriegswichtige Ziele im gesamten Land angreifen konnten. Die Mission war von solcher Bedeutung, dass sowohl der Vorsitzende der Joint Chiefs of Staff – der Vereinigten Stabschefs der US-Armee – als auch der US-amerikanische Verteidigungsminister nach Saudi-Arabien geflogen waren, um sich den Plan vorstellen zu lassen.

Die Vorgeschichte des Angriffs hatte sechs Monate zuvor begonnen, als Saddam Hussein in Kuwait einmarschiert war, weil er die Milliarden Dollar, die er sich zur Finanzierung seines Kriegs mit dem Iran von dem Land geliehen hatte, nicht zurückzahlen konnte. Innerhalb weniger Stunden hatten seine Truppen das kleine, ölreiche Land erobert; Saddam erklärte es umgehend zur 19. Provinz des Iraks. Im Anschluss begann der irakische Diktator, seine Armee auf eine Invasion von Saudi-Arabien vorzubereiten, was zu einer weiteren Destabilisierung der Region führte. Im Fall eines Erfolges hätte er mehr als die Hälfte der weltweiten bekannten Ölreserven kontrolliert.

Die internationale Gemeinschaft reagierte mit Angst und Empörung. Zunächst beschränkte sie sich mit ihrer Antwort auf die diplomatischen Kanäle. Sowohl der UN-Sicherheitsrat als auch die Arabische Liga verurteilten die Invasion und forderten einen sofortigen Rückzug der irakischen Truppen. Bereits kurz darauf traten wirtschaftliche Sanktionen gegen den Irak in Kraft. In diesem Zusammenhang wurde auch eine Schiffsblockade eingerichtet, um ein vollständiges Handelsembargo durchzusetzen.

Da Saddam Saudi-Arabien weiterhin bedrohte, startete der US-amerikanische Präsident George Bush senior auf Bitten des saudischen Königs Fahd die Operation *Desert Shield* zum Schutz des Landes und entsandte zwei Marine-Gefechtsverbände sowie Hunderte F-15 und F-16 der U.S. Air Force für die durchgehende Luftraumüberwachung. Parallel dazu ermächtigte er den Befehlshaber der Koalitionsstreitkräfte, General Norman Schwarzkopf junior, eine Angriffsoperation zu planen, um Saddams Truppen aus Kuwait zu vertreiben, sollten die diplomatischen und wirtschaftlichen Maßnahmen ihre Wirkung verfehlen.

Die Planungen des Luftkriegs fanden im befestigten Untergeschoss eines Gebäudes der Royal Saudi Air Force in Riad statt, das scherzhaft als »Schwarzes Loch« bezeichnet wurde, da niemand, den die bewaffneten Wachen einmal vorbeigelassen hatten, wieder ans Tageslicht zurückzukehren schien. Nur die Teilnehmer an den Sitzungen in den Bunkerräumen wussten, dass sie dort zusammenkamen, um einen Angriffskrieg zu planen. Sämtliche Außenstehenden – selbst die Vorgesetzten der Teilnehmer – gingen hingegen davon aus, dass eine rein defensive Mission vorbereitet würde. Um keinen Verdacht zu erregen, mussten viele der Beteiligten den Menschen in ihrem Umfeld eine Scheintätigkeit vorgaukeln. Tatsächlich erarbeiteten sie die Grundlagen für einen strategischen Lufteinsatz in vier Phasen, einschließlich des entscheidenden Erstschlags, um die Radar-Frühwarnsysteme im Westen des Iraks zu zerstören und damit Saddam de facto blind zu machen.

Zu jener Zeit besaß der Irak die viertgrößte Armee der Welt mit mehr als einer Million Soldaten, die über ein großes Arsenal technisch ausgereifter Waffen verfügten, darunter ein mehrstufiges Luftverteidigungssystem mit mehr als 700 taktischen Kampfflugzeugen und 16 000 Boden-Luft-Raketen. Angelehnt an die sowjetische Verteidigungsdoktrin, beruhte die Flugabwehr auf einem computergestützten System namens KARI, im Grunde ein automatisches Command-and-Control-System, das die verschiedenen Einheiten zu einer gemeinsamen Streitkraft unter Saddams Leitung zusammenfasste. Die Zentrale des KARI-Systems befand sich in einem unterirdischen Bunker vor den Toren Bagdads, seinerzeit der bestgesicherte Ort der Welt, geschützt durch 65 Prozent der irakischen Boden-Luft-Raketen und mehr als die Hälfte der Flakartillerie des Landes. Der Bunker war um ein Vielfaches besser gesichert als Hanoi im Vietnamkrieg, das seinerzeit als einer der bestgeschützten Orte der Welt gegolten hatte.

Die Kriegsplaner der Koalition erkannten, dass es eines der vorrangigsten Ziele des Erstschlags sein musste, das Luftverteidigungssystem auszuschalten. Die Iraker verließen sich nahezu komplett auf KARI, sodass dessen Zerstörung viele Einheiten führungslos zurücklassen und dem Land die Fähigkeit zur koordinierten Verteidigung nehmen würde. Doch aufgrund der Schutzmaßnahmen und der Lage tief in feindlichem Territorium konnte das Ziel nicht direkt angegriffen werden. Zunächst würde man sich einen Weg ins Land bahnen müssen.

Eine Reihe von Radar-Frühwarnanlagen an den Rändern des Landes waren sozusagen die Augen des KARI-Systems und fütterten es mit Informationen. Sollten die Koalitions-Flugzeuge versuchen, in den irakischen Luftraum einzudringen, würden sie sofort entdeckt werden, was Saddam ausreichend Zeit ließe, seine Luftabwehr zu mobilisieren und eventuell einen Gegenangriff mit taktischen Raketen zu starten, die aller Wahrscheinlichkeit nach zumindest teilweise mit chemischen Kampfstoffen bestückt waren. Die Koalition musste also unentdeckt einige der Radaranlagen zerstören, um so einen Korridor zu öffnen, durch den ihre Hunderte Kampfflugzeuge in das Land vordringen und kriegswichtige Ziele wie das KARI-System und Saddam selbst angreifen konnten.

Das irakische Luftabwehrsystem war in erster Linie auf die Verteidigung des Landes gegen den Iran im Osten, Syrien im Norden und Israel im Westen ausgerichtet. Mit einem Angriff von saudi-arabischem Territorium an der Südgrenze hatte das Regime nicht gerechnet. Die sich auf dem Gebiet Saudi-Arabiens versammelnden Koalitionsstreitkräfte mussten nur eine grobmaschige Kette von Frühwarnstationen überwinden, kein dicht gewobenes Netz von Schutzsystemen wie an den übrigen Grenzen des Landes. Mit Unterstützung der CIA und eines Ingenieurs, der an der Entwicklung des KARI-Systems mitgewirkt hatte, identifizierten die Planer drei Radarstationen, deren Zerstörung einen mehr als 30 Kilometer breiten Korridor für den Luftangriff öffnen würde.

Das Problem war jedoch, wie man die Radarstationen unbemerkt angreifen konnte. Sollte auch nur eine davon etwas Verdächtiges entdecken, würde sie diese Information sogleich ins KARI-System einspeisen und die gesamte irakische Luftabwehr in Einsatzbereitschaft versetzen. Damit schied ein konventioneller Angriff durch Kampfflugzeuge oder Bomber aus, die beim Überqueren der irakischen Grenze sofort geortet worden wären. Selbst im Tiefflug hätten die Radarstationen sie zeitig genug entdeckt, um vor dem Angriff zu warnen.

Ein weiteres Problem für die Planer bestand darin, zu verifizieren, dass die Anlagen tatsächlich zerstört worden waren. Die Iraker verlegten ihre Ausrüstung permanent und erschwerten damit gezielte Angriffe. Da die Daten der militärischen Aufklärung häufig bereits mehrere Tage alt waren, mussten die Angriffstruppen flexibel reagieren können und die Ziele zunächst visuell auffassen, um dann ihre Zielpunkte entsprechend anzupassen. Damit schied die Möglichkeit eines Angriffs mit Marschflugkörpern wie dem Tomahawk aus. Außerdem konnten Raketen nicht den Grad der Beschädigung feststellen, eine für die nachfolgenden Flugzeuge zentrale Information.

Während der Planungsstab noch nach einer Lösung suchte, stieß eines der Mitglieder auf einen jungen Captain namens Randy O'Boyle. Er flog den schwerfälligen Hubschrauber MH-53 Pave Low und war abgestellt worden, um an den Rettungsplänen für Piloten mitzuwirken, die hinter den feindlichen Linien abgeschossen würden. Der Planer kam zufällig vorbei, als O'Boyle gerade eine Karte des Landes mit sämtlichen feindlichen Einheiten studierte und einem anderen Piloten erklärte, dass die Hubschrauber mehrere der Radaranlagen zerstören könnten. Auf die Weise könnten sie weiter in das Land vordringen und abgeschossene Piloten schneller retten. Der Planer, der das mitbekam, fragte den Captain, wie er sich das vorstelle. O'Boyle erwiderte, dass Spezialkräfte auf dem Boden in das Land eindringen und die Anlagen angreifen sollten, um anschließend von den Pave-Low-Hubschraubern aufgesammelt zu werden. Seine Einheit hatte vor dem Krieg intensiv mit Antiterroreinheiten zusammengearbeitet, und im Vergleich zu dem, was sie dabei trainiert hatten, erschien ihm das geschilderte Vorgehen ziemlich simpel.

Die Idee war unkonventionell, doch als der Planer sie gehört hatte, forderte er O'Boyle auf, ihn zu begleiten. Die beiden traten durch eine bewachte Tür in einen geheimen Konferenzraum, wo gerade ein Meeting mit dem für die Vorbereitung des Luftkriegs verantwortlichen Air-Force-General stattfand. Der Planer bat

O'Boyle, zu wiederholen, was dieser ihm gerade erzählt hatte. Die Idee überzeugte die Anwesenden und wurde umgehend in den Kriegsplan aufgenommen.

Doch im September – das Konzept war bereits dem US-Präsidenten vorgestellt worden – landete eine lange Forderungsliste der Spezialkräfte auf Schwarzkopfs Tisch, einschließlich 25 mit GPS ausgestatteter Landfahrzeuge. Der General war außer sich. Dem Special Operations Command (Kommando für Spezialoperationen der Vereinigten Staaten) war klar geworden, wie bedeutsam ihre Einheit für die Mission war, und so wollte es die Gelegenheit nutzen, um, in den Worten eines Planungsstabsmitglieds, »ausreichend Ausrüstung für ein gesamtes Dritte-Welt-Land« zu fordern. Doch nicht genug damit: Schwarzkopf war als hochdekorierter Soldat im Vietnamkrieg mehrmals mit den Spezialkräften aneinandergeraten. In seinen Augen überschätzten diese »Heißsporn«-Verbände oftmals ihre Fähigkeiten, zudem fand er, es mangele ihnen an Disziplin. Er wollte nicht zulassen, dass sie den Kriegserfolg gefährdeten. Also erklärte er die Operation für zu riskant und verwarf die gesamten bisherigen Pläne für die erste Phase des Luftkriegs. Der Planungsstab sollte sich eine bessere Lösung einfallen lassen, wie die Radaranlagen zu zerstören waren.

Die Verantwortlichen arbeiteten mehrere Tage unermüdlich an anderen Lösungen. Damit es bei dem anschließenden Luftschlag möglichst wenige Opfer geben würde, musste die Operation in einer mondlosen Nacht stattfinden. Dies wiederum würde die Navigation zu einer großen Herausforderung machen, da es in der Wüste keinerlei feste Orientierungspunkte gibt und der Wind die Dünen unablässig verändert. Erneut fand Captain O'Boyle eine Lösung. Auch wenn es zu jener Zeit noch zwei Jahre dauern sollte, bis die GPS-Satellitenkonstellation vollständig betriebsfähig wurde, waren die Pave-Low-Hubschrauber bereits mit GPS-Empfängern ausgerüstet, die 20 Stunden am Tag einsatzfähig waren. Da sie als einzige Hubschrauber weltweit sowohl mit GPS-Empfängern als auch mit einem Geländefolgeradar ausgerüstet waren, konnten sie sich, das richtige Timing vorausgesetzt, auch über der gesichtslosen Wüste orientieren. Am Ziel angekommen, würden die Hubschrauber die Anlagen mit ihren Maschinengewehren und spezieller Munition des Kalibers .50 ausschalten. Die Idee wanderte über die Befehlskette nach oben und wurde schließlich zur weiteren Ausarbeitung angenommen.

Das Problem an Captain O'Boyles Plan war die mangelnde Feuerkraft der Pave Lows. Ihre Maschinengewehre reichten nicht aus, um die Radarstationen mit Dutzenden Fahrzeugen und Gebäuden vollständig zu zerstören. Schließlich wurde der Vorschlag gemacht, ihnen die Army-Hubschrauber AH-64 Apache an die Seite zu stellen: spezielle Kampfhubschrauber mit Hellfire- und Hydra-Raketen sowie um ein Vielfaches größeren 30-mm-Maschinenkanonen – mehr als genug Feuerkraft, um die Radarstationen in Schutt und Asche zu legen. Der Plan wurde ausgearbeitet, und als er schließlich Schwarzkopf vorgelegt wurde, hob man hervor, dass die Mission ohne den Truppenmix nicht umsetzbar sei. Trotz seiner Abneigung gegen alles mit der Bezeichnung »Spezialoperation« stimmte Schwarzkopf dem Plan zu.

Das gemeinsame Team nahm seine Planungen in der saudischen Wüste auf, mehr als 1100 Kilometer entfernt vom vorgesehenen Ausgangspunkt der Angriffe. Die Pave Lows wurden von Lieutenant Colonel Richard Comer von der Twentieth Special Operations Squadron befehligt, die Apaches von Lieutenant Colonel Dick Cody von der 101st Airborne Division. In Gedenken an die erfolgreiche Zusammenarbeit von Army und Army Air Corps am D-Day im Zweiten Weltkrieg tauften sie ihre Unternehmung *Task Force Normandy*. Die Truppe wurde in drei Teams aufgeteilt – Rot, Weiß und Blau –, die jeweils eine der drei Radar-Frühwarnanlagen zerstören sollten. Von entscheidender Bedeutung war die Geheimhaltung; von der Mission durften nur

Personen wissen, die unbedingt davon wissen mussten. Comer berichtete im Anschluss: »Ich übertrug unserem besten Piloten die Planung der Mission. Er und ich waren die Einzigen aus der Staffel, die Bescheid wussten.«

Der Oktober kam, und die drei Einheiten trainierten weiterhin miteinander. Nacht für Nacht rissen sie zur Vorbereitung der eigentlichen Mission Hunderte Kilometer ab.

»Unser gesamtes Training fand sozusagen im Sandkasten statt«, erklärte Cody. »Aufgrund der Vertraulichkeit der Mission flogen wir kein einziges Mal auf der tatsächlichen Strecke … Sie [die Iraker] hatten all ihre nachrichtendienstlichen Aufklärungsnetzwerke und weiß der Himmel was sonst noch aktiviert. Somit lief das alles unter dem Schutzschirm des gemeinsamen Trainings.«

Nicht nur die Taktik stellte eine Herausforderung dar, sondern auch die Technik der Hubschrauber. Die Maschinen sind selbst bei optimalen Bedingungen ausgesprochen pflegeintensiv, doch die hohen Temperaturen und der herumfliegende Sand waren Gift für die sensible Elektronik und die Rotorblätter. Daher mussten sie rund um die Uhr gewartet werden; so musste etwa das Bodenpersonal wegen des Schmirgeleffekts des Sandes die Rotorblätter regelmäßig neu anstreichen.

Daneben war auch die beschränkte Reichweite der Apache-Hubschrauber ein Problem. Ohne zwischendurch aufzutanken, würden sie es nicht bis zu den Zielobjekten und wieder zurück schaffen. Zunächst plante man, an der Grenze oder möglicherweise sogar im Irak ein Kraftstoffdepot einzurichten, wo die Apaches landen und auftanken könnten. Doch das hätte die Mission noch komplexer gemacht; zudem bestand die Gefahr, dass die Iraker etwas mitbekommen würden. Nicht zuletzt weckte es Erinnerungen an die Desert-One-Katastrophe, als eine Hubschrauber-Crew beim Auftanken in eine Staubwolke geraten und in einen Kampfjet gekracht war, was acht Soldaten das Leben gekostet hatte.

Schließlich schlug einer der jüngsten Piloten der Mission eine Lösung vor, nämlich im Bereich der innenliegenden Waffenstationen der Apache-Hubschrauber einen zusätzlichen Tank für gut 750 Kilogramm Kraftstoff anzubringen. Bei dieser unkonventionellen Idee mussten die Maschinen jeweils auf einen Raketenstartbehälter verzichten, jedoch konnte auf diese Weise ihre Reichweite so weit erhöht werden, dass sie kein Kraftstoffdepot zum Auftanken benötigten. Die Methode war unerprobt und ließ das Gesamtgewicht des Hubschraubers auf knapp 700 Kilogramm über dem Kampfgewicht steigen. Dennoch wurde entschieden, das Risiko einzugehen. Als Back-up-Lösung ersannen die Pave-Low-Besatzungen eine Technik, um die Apache-Hubschrauber mit Kraftstoff aus ihren eigenen Maschinen zu versorgen: mithilfe von Löschschläuchen, die sie sich bei nahe gelegenen saudischen Feuerwehrwachen borgten. »Das verstieß zwar gegen sämtliche Sicherheitsvorschriften, aber im Fall der Fälle waren die Hubschrauber vorbereitet«, so Comer.

Als Saddam immer ernstere Drohungen gegen Saudi-Arabien und den Rest der Region ausstieß, nahm der UN-Sicherheitsrat Ende November 1990 die Resolution 678 an, in der er dem Irak als Ultimatum für den Rückzug aus Kuwait den 15. Januar 1991 setzte und die Mitgliedsstaaten ermächtigte, ansonsten »alle erforderlichen Mittel einzusetzen«. De facto wurde damit ein Krieg legitimiert. Inzwischen war die Koalition auf 39 Nationen angewachsen und damit so umfangreich wie keiner ihrer Vorläufer seit dem Zweiten Weltkrieg. Sie verfügte über nahezu eine Million Soldaten, von denen 700 000 von den Vereinigten Staaten gestellt wurden.

Die Task Force setzte ihre Übungen im Nordosten Saudi-Arabiens fort. Nachts ohne Unterstützung durch das Mondlicht zu fliegen, war eine heikle Aufgabe. Die Hubschrauber mussten einen Abstand von höchstens drei Rotorblättern Breite zueinander halten, und das lediglich 50 Fuß über den Sanddünen. Oberhalb von 100 Fuß Flughöhe hätten die Radaranlagen sie entdeckt, wodurch sie nicht nur selbst zur Zielscheibe geworden wären, sondern der gesamte Erstschlag in Gefahr geraten wäre.

Von zentraler Bedeutung war das Timing. »Es hätte nichts gebracht, erst eine Radarstation zu beschießen und zwei Minuten später die nächste«, erklärte Cody. »Wir mussten die zentralen Komponenten dieser Anlagen gleichzeitig ausschalten, damit Bagdad nicht gewarnt werden und seine MiG-29 und bodengesteuerten Flugabfangsysteme aktivieren konnte.«

Im Dezember fanden die Aufklärungseinheiten heraus, dass eine der drei Radar-Frühwarnstationen nicht mit dem irakischen Luftverteidigungssystem gekoppelt war und daher nicht zerstört werden musste. Somit konnte die Task Force ihre Kräfte in zwei Teams – Rot und Weiß – bündeln. Nacht für Nacht übten die Soldaten, in einen gesperrten Luftraum einzudringen und exakt synchron zwei Ziele anzugreifen – oftmals Busse vom Schrottplatz, die sie in glühende Metallhaufen verwandelten. Im Anschluss an jeden Angriff gaben sie den Grad der Zerstörung durch: Charlie für geringe Schäden, Bravo für teilweise Zerstörung und Alpha für komplette Zerstörung.

Am 14. Januar wurde die Task Force Normandy nach al-Dschauf abkommandiert, wo sie spätestens bei Anbruch der Dunkelheit Stellung beziehen sollte. Nach wie vor gab es keine Informationen dazu, wann der Krieg beginnen würde, doch so kurz vor Ablauf des UN-Ultimatums war jedem klar, dass es nicht mehr lange dauern konnte. Eines der eindeutigsten Anzeichen für den Beginn eines Krieges sind umfangreiche Truppenbewegungen. Dies machte die Verlegung der Task Force zu einer Herausforderung. »Wir mussten das heimlich hinkriegen, ohne eine Signatur zu hinterlassen«, erklärte Cody. »Wir machten uns in die King Khalid Military City auf – ohne irgendwelchen Funkverkehr oder Ähnliches –, tankten unsere Maschinen auf und hoben ab. In der KKMC waren zu der Zeit bereits jede Menge anderer Hubschrauber stationiert, daher musste es so aussehen, als wären wir Teil einer Manöverübung.« Auf ihrem Weg westwärts über flaches Gelände blieben die Hubschrauber in Bodennähe, um nicht von den Radaranlagen erfasst zu werden, die sie kurz darauf zerstören sollten.

Die Mission

Am 17. Januar 1991 exakt um 12:56 Uhr mittags hoben im Rahmen der Task Force Normandy vier MH 53 Pave Lows der Air Force und neun AH 64 Apaches der Army in zwei Formationen ab. Nach unzähligen Stunden des Trainings und der Simulationen lag nun als letzter Schritt die Durchführung der tatsächlichen Mission vor ihnen. »Uns war bewusst, dass wir im Begriff standen, den Startschuss zu einem für unser Land ziemlich wichtigen Krieg zu geben«, erklärt der heutige Major General im Ruhestand Comer. »Alles, was wir noch tun mussten, war, die Mission zu fliegen.«

Auf wie viel Widerstand sie stoßen würden, war weiterhin unklar. »Wir gingen von einer SA-7 oder SA-14 [Kurzstrecken-Boden-Luft-Raketen] auf 50 irakische Soldaten aus«, erklärt Comer, der selbst in einem der Pave Lows dabei war. »Wir rechneten mit einer ernsthaften Bedrohung und auch mit Verlusten unter unseren MH-53.« An Bord der Pave Lows flogen Mitglieder des Eliteteams der Air Force Pararescue Jumpers (Kampfretter) mit für den Fall, dass einer der Hubschrauber im Zielgebiet abstürzen sollte. Zusätzlich standen Seahawk- und Pave-Hawk-Hubschrauber als Unterstützung bereit, falls gleich mehrere Maschinen abgeschossen würden.

Kurz nach zwei Uhr nachts überquerten die Formationen die Grenze zum Irak. »Wir waren angespannt und wachsam, als wir die 40 Minuten in den Irak flogen, so kurz bevor der Krieg losgehen sollte«, berichtete Cody. Auf einer Höhe von nur 50 Fuß flogen sie mit gut 220 km/h auf ihre Ziele zu, ohne Navigationslichter und bei totaler Funkstille. »Wir sahen die ganze Gegend zum ersten Mal«, sagte Cody. »Der Großteil unseres Trainings hatte an der saudi-arabischen Ostküste stattgefunden, wo es bis auf die Sanddünen vollkommen flach ist. Doch nun waren wir gut 1100 Kilometer nordwestlich davon, in einer völlig anderen Gegend. Dort gab es Hochflächen, und das Gelände war uneben, was es gefährlicher machte.«

Kurz nach dem Überflug der irakischen Grenze erhellte Leuchtspurmunition die Gegend vor den Hubschraubern von Team Weiß. Allerdings handelte es sich nur um kleinkalibrige Geschosse, höchstwahrscheinlich von überraschten irakischen Soldaten, die aufgeschreckt vom Lärm der vorbeifliegenden Hubschrauber blind in die Luft feuerten. Die Maschinen konnten ausweichen, doch die entscheidende Frage war, ob die Mission damit aufgeflogen war.

Nach rund eineinhalb Stunden, in denen sie immer wieder den geraden Kurs verlassen hatten, um vermutete feindliche Beobachtungsposten zu umfliegen, befanden sich die Pave-Low-Hubschrauber schließlich rund 16 Kilometer vor den Radarstationen, wo sie wie vereinbart chemische Infrarotlichter abwarfen, die nur mit Nachtsichtgeräten zu erkennen waren. Dann drehten sie bei und warteten auf die Apaches.

Die Kampfhubschrauber flogen langsam einer nach dem anderen über die Lichter und aktualisierten ihre Navigationssysteme, um sich dann auf den Weg zu den Radarstationen zu machen. Acht Kilometer vor ihren Zielobjekten gingen sie in Feuerstellung und schwebten auf der Stelle, während die Schützen bestätigten, dass die Ausstattung der Anlagen den Aufklärungsbildern entsprach. Mithilfe von Laserentfernungsmessern ermittelte jeder der Apaches eine Feuerlösung für einen bestimmten Abschnitt der jeweiligen Radarstation. Schließlich brach der kommandierende Apache-Pilot die nächtliche Funkstille, aktivierte sein Funkgerät und gab durch: »Party in zehn.«

Genau zehn Sekunden darauf schossen sämtliche Besatzungen die ersten Hellfire-Raketen ab.

Nach 15 Sekunden schlugen die Raketen ein und zerstörten die Generatoren, Leitungsbunker und Radarschüsseln der Zielobjekte. Die Apaches feuerten mehr als 40 Hellfire-Raketen ab, dann näherten sie sich auf gut drei Kilometer und begannen mit dem Beschuss durch Hydra-Raketen, von denen jede mehr als 1000 gehärtete, unabhängig voneinander einschlagende Stahl-Flechettes enthielt. Insgesamt wurden mehr als 100 dieser Waffen abgeschossen. Zuletzt schließlich flogen die Hubschrauber bis auf 800 Meter an ihre Ziele heran, eröffneten das Feuer mit ihren Chain Guns und deckten alle noch übrig gebliebenen Ziele mit insgesamt 4000 hochexplosiven 30-mm-Geschossen ein.

»Ein einziges, nicht enden wollendes Sperrfeuer«, sagte Cody. »Rakete nach Rakete, 30 mm nach 30 mm, aus vier Hubschraubern. Wir zielten auf ihre ZPUs [sowjetische Flugabwehr-Maschinengewehre] und ihre Flugabwehrgeschütze und schalteten sie aus. Nach dreieinhalb bis viereinhalb Minuten waren sie erledigt.«

Abschließend flogen die Apaches über die Zielobjekte, um die Schäden zu filmen. Nur noch wenige rauchende Ruinen standen, alles andere war in dem gewaltigen Feuerball der explodierenden Kraftstoffvorräte untergegangen. Beide Stationen waren vollkommen zerstört worden. Die Apaches funkten das Ergebnis an die wartenden Pave Lows:

»California – Alpha, Alpha, Alpha.«
»Nevada – Alpha, Alpha, Alpha.«

Die Pave Lows gaben die Information über Satellitenkommunikation ans Hauptquartier weiter, wo Schwarzkopf seufzte: »Gott sei Dank!«

Auf dem Weg zum Rendezvous-Punkt wurde einer der Pave Lows mit mehreren tragbaren Hitze suchenden Raketen beschossen. »Die SA-7 wurden offensichtlich gezielt abgefeuert«, erklärt Comer. »Die Mannschaft des Pave Low warnte vor den herannahenden Raketen. [Sie] forderte die Hubschrauber auf, sich zu verteilen und Flares [Infrarot-Hitzetäuschkörper] abzuwerfen, um die Raketen in die Irre zu leiten … Vermutlich war es den Ausweichmanövern sowie den Infrarot-Abwehrmaßnahmen zu verdanken, dass die Raketen die Hubschrauber verfehlten.«

Auf dem Heimflug kamen den beiden Hubschrauber-Formationen Hunderte Flugzeuge entgegen, die über die Grenze ins Land strömten: die erste Welle der Luftoffensive.

»Beim Blick nach Süden sah man die aufgereihten Blinklichter«, erklärt der Pilot des Pave-Low-Leithubschraubers. »Durch die Nachtsichtbrillen hatte man einen weiten Blick. Zudem war dort Wüste, die Luft war also klar. Ein Kollisionsschutzlicht reihte sich an das andere, wie auf einem Freeway in L.A. … Und sie alle folgten diesen riesigen Blinklichtern … , den Tankern. Doch ab einem bestimmten Punkt waren plötzlich keine Lichter mehr zu sehen. Sie tankten also auf, koppelten sich ab, schalteten ihre Lichter aus und machten sich auf nach Norden.«

Einer der Kampfpiloten des Erstschlags schrieb im Anschluss in einem Brief an die Mannschaften der Task Force Normandy: »In unserem [Einsatz-]Briefing sahen wir, dass unsere Route genau über eine aktive Radarstation führte. … Man beruhigte uns, dass wir uns deswegen keine Sorgen machen müssten. Als wir über euch hinwegflogen, erkannten wir auf unserem FLIR [Forward Looking Infrared; Wärmebildkamera] die Explosionen und eure Hubschrauber. Uns fiel ein Stein vom Herzen!«

Wie Comer feststellte: »Den Irakern fehlten nun die Augen, um einen breiten Abschnitt ihrer Grenze zu überwachen. Ich glaube nicht, dass irgendjemand unsere erste Welle von Kampfjets entdeckt hat, als sie in den Irak vordrangen.«

Kurze Zeit nach der Zerstörung der Radar-Frühwarnstationen schalteten Kampfflugzeuge der Air Force und der Navy wichtige Flugabwehrzentren im gesamten Land aus. Um eine koordinierte Landesverteidigung unmöglich zu machen, griffen sie militärische Kommandobunker und den Präsidentensitz sowie die wichtigste irakische Telefonzentrale und andere entscheidende Kommunikationsknoten an. Gleichzeitig trafen 52 Tomahawk-Raketen weitere wichtige Ziele: Ein Drittel davon wurde gegen das nationale Stromnetz eingesetzt, um die Stromversorgung der Flugabwehrsysteme zu kappen, während mit den übrigen unter anderem Einrichtungen der Raketeninfrastruktur und Saddam selbst angegriffen wurden.

Nach der Rückkehr auf saudi-arabisches Gebiet trennten sich die Wege der Task-Force-Hubschrauber. Die Apaches flogen zurück zur Basis, während die Pave Lows ohne Atempause sofort ihren Such- und Rettungseinsatz aufnahmen. Ausgehend von Pentagon-Computermodellen rechnete man damit, mehr als 125 abgeschossene Piloten retten zu müssen.

»Wir waren wirklich überrascht, als uns in der ersten Nacht nicht ein einziger Abschuss gemeldet wurde«, erklärt Comer. »Später erfuhren wir, dass ein Navy-Flugzeug unter Beschuss abgestürzt war. Laut dem Wingman war es explodiert, ohne Hoffnung auf einen Überlebenden. Ich rechnete mit zwei Prozent Verlusten bei den Kampfflugzeugen. Das war eine realistische Annahme, die sämtliche Generäle geteilt haben dürften.«

In den folgenden 42 Tagen und Nächten unterwarfen die Luftstreitkräfte der Koalition den Irak einem der heftigsten Luftbombardements der Militärgeschichte. Annähernd 100 000-mal starteten Koalitionsflugzeuge aus Saudi-Arabien sowie von sechs Flugzeugträgern im Persischen Golf und setzten innerhalb kurzer Zeit KARI und das übrige irakische Luftverteidigungssystem quasi lahm, sodass Saddam seine Streitkräfte nicht mehr kontrollieren konnte. Bis dahin hatte er, etwa im Ersten Golfkrieg zwischen dem Iran und dem Irak, die Befehlsgewalt über die Streitkräfte vollständig für sich beansprucht und damit ein eigenständiges Handeln seiner Untergebenen verhindert. Ohne diese Führung zerfielen seine Streitkräfte rasch.

Nach der Schwächung der irakischen Armee durch die Luftangriffe begann am 26. Februar der Bodenkrieg. Tausende schwere Panzer und leichtere Schützenpanzer strömten über die Grenze und durchdrangen die irakischen Verteidigungslinien. Es folgten drei der größten Panzerschlachten der US-amerikanischen Geschichte, die mit eindeutigen Koalitionserfolgen endeten. Die irakischen Streitkräfte wurden aus Kuwait vertrieben, und US-amerikanische, britische und französische Truppen folgten ihnen über die Grenze in den Irak. Sie hinterließen einen Pfad der Verwüstung, der als »Highway des Todes« bekannt wurde. Am 28. Februar, 100 Stunden nach Beginn der Bodenoffensive, verkündete Präsident Bush einen Waffenstillstand, womit die Kampfhandlungen eingestellt wurden und der Krieg vorbei war.

Der Zweite Golfkrieg gilt als einer der eindeutigsten militärischen Erfolge der modernen Geschichte. Selbst angesichts der erheblichen zahlenmäßigen und technologischen Überlegenheit der Koalition war das Ergebnis überwältigend. In dem Krieg wurden knapp 200 000 irakische Soldaten getötet oder gefangen genommen. Dagegen verlor die Koalition lediglich 292 Soldaten, die Hälfte von ihnen bei Unfällen vor oder nach dem eigentlichen Krieg – ein beispielloses Missverhältnis, das es so bis dahin bei keinem Ereignis in der Geschichte der bewaffneten Konflikte auch nur annähernd gegeben hatte.

Mehrere Faktoren trugen zu dem eindrucksvollen Erfolg der Koalition bei, doch einer der entscheidenden Gründe war eine neue Denkweise, die die kreative Entscheidungsfindung förderte, die sogenannten *effects-based operations*, die wirkungsbasierten Operationen. Während in der traditionellen Kriegsführung beide Seiten ihre Streitkräfte in den unmittelbaren Kampf gegeneinander schickten, oftmals im Zuge blutiger Abnutzungskriege, stellten die wirkungsbasierten Operationen einen Prozess dar, in dem das erwünschte Ergebnis durch einen synergistischen Ansatz erreicht wurde. Indem die Koalition den Feind als System betrachtete und sodann die Beziehungen innerhalb dieses Systems bestimmte, konnte sie gezielt die Schwachstellen ins Visier nehmen, deren Zerstörung überproportionale Auswirkungen auf den Feind haben würden.

In der Geschichte haben militärische Befehlshaber immer schon nach der besten Möglichkeit gesucht, wie sie ihr Ziel erreichen konnten. Doch im Golfkrieg wurde es dank des rasanten technischen Fortschritts erstmals möglich, einen gesamten Kriegsplan auf Grundlage der wirkungsbasierten Operationen zu erstellen. Neue Entwicklungen in der Kommunikationstechnik, der nachrichtendienstlichen und militärischen Informationsgewinnung und der Theorie trugen zu einem vertieften Verständnis der komplexen Zusammenhänge in dem feindlichen Land bei. Auf diese Weise ließen sich anfällige strategische Ziele bestimmen, die mithilfe der neuen Tarnkappenflugzeuge und smarten Waffen präzise zerstört werden konnten. Im Rahmen der parallelen Kriegsführung konnten unzählige Ziele gleichzeitig angegriffen werden – die von den Medien sogenannte Taktik des »shock and awe« (»Schrecken und Furcht«), eine überwältigende Demonstration der Stärke, die das feindliche Handlungsvermögen lähmte.

Den Kern der wirkungsbasierten Operationen bildete die klare Unterscheidung zwischen den feindlichen Streitkräften und den eigenen Zielen. Im Krieg besteht stets die Gefahr, in das Muster vom Kampf Mann gegen Mann zu verfallen: Kampfjet gegen Kampfjet, Panzer gegen Panzer, Soldat gegen Soldat. Doch bei wirkungsbasierten Operationen spielt es keine Rolle, wie die erwünschte Wirkung erzielt wird: Hauptsache, sie wird erzielt. Musste im Irak ein wichtiger Kommunikationsknoten ausgeschaltet werden, konnte man ihn mit einer Bombe zerstören – die traditionelle Lösung –, man konnte ihn aber genauso gut durch Störsender, eine Cyberattacke, einen Sabotageakt oder ein Kommandounternehmen ausschalten, um nur einige von vielen Möglichkeiten zu nennen. Und wären andere Mittel, wie etwa diplomatischer, informatorischer oder ökonomischer Druck, wirksamer gewesen, hätte man sogar ganz auf den Einsatz der Armee verzichten können.

Im Golfkrieg waren wirkungsbasierte Operationen ein fester Bestandteil jeder Phase der Planung und Ausführung. Einer der führenden Theoretiker der Militärluftfahrt, Colonel John Warden, dessen Konzept der Desert-Storm-Kampagne zugrunde lag, betonte:

> *Als Planer oder Befehlshaber sollte man erklären können, wie jede einzelne Bombe mit dem Frieden zusammenhängt, der auf den Krieg folgen soll. Wenn man nicht erklären kann, wie sich eine bestimmte Bombe auf den nachfolgenden Frieden auswirkt, hat man seine Hausaufgaben nicht erledigt und sollte diese Bombe besser nicht abwerfen.*

Im Zweiten Golfkrieg konnten die verantwortlichen Militärs auf bis dahin beispiellose Weise die besten Elemente der Kriegsführung zu Land und zu Wasser, im Weltraum und im Cyberspace verknüpfen, um Lösungen zu finden. Ihrem kreativen Potenzial waren keine Grenzen gesetzt, mit dem Ergebnis, dass die irakische Armee entscheidend dezimiert wurde.

Inzwischen sind wirkungsbasierte Operationen Standard bei der Planung und Durchführung von Missionen. Als Leitrahmen ermöglichen sie effektivere und effizientere Lösungen. Sie fördern die Problemlösung über die Grenzen einzelner Disziplinen, Organisationen und Entscheidungsebenen hinweg und haben entscheidend zur Überwindung der notorischen Rivalitäten zwischen den Teilstreitkräften beigetragen.

Das Konzept ist nicht nur für das Militär bedeutsam, sondern stellt wie das agile Projektmanagement eine Denkweise und eine Orientierungshilfe dar, um auf allen Ebenen einer Organisation das kreative Potenzial freizusetzen. Dazu bedient es sich der folgenden Grundprinzipien:

1. Ausgangspunkt aller Aufgaben und Operationen sollte der erwünschte Endzustand sein

Ein wirkungsbasierter Ansatz setzt bei den erwünschten Ergebnissen an und geht von dort aus rückwärts vor. Dies ermöglicht in sämtlichen Phasen der Planung und Ausführung eine integrierte Strategie im Dienste der eigenen Ziele. Vielfach lassen sich Effektivität und Effizienz erheblich steigern, indem Operationen synchronisiert werden. Zahlreiche Prozesse erscheinen aus der Perspektive des großen Ganzen als redundant und können somit eliminiert werden. Eine solche Denkweise läuft dem Vorgehen zahlreicher Organisationen zuwider, die bei ihrer Planung von den vorhandenen Ressourcen und Fähigkeiten ausgehen und sich anschließend fragen, was mit ihnen erreicht werden kann.

Indem man am Ende ansetzt und stets das erwünschte Ergebnis im Blick behält, lässt sich verhindern, dass sich die Beteiligten bei der Planung und Ausführung allzu sehr in einzelnen Prozessen verlieren. Denn wenn es dazu kommt, verengt sich ihr Fokus, und sie verlieren das große Ganze aus dem Blick, auf Kosten ihrer Flexibilität und Kreativität. Mit zunehmender Größe einer Organisation steigt die Neigung der Einzelnen, sich ausschließlich auf ihre eigenen Probleme zu konzentrieren, was verstärkte Anstrengungen vonseiten der Führungsebene erfordert, um deutlich zu machen, *warum* bestimmte Wirkungen erzielt werden sollen.

Die Task Force Normandy setzte das Prinzip beispielhaft um, indem die Planer zunächst das KARI-Flugabwehrsystem als wichtigstes Mittel des Iraks identifizierten, um einen Koalitionsangriff zu erkennen. Im nächsten Schritt suchten die nachrichtendienstlichen und militärischen Auswerter nach dem schwächsten Glied in der Kette des Systems: zwei abgelegene

Radarvorposten mitten in der Wüste. Erst daraufhin fragten sich die Planer, wie sie diese ausschalten konnten.

Das Prinzip lässt sich auch auf die Wirtschaft übertragen, wobei in diesem Fall die Befriedigung der Kundenbedürfnisse der erwünschte Endzustand sein sollte. Eine neue Technologie, so revolutionär sie auch sein mag, kann nur dann zu einem kommerziellen Erfolg werden, wenn ein eindeutiger Bedarf vorhanden ist. Dieser lässt sich unter Umständen vorhersagen, möglicherweise ist er jedoch noch nicht einmal den Kunden selbst bewusst. Doch letztlich muss sich jedes Produkt daran messen lassen, ob es ein Kundenbedürfnis erfüllt.

Auch auf persönlicher Ebene kann man nur dann sein volles Potenzial auf einem Gebiet entfalten, wenn man am Endziel ansetzt und von da aus rückwärts vorgeht. Allein mit harter Arbeit und Talent wird man keine herausragenden Leistungen erreichen, vielmehr bedarf es dazu eines klaren und effizienten Plans. Wenn man etwas Neues lernen will, sollte man für sich selbst einen erwünschten Endzustand definieren und dann einen Plan entwickeln, der vom aktuellen Kenntnisstand ausgeht und das eigene Potenzial maximiert.

2. Die erwünschte Wirkung hat Vorrang vor den Mitteln

Ein wirkungsbasierter Ansatz konzentriert sich auf die Ursache und die Wirkung jeder durchgeführten Maßnahme, um so zuletzt zum erwünschten Endzustand zu gelangen. Das Ziel besteht darin, die Erfordernisse so weit herunterzubrechen, dass sie nicht mehr an ein bestimmtes Mittel oder einen bestimmten Prozess gebunden sind. Der Fehler vieler Personen und Organisationen ist, dass sie einen vorgefassten Begriff von den Ressourcen haben, die sie für die Lösung eines bestimmten Problems benötigen würden. Doch die eingesetzten Mittel und Prozesse sind nicht ansatzweise so wichtig wie die damit erzielten Wirkungen.

Auch hierfür liefert die Task Force Normandy ein hervorragendes Beispiel. Für den Erstschlag eines großen Krieges Hubschrauber einzusetzen, widersprach der traditionellen Lehre. Doch die Planer gingen nicht von den Mitteln aus, die ihnen zur Verfügung standen, sondern von der Frage, wie sie die erwünschten Wirkungen erzielen konnten. Diese definierten sie wie folgt: Es galt, (1) nachts in der abgelegenen Wüstenlandschaft die Radarstationen zu finden, (2) unentdeckt zu bleiben, (3) die Stationen zu zerstören und (4) zu verifizieren, dass die Stationen tatsächlich zerstört worden waren. Nachdem diese erwünschten Wirkungen feststanden, erwies sich ein neuartiges Vorgehen als die effizienteste Methode: Man bildete eine Task Force aus Pave-Low-Transporthubschraubern der Air Force und Apache-Kampfhubschraubern der Army.

Auch das Prinzip, dass die Wirkung Vorrang vor den Mitteln und Prozessen hat, ist von Bedeutung für Unternehmen. Ein Produkt repräsentiert Hunderte Konzepte, die zu einem Paket zusammengeschnürt werden müssen, mit jeweils spezifischen Kompromissen. Die Herausforderung besteht darin, die unzähligen Konzepte derart eng zu verknüpfen, dass daraus ein großartiges Produkt entsteht. Dabei wird man von Beginn an erheblichen unüberwindbaren Einschränkungen begegnen, mit denen man sich abfinden muss. Diese sind oftmals physischer Natur – nicht alles lässt sich mit den vorhandenen Materialien oder elektronischen Komponenten umsetzen. Andere Einschränkungen können zwar umschifft werden, gehen aber dennoch mit mal mehr, mal weniger großen Problemen einher. Indem man die Erfordernisse auf kleine erwünschte Wirkungen herunterbricht, kann man sie anschließend neu kombinieren, sodass sie die Kundenbedürfnisse effizienter und effektiver befriedigen.

Das gilt auch für alltägliche Entscheidungen. Beispielsweise sollte man als Pendler nicht das Auto als einziges mögliches Erfordernis zur Lösung seines Problems – zur Arbeit zu kommen – betrachten. Vielmehr gilt es, das Problem auf die erforderlichen

Wirkungen herunterzubrechen, etwa was Fahrtzeit, Kosten, Personenanzahl, Zuverlässigkeit oder Bequemlichkeit betrifft. Auf diese Weise kommt man möglicherweise auf eine neue und effektivere Lösung wie einen Fahrdienst, eine Fahrgemeinschaft, den öffentlichen Nahverkehr, einen Lkw und so weiter. Auch wenn sich das eigene Auto letztlich als beste Lösung erweisen sollte, eröffnet das Herunterbrechen des Erfordernisses auf die Wirkungen zumindest die Möglichkeit, alternative Lösungen zu erwägen.

3. Lösungen suchen, die die Wirkungen einschließen

Bei der Entscheidungsfindung geht es darum, unter mehreren Alternativen die beste Lösung zu finden. Wenn es nur eine einzige Lösung gibt, müssen wir uns nicht entscheiden. Die Frage ist: Wie können wir Alternativen generieren, deren erwarteter Wert sich anschließend bestimmen lässt? Diese Fähigkeit nennt sich Kreativität und gilt vielfach als angeborenes Talent. Auch wenn dies sicherlich in gewissem Maße richtig sein mag, gibt es eine Technik, die bei der Suche nach innovativen Lösungen entscheidend helfen kann.

Bisher haben wir uns nur mit dem ersten Schritt beschäftigt, dem Herunterbrechen der Erfordernisse auf die erwünschten Wirkungen. Mittel oder Prozesse, die mit einem spezifischen Erfordernis verknüpft sind, vermögen uns nicht bei der Suche nach alternativen Lösungen zu helfen. Doch sobald wir ein Problem erst einmal auf die erwünschten Wirkungen heruntergebrochen haben, können wir nach Lösungen suchen, die möglichst viele dieser Wirkungen einschließen. Dieser Schritt stellt die meisten Menschen vor große Probleme – wir neigen dazu, vor dem Uneindeutigen Zuflucht beim Eindeutigen zu nehmen.

Die Suche nach Alternativen ist ein uneindeutiger und chaotischer Prozess, der die Menschen fälschlich glauben lässt, sie würden keinen Schritt in Richtung ihres erwünschten Ziels vorankommen. Verstärkt werden kann dieser Irrglaube noch, wenn man den eigenen Fortschritt zu messen versucht. Das Resultat ist die überhastete Entscheidung für eine naheliegende Lösung, die sich in der Vergangenheit bewährt hat, jedoch möglicherweise nicht die effizienteste Lösung für die gegenwärtige Situation darstellt. In einem Gruppenzusammenhang kann dies ohne eine geeignete strukturierte Herangehensweise dazu führen, dass die naheliegenden Lösungen die Diskussion bestimmen und die gründliche Ausarbeitung von Alternativen blockieren. Auch wenn eine auf der Hand liegende Lösung möglicherweise alle erforderlichen Wirkungen erfüllt, wird in der Regel nur ein langsamer, strukturierter Prozess eine solche Lösung hervorbringen.

Der erste Schritt zur Generierung von Alternativen besteht darin, eine Prioritätenliste der erforderlichen Wirkungen zu erstellen. Wenn dies geschehen ist, lassen sich die Lösungen bestimmen, die ausschließlich der wichtigsten Wirkung genügen – die anderen kann man getrost außer Acht lassen. Selbstverständlich werden etliche dieser Alternativen in Hinblick auf alle erforderlichen Wirkungen schlecht abschneiden. Doch durch dieses Vorgehen können wir unsere starke Neigung bezwingen, stets sofort nach einer optimalen Lösung zu streben. Besonders wirkungsvoll ist dieser Schritt in einer Gruppe, da die Mitglieder oftmals Angst haben, etwas Falsches zu sagen. Lösungen zu entwickeln, die sämtlichen erforderlichen Wirkungen gerecht werden, kann sich als ausgesprochen schwierig erweisen, wohingegen die Suche nach Lösungen für lediglich eine Wirkung erheblich unkomplizierter ist. So können die Menschen einfache Erfolge feiern, was ihre Motivation steigert und dazu führt, dass sie letztlich mehr Alternativen produzieren. Sobald Lösungen für die wichtigste Wirkung gefunden wurden, sollte der Prozess für die nachfolgenden Wirkungen der Liste wiederholt werden.

Der nächste Schritt besteht darin, Alternativen zu finden, die die zwei wichtigsten erforderlichen Wirkungen einschließen. Durch die sich überlappenden Erfordernisse wird die Anzahl der infrage kommenden Lösungen erheblich sinken. Dieses Vorgehen sollte so lange wiederholt werden, bis nur noch Alternativen übrig bleiben, die allen erforderlichen Wirkungen gerecht werden. Dabei gilt es zu bedenken, dass einem niemals sämtliche denkbaren Alternativen einfallen werden; daher sollte man bis zur bereits erwähnten *good idea cutoff line* offen für neue Lösungen bleiben. In vielen Fällen lassen sich auch die besten Aspekte bereits vorgebrachter Alternativen zu einer Lösung verschmelzen. Abschließend kann man sämtliche Alternativen im Hinblick darauf bewerten, wie effektiv und effizient sie einem beim Erreichen der eigenen Ziele helfen.

4. Unsicherheit erfordert Flexibilität

Einer der Grundsätze von wirkungsbasierten Operationen lautet, dass die Welt aus komplexen und anpassungsfähigen Systemen besteht, die aufeinanderprallen und auf diese Weise ein dynamisches und oftmals unvorhersehbares Umfeld erschaffen. Geringfügige Veränderungen beim Input können zu unerwartet hohen Outputs führen.

Auch wenn im Mittelpunkt eines wirkungsbasierten Ansatzes die Frage stehen sollte, was jede einzelne Maßnahme zum erwünschten Endzustand beiträgt, wäre es ein Fehler, zu denken, wir könnten gesicherte Voraussagen über die Zukunft treffen. Beziehungen interagieren oftmals nichtlinear und am Rand von Kipppunkten. Beim Zusammenspiel mehrerer Systeme entstehen mit hoher Wahrscheinlichkeit neue und unerwartete Verhaltensweisen. Daher sollte ein wirkungsbasierter Ansatz auf Veränderungen vorbereitet sein und vor allem flexibel bleiben.

Infolge des Erfolgs der Operation Desert Storm gingen nicht wenige davon aus, der Ausgang von Kriegen ließe sich schon bald exakt voraussagen, noch bevor der erste Schuss gefallen wäre. Dank der exponentiell steigenden Rechenleistung von Computern würde man, so die Annahme, Modelle entwickeln können, mit denen sich die Auswirkungen der Interaktionen in der Welt um uns herum ziemlich genau prognostizieren ließen. Doch im Planungsprozess einen wirkungsbasierten Ansatz zu verfolgen, bedeutet keineswegs, die Zukunft exakt voraussagen zu können.

Eine der problematischsten Variablen stellt das Verhalten der Menschen dar. Der menschliche Geist ist die wohl größte Unsicherheitsquelle für jeden, der ein Prognosemodell erstellen will. Wir Menschen sind Meister darin, neue und innovative Lösungen zu entwickeln, die zuvor noch niemandem in den Sinn gekommen sind. Anschließend wenden wir alles an Technik, Ressourcen und menschlicher Arbeitskraft auf, um uns einen überproportionalen Vorteil zu verschaffen, indem wir bewusst so viele Schmetterlingseffekte wie möglich erzeugen.

Ein Beispiel hierfür ereignete sich einige Jahre nach dem Zweiten Golfkrieg, als es zum Showdown zwischen dem führenden Jagdflugzeug der Vereinigten Staaten, dem Tarnkappenkampfflugzeug F-117, und einer veralteten, in den Fünfzigerjahren entwickelten Boden-Luft-Raketenstation kam.

Die F-117 Nighthawk

Am Abend des 27. März 1999 stieg Colonel Dale Zelko in Norditalien mit seinem Kampfjet in den wolkenverhangenen Vollmondhimmel auf. Es war der vierte Tag der Operation Allied Force, des Luftkriegs gegen die damalige Bundesrepublik Jugoslawien. Colonel Zelko, ein dekorierter Desert-Storm-Veteran, saß am Steuer eines der innovativsten jemals entwickelten Flugzeuge, der F-117 Nighthawk.

Schon rein äußerlich unterschied sich die Nighthawk von allen Kampfflugzeugen zuvor, da bei ihrem Design alles den erwünschten Tarnkappeneigenschaften unterworfen worden war.

Das Flugzeug stellte den krönenden Abschluss von 20 Jahren Entwicklungsarbeit dar, angestoßen durch den Aufsatz eines sowjetischen Mathematikers, der darlegte, dass der Radarquerschnitt eines Flugzeugs in erster Linie von seiner Form abhängt, nicht von seiner Größe.

Durch die Fortschritte der Radartechnik war es zunehmend schwieriger geworden, weit in den feindlichen Luftraum vorzudringen. Einfach nur tief genug zu fliegen, genügte nicht mehr, um sich dem Radar zu entziehen. Gleichzeitig waren auch die Boden-Luft-Raketen weiterentwickelt worden, sodass Flugzeuge, die in großer Höhe flogen, ihren ursprünglichen Nutzen eingebüßt hatten. Daher galt es, das Radar auszutricksen.

Im Jahr 1975 begannen die Ingenieure der berühmten Skunk-Works-Projektabteilung beim Flugzeughersteller Lockheed – die Schöpfer der SR-71 Blackbird und der U-2 Dragon Lady – mit der Entwicklung eines Flugzeugs, das so gut wie unsichtbar für Radaranlagen sein sollte. Es handelte sich von Beginn an um ein streng geheimes Programm, ein sogenanntes Black Project, dessen Existenz von Regierungsseite nicht bestätigt wurde. Für die Tarnkappeneigenschaften berechneten die Ingenieure mithilfe von Supercomputern die Oberfläche des Flugzeugs so, dass auftreffende Radarstrahlen zerstreut und fast überhaupt nicht zurück zur Radarstation reflektiert wurden.

Um die Radarsignatur des Flugzeugs weiter zu verringern, wurde auf die Außenhaut eine neuartige Beschichtung mit winzigen Carbonyleisen-Kügelchen aufgetragen. Trafen Radarstrahlen auf das Flugzeug auf, verwandelte die Beschichtung die Energie in Wärme, die sich dann im Luftstrom verflüchtigte. Zusätzlich wurden zur Maskierung der Hitzesignatur an der Unterseite des Flugzeugs dieselben Kacheln wie beim Space Shuttle verwendet.

Um den Entwurf zu testen, wurde ein Modell des Flugzeugs heimlich in die Mojave-Wüste gebracht und auf ein Gestell montiert. Nur rund eineinhalb Kilometer davon entfernt – für

Kampfflugzeug-Verhältnisse also extrem nah – platzierte man eine Radaranlage. Doch als man das Gerät anschaltete, blieb der Radarschirm leer. Die Ingenieure gingen von einem Defekt aus und machten sich an die Fehlersuche, als plötzlich ein Vogel auf dem Modell landete und deutlich auf dem Radarschirm zu erkennen war. Das Gerät funktionierte also – die Ingenieure hatten tatsächlich ein Tarnkappenflugzeug entwickelt, das selbst für ihre eigene Ausrüstung unsichtbar war.

Das F-117-Programm wurde knapp ein Jahrzehnt lang offiziell nicht bestätigt; selbst in Regierungskreisen wusste so gut wie niemand von seiner Existenz. Das Flugzeug galt als Wunderwaffe der Vereinigten Staaten im Kalten Krieg gegen die Sowjetunion. Im Fall eines Falles wäre seine wichtigste Aufgabe gewesen, die feindliche Flugabwehr zu überlisten und tief in feindliches Territorium vorzudringen, um Kernwaffen auf die am besten geschützten und wertvollsten Ziele abzuwerfen.

Der Nutzen des Flugzeugs für die Vereinigten Staaten galt als derart immens, dass alles dafür getan wurde, seine Existenz geheim zu halten. Die Piloten wurden auf die abgelegene Tonopah Test Range in der Wüste von Nevada verlegt und offiziell auf der alternden A-7 Corsair II eingesetzt, in der sie tagsüber angeblich neue Avionik-Systeme testeten. Doch sobald die Sonne unterging, setzten sie sich in die an einen geschliffenen Edelstein erinnernde F-117, von der Dunkelheit vor neugierigen sowjetischen Spionen und Satelliten geschützt. Das Programm war so geheim, dass die Air Force, als 1986 eine Maschine abstürzte und einen kleineren Waldbrand verursachte, einen gesperrten Luftraum einrichtete und bewaffnete Wachen aufstellte, die jedem den Zugang zu dem Gebiet verwehrten, selbst den Feuerwehrleuten. Kampfhubschrauber kreisten über der Gegend, während die Trümmer geborgen und durch die eines anderen Flugzeugtyps ersetzt wurden.

Ihre Feuertaufe erlebte die F-117 bei der Operation Desert Storm 1991, in der sie die irakische Armee vor unlösbare Aufgaben stellte. Obwohl der Anteil der F-117 an der Flugzeugflotte der Koalitionsstreitkräfte nicht einmal drei Prozent betrug, zerstörten die Jets in der ersten Nacht mehr als 30 Prozent der Ziele. Sie wurden vorrangig in Bagdad eingesetzt, und wenngleich die Stadt durch mehr als 16 000 Boden-Luft-Raketen, 7 000 Flaks und 800 Kampfflugzeuge geschützt wurde, verloren die Vereinigten Staaten während des gesamten Kriegs nicht eine einzige F-117.

Der Feind

Auf gegnerischer Seite befehligte ein Serbe namens Zoltán Dani ein Bataillon mit dem veralteten sowjetischen SA-3-Boden-Luft-Raketensystem, das Ende der 1950er-Jahre entwickelt worden war. Bei der Einführung des Systems erwies sich enttäuschenderweise, dass es hinsichtlich Reichweite, Einsatzhöhe und Geschwindigkeit seinen Vorgängern unterlegen war. Zudem war es aufgrund seiner empfindlichen und komplizierten Konstruktion schwerfällig und dadurch ein relativ leichtes Ziel. Nachdem in Russland etliche SA-3 ausgemustert worden waren, hatte das Land sie an befreundete Armeen wie die jugoslawische weitergegeben.

Ein großes Plus von Zoltán Dani war seine Erfahrung. Knapp 20 Jahre zuvor hatte er im Libanonkrieg 1982 miterlebt, wie israelische Kampfflugzeuge in nicht einmal zwei Stunden 29 von 30 Boden-Luft-Raketenstationen zerstört hatten. Daher hatte er neue Taktiken entwickelt, um das Überleben seines Bataillons zu gewährleisten. Er sorgte dafür, dass das System in einzelne Teile zerlegt werden konnte, die sich per Lkw transportieren ließen. Durch ausgiebiges Training schafften seine Soldaten es schließlich, die Station in 90 Minuten transportfähig zu machen. Auf diese Weise konnte er sein Bataillon mehrmals täglich verlegen, was den alliierten Streitkräften die Ortung erschwerte.

Zudem war ihm bewusst, dass die von den NATO-Begleitflugzeugen abgeschossenen HARM-Raketen die größte Bedrohung für sein Bataillon darstellten. Diese Raketen orientierten sich an den Radaremissionen ihres Zielobjekts, doch sobald das Radar ausgeschaltet wurde, flogen sie ungelenkt weiter. Daher erließ Dani die strikte Order, das Radar stets lediglich zweimal für jeweils 20 Sekunden anzuschalten. Wenn es seinem Bataillon in dieser Zeit nicht gelang, ein Flugzeug abzuschießen, genoss das Leben seiner Soldaten Priorität, und sie begannen sofort mit den Vorbereitungen für die Verlegung.

Wie Dani feststellte, besaß seine SA-3-Radaranlage eine ähnliche elektronische Signatur wie das Radargerät des MiG-21-Kampfjets. Während des Zweiten Golfkriegs hatte Jugoslawien mehrere irakische MiG-21 beschlagnahmt, die zur Überholung im Land waren, und Dani ließ seine Männer die Radargeräte aus den stillgelegten Flugzeugen ausbauen, um sie in einiger Entfernung vom Bataillon zu platzieren, weit weg von allem, was wichtig war. Jedes Mal, wenn die Einheit das Radar des Raketensystems benutzte, befahl Dani, auch die MiG-Radargeräte einzuschalten, um mögliche Raketen von seinen Männern und ihrer kostbaren Ausrüstung wegzulenken.

Darüber hinaus installierte Dani in der Nähe der maßgeblichen NATO-Luftstützpunkte Spione, die ihn benachrichtigten, wenn Flugzeuge zu einem Einsatz abhoben, und ihn so vor drohenden Angriffen warnten. Da zudem nur wenige Flugzeugmuster mit den tödlichen HARM-Raketen ausgerüstet waren, konnte er anhand des startenden Flugzeugmodells die Gefahr für sein Bataillon abschätzen.

Die Mission

Bereits kurz nach dem Start geriet Colonel Zelkos F-117 in dichte Wolken. Die schlechten Wetterbedingungen sorgten dafür, dass etliche andere NATO-Flugzeuge am Boden blieben, doch die Tarnkappenjets hatten in den ersten drei Kriegstagen bereits zentrale Elemente der jugoslawischen Flugabwehr ausgeschaltet. Colonel Zelko war ein erfahrener F-117-Pilot, der knapp ein Jahrzehnt zuvor im Rahmen der Operation Desert Storm besonders geschützte Ziele zerstört hatte, während er mit Dutzenden Boden-Luft-Raketen und von Hunderten Flakstellungen beschossen worden war – ohne jedoch auch nur einmal ernsthaft in Gefahr zu geraten.

Nachdem er noch einmal in der Luft aufgetankt hatte, flog Colonel Zelko zusammen mit mehreren anderen F-117 in Richtung Kroatien. Vor der Küste erhöhten sie noch einmal die Tarnkappeneigenschaften ihrer Flugzeuge, indem sie die äußeren Antennen einfuhren und jegliche Sendetätigkeit ihrer Jets einstellten, um nahezu unsichtbar für den Feind zu werden. Dann trennten sie sich und machten sich auf den Weg zu ihren jeweiligen Zielen tief im Landesinneren.

Am Boden hatte Dani derweil vom Start der Flugzeuge erfahren, die aufgrund der bürokratischen NATO-Missionsplanungen stets mehr oder weniger dieselben Routen einschlugen. Da Dani die Luftoffensiven bereits drei Tage lang beobachtet hatte, wusste er, wie er seine Radaranlage ausrichten und wann er sie einschalten musste.

Als Colonel Zelko auf dem Weg zu seinen Zielen in Belgrad über den Kosovo vordrang, entdeckte Dani auf seinem Frühwarnradar ein schwaches Signal des Flugzeugs. Es war, als würde ein Gespenst über den Schirm des altmodischen Radargeräts huschen, das noch mit Vakuumröhren statt mit modernen Transistoren arbeitete. Das Frühwarnradar erlaubte Dani nicht, das Flugzeug unter Beschuss zu nehmen, allerdings konnte er mit seiner Hilfe die Route genauer bestimmen und den richtigen Zeitpunkt für den Einsatz seines Zielradars festlegen. Als das Flugzeug noch knapp 25 Kilometer entfernt war, gab er Befehl, das Zielradar in Betrieb zu nehmen. Seine Leute versuchten 20 Sekunden lang vergeblich, das unsichtbare Flugzeug aufzuspüren. Dani fürchtete, ihm könnte eine vielleicht einmalige Chance entgehen, daher ließ er das Radargerät sogleich ein zweites Mal einschalten. Abermals suchten seine Männer verzweifelt nach dem Flugzeug, während die 20 Sekunden heruntertickten. Bei null Sekunden schalteten sie das Radar wieder aus. Ihnen war klar, dass sie gescheitert waren und nun die Verlegung ihrer Anlage vorbereiten mussten.

Bis dahin hatte Dani das Radargerät nie länger als 40 Sekunden laufen lassen, bevor er an einen anderen Ort weitergezogen war, ausgehend von der Annahme, dass die Begleitflugzeuge rund eine Minute brauchen würden, um sein Bataillon zu lokalisieren und unter Beschuss zu nehmen. Doch in jener Nacht war die Situation eine andere: Dani wusste durch sein Spionagenetzwerk, dass viele der Begleitflugzeuge zum Schutz der F-117 wegen des schlechten Wetters nicht gestartet waren. Daher brach er seine eigene Regel und ließ das Radargerät noch ein drittes Mal anschalten.

Um 20:15 Uhr Ortszeit entdeckte Dani schließlich Colonel Zelkos F-117 in lediglich 13 Kilometern Entfernung, als dieser gerade seinen Waffenschacht öffnete, um seine Bomben abzuwerfen. Dadurch vergrößerte sich der Radarquerschnitt des Flugzeugs erheblich, sodass Dani ein stabiles Signal empfing. Das Radargerät konnte dem Ziel nun folgen, und als es sich in Reichweite befand, befahl Dani, kurz nacheinander zwei Raketen abzuschießen.

Unterdessen ging Colonel Zelko, nachdem er seine Ziele getroffen hatte, auf Kurs zurück Richtung Küste. Gut eine Minute darauf entdeckte er die Raketen. In einem anschließenden Bericht erklärte er:

Die Raketen kamen mit dreifacher Schallgeschwindigkeit angeflogen, daher blieb mir kaum Zeit, zu reagieren. Unmittelbar bevor die erste Rakete mich erreichte, schloss ich in Erwartung des Treffers die Augen und drehte den Kopf weg. Mir war klar, dass es einen Feuerball geben würde, und ich wollte nicht geblendet werden. Ich spürte, wie die erste Rakete direkt über mir vorbeizischte, so dicht, dass das Flugzeug durchgerüttelt wurde. Als ich meine Augen wieder öffnete und mich umschaute, kam bereits die nächste Rakete. Die Wucht der Explosion war brutal. Ein gewaltiger Licht- und Hitzeblitz verschlang mein Flugzeug und riss den linken Flügel ab, sodass es um die Längsachse zu rotieren begann. Wenn ein Flugzeug in eine Turbulenz gerät und sich die eigenen Beine leicht anfühlen, dann ist man kurzzeitig bei 0 g. Ich war bei minus 7 g. Mein Körper wurde aus dem Sitz nach oben zum Kabinendach gerissen. Als ich mit aller Kraft versuchte, den Schleudersitzgriff zu fassen zu bekommen, schoss mir nur ein Gedanke durch den Kopf: Jetzt hast du echt ein Problem.

Die Rakete explodierte in einem riesigen Feuerball, der noch von einem Tankflugzeug aus zu sehen war, das in gut 150 Kilometern Entfernung über Bosnien kreiste. Genau dies erwies sich letztlich als Glücksfall für Colonel Zelko: Nach seinem Schleudersitzausschuss konnte er sogleich Kontakt zu dem Tankflugzeug aufnehmen, dessen Crew beim Anblick der Explosion bereits die Such- und Rettungsprozeduren eingeleitet hatte. Wenige Minuten darauf landete er auf einem Feld südlich der Kleinstadt Ruma, rund eineinhalb Kilometer von der Absturzstelle seines Jets entfernt. Die folgenden acht Stunden verbarg sich Colonel Zelko in einem Entwässerungsgraben. Feindliche Soldaten durchkämmten das Gebiet und näherten sich ihm einmal bis auf wenige Hundert Meter. Als er schließlich von einem US-amerikanischen Kampfsuch- und Rettungsteam per Hubschrauber geborgen wurde, trennten ihn möglicherweise nur noch Minuten von der Gefangennahme.

Kreativität kann ein exponentieller Vorteil sein

Zoltán Dani war es dank seiner Kreativität und seines Einfallsreichtums gelungen, mit seinem Raketenbataillon eines der fortschrittlichsten Flugzeuge abzuschießen. Er hatte unkonventionelle Lösungen gefunden, um eine technologische Kluft von 40 Jahren zu überbrücken. Durch die systematische Priorisierung bei der Lösung von Problemen überstand sein Bataillon die Kampfhandlungen und konnte die NATO-Kriegspläne immer wieder durchkreuzen. Im Laufe des 78-tägigen Krieges legte seine vermeintlich immobile Raketenstation mehr als 80 000 Kilometer im jugoslawischen Hinterland zurück und stellte die NATO-Verantwortlichen immer wieder vor Rätsel. Seine Mobilität, sein minimaler Radareinsatz und seine improvisierten Täuschungsanlagen waren ein erhebliches Problem für die NATO-Streitkräfte, die sein Bataillon nicht neutralisieren konnten, obwohl sie es mit knapp 100 HARM-Raketen beschossen. Die NATO-Truppen genossen somit nicht die erwartete Bewegungsfreiheit, da die meisten Flugzeuge nicht in die Nähe des Gefechtsfelds gelangen konnten und wirkungslos blieben. Gut einen Monat nach dem Abschuss der F-117 bewies Danis Bataillon, dass es sich nicht um einen Glückstreffer gehandelt hatte, indem es ein weiteres Flugzeug abschoss, eine US-amerikanische F-16, geflogen von einem dekorierten Kampfpiloten, der es bis zum Stabschef der Air Force bringen sollte.

Die NATO-Kriegsplaner waren jedoch mindestens genauso verantwortlich für den Verlust der F-117 wie Dani. Durch die strikte Kontrolle der Flugrouten vonseiten der NATO-Führung kamen die Angriffe immer aus derselben Richtung. Zudem ermöglichte es die unzureichende operative Sicherung feindlichen Spionen, den Start der Flugzeuge zu beobachten, was den Feinden oftmals eine stundenlange Vorlaufzeit bescherte. Nach mehreren Tagen mit ähnlichen Operationen konnten die gegnerischen Flugabwehrkräfte ungefähr auf den Zeitpunkt, den Ort, die Höhe und die Richtung kommender Angriffe schließen. Dies erleichterte es ihnen maßgeblich, den technologischen Rückstand gegenüber der fortschrittlichen NATO-Luftstreitkraft wettzumachen. Die Probleme wurden von den Piloten der Einsätze rasch erkannt, doch die NATO-Vorgaben waren zu unflexibel, um Innovationen und Anpassungen durch die Flugzeugbesatzungen zuzulassen.

Im Anschluss an den Luftwaffeneinsatz im Kosovokrieg wurden die wirkungsbasierten Operationen überarbeitet. Um künftig besser auf Unsicherheiten reagieren zu können, wurde den Kämpfenden erheblich mehr Flexibilität zugestanden. Als ich in Afghanistan im Einsatz war, hatten die Piloten weit größeren Einfluss auf den Entscheidungsfindungsprozess. Unsere detaillierten Einsatzaufträge, die sogenannten Air Tasking Orders, wurden lediglich als grobe Leitlinien betrachtet, die an die Bedingungen angepasst werden konnten. Dank des technischen Fortschritts konnten die Verantwortlichen Informationen rascher weitergeben, sodass die Kämpfer an der Front, in Einklang mit den allgemeinen Zielvorgaben, selbst Entscheidungen treffen konnten. Ich tauschte mich im Flug mit hochrangigen Stabsangehörigen aus, sodass wir durch die Zusammenführung meiner taktischen Vor-Ort-Perspektive und ihrer strategischen Perspektive das bestmögliche Vorgehen entwickeln konnten, um die erwünschten Wirkungen zu erzielen. Es verging quasi kein Flug, in dem ich die Befehle nicht abänderte, und mindestens ein Dutzend Mal warf ich meinen ursprünglichen Einsatzplan sogar komplett über den Haufen, auf Grundlage der Informationen, die mir in meinem Cockpit vorlagen. Auch wenn das Hauptquartier weiterhin verantwortlich blieb, erlaubte mir das Prinzip der Flexibilität, rasch eigene Lösungen zu entwickeln, sobald sich die ursprünglichen Pläne als unzureichend erwiesen.

Als eine von wenigen Ressourcen kann die Kreativität demjenigen, der darüber verfügt, einen exponentiellen Vorteil verschaffen. Dies sieht man momentan etwa in dem Krieg zwischen Russland und der Ukraine. Während der russische Krieg gegen Georgien, der russische Militäreinsatz in Syrien und die Annexion der Krim kaum Reaktionen vonseiten der NATO und anderer Weltmächte hervorgerufen hatten, änderte sich dies bei dem russischen Überfall auf die Ukraine.

Unter der Führung von Wolodymyr Selenskyj nutzte die Ukraine auf innovative und systematische Weise moderne Kommunikationsformen, um sich die Unterstützung von Ländern weltweit zu sichern. Die Ukraine verschaffte sich über die sozialen Medien Gehör, um einerseits die russischen Gräueltaten anzuprangern, andererseits den Zusammenhalt und den Kampfeswillen der eigenen Bevölkerung zu stärken, etwa mit Geschichten wie der vom Geist von Kiew, einem Kampfpiloten, der in den ersten Kriegstagen zahlreiche russische Flugzeuge und Hubschrauber abschoss, oder der Legende von der Schlangeninsel, der zufolge eine ukrainische Einheit vernichtet worden sei, nachdem sie sich den Angreifern mit den Worten »Russisches Kriegsschiff, fick dich!« entgegengestellt habe.

Auch wenn sich viele dieser Geschichten als ausgeschmückt erwiesen, verfehlten sie ihre Wirkung nicht. Sie verdrängten die übermächtige russische Propaganda, stützten die moralische Überlegenheit der Ukraine und zeigten der eigenen Bevölkerung und der Welt, dass das Land eine Chance hatte, die ehemalige Supermacht zurückzuschlagen. Das Ergebnis war eine überwältigende Unterstützung durch die internationale Gemeinschaft, die in der Folge erdrückende Sanktionen gegen Russland verhängte und die Ukraine mit entscheidenden Ressourcen für den weiteren Kampf versorgte.

Auch auf dem Schlachtfeld selbst spielten Kreativität und Innovation eine entscheidende Rolle. Ukrainische Teenager verwandelten ihre Drohnen in Molotow-Cocktail-Bomber. Landwirte schleppten mit ihren Traktoren russische Panzer ab. Bei Angriffen aus dem Hinterhalt setzte die ukrainische Armee tragbare Raketenwerfer gegen russische gepanzerte Fahrzeuge und Stellungen sowie tieffliegende Flugzeuge und Hubschrauber ein. Dagegen wurden die Russen von ihrer Inflexibilität gelähmt. Sie kämpften mit den Herausforderungen des Bewegungskrieges, der Versorgungslogistik, der Zuverlässigkeit ihrer Fahrzeuge und der sicheren Kommunikation – kurz gesagt, mit den Grundlagen jeder Militäroperation. So konnte die Ukraine die Russen aus einem Großteil des Landes zurückdrängen, obwohl sie nur über rund ein Zehntel der Soldaten, Ausrüstung und finanziellen Mittel verfügte.

Kreativität wird häufig als angeborene Gabe angesehen, dabei kann sie ausgebildet und weiterentwickelt werden. Im Wesentlichen bedeutet kreativ zu sein nichts anderes, als unterschiedliche Dinge auf unkonventionelle Weise miteinander zu verbinden. Manche von uns verfügen über ein natürliches Talent dafür, innovative Lösungen zu finden. Doch tatsächlich könnten die meisten Menschen sowie sämtliche Organisationen von Prozessen und Strukturen profitieren, mit denen sich Probleme auf eine Weise herunterbrechen lassen, die kreative Lösungen fördert.

Wirkungsbasierte Operationen stellen eines der besten Mittel zur kreativen Entscheidungsfindung dar. Allerdings gilt es bei der Anwendung des Konzepts zu bedenken, dass die Welt voller Unsicherheiten steckt und exakte Zukunftsprognosen schlicht unmöglich sind. Dem kann man nur begegnen, indem man die Unsicherheit akzeptiert und bei jedem Plan Raum für flexibles Handeln lässt.

Jede Entscheidung ist im Grunde ein Versuch, die Wahrscheinlichkeit auf unsere Seite zu bringen. Es wird gute Entscheidungen geben, die keinen Erfolg haben, und es wird schlechte Entscheidungen geben, bei denen sich Erfolg einstellt. Dieses Zufallselement ist unvermeidbar. Doch auf lange Sicht verschaffen sich Menschen, die systematisch Lösungen suchen und evaluieren, einen erheblichen Vorteil, sei es auf dem Schlachtfeld, in der Wirtschaft oder im persönlichen Leben.

6

Mentale Stärke

Provinz Parwan, Afghanistan, 15:30 Uhr Ortszeit

Beim Intelligence-Briefing brachte mich ein Army-Offizier auf den neuesten Stand zu einer Hochrisiko-Operation mehrerer Spezialkräfteeinheiten in der Provinz Nangarhar im Osten Afghanistans. Die Terrororganisation IS breitete sich im Land aus und hatte insbesondere an der Grenze zu Pakistan Fuß gefasst. Ihre Kämpfer terrorisierten die Zivilbevölkerung mit brutalen Morden und zwangen Teenager zu Selbstmordanschlägen gegen die NATO-Truppen. Innerhalb weniger Wochen war die zunehmende Stärke des IS zu einer Bedrohung für die Stabilität der Region geworden. Unser Marschbefehl kam direkt vom Verteidigungsminister, und er lautete: »Löscht sie aus.«

Der Plan war einfach: Bodentruppen hatten in der nördlichsten Stadt des vom IS kontrollierten Gebiets eine Säuberungsaktion begonnen und sollten nun die Kämpfer nach und nach zwingen, sich in das öde Bergland im Süden zurückzuziehen, wo man dann die Luftunterstützung auf sie loslassen könnte. Die mehrwöchige Operation galt als hochriskant, da die Einheiten den Schutz ihrer Fahrzeuge verlassen mussten, wenn sie die Ortschaften durchkämmten. Um die Opferzahlen möglichst niedrig zu halten, waren die Ortschaften zuvor evakuiert worden. Doch viele Einwohner wollten oder konnten ihre Häuser nicht verlassen. Zum Schutz der Zivilbevölkerung lautete unsere

Richtlinie bei dem Einsatz, im Zweifelsfall zugunsten der verbliebenen Menschen in der Region zu entscheiden. Daher durften wir von unseren Waffen nur in engen Grenzen Gebrauch machen, sodass oftmals die IS-Kämpfer zuerst das Feuer auf die NATO-Soldaten eröffneten.

Die Luftunterstützung war unser entscheidender Pluspunkt: Der Plan sah eine Kombination von Apache-Hubschraubern, schweren AC-130-Flugzeugen mit Rohrbewaffnung – den sogenannten »Gunships« (»Kanonenbooten«) – und F-16 vor, die die Bodentruppen rund um die Uhr mit ihrer Feuerkraft unterstützen sollten. Außerdem würden ein Dutzend Aufklärungsflugzeuge die Gegend überwachen und die Voraberkundung des Geländes für die Säuberungsaktion durchführen. Da wir die einzige Kampfjetstaffel im Land waren, konnten wir, um einen Rund-um-die-Uhr-Schutz zu gewährleisten, nur alle vier Stunden zwei F-16 losschicken.

Die erste Woche der Operation verlief verhältnismäßig reibungslos: Zwar gerieten die Trupps täglich unter Beschuss, doch dank ihrer überlegenen Ausrüstung und Ausbildung konnten sie den Feind effektiv aus der Ferne bekämpfen. Bei unseren Einsätzen arbeiteten wir eng mit den in die Bodentruppen eingebetteten Air Force Combat Controllern zusammen – die zu den besten Spezialkräften der Welt gehören –, um die Feinde auszuschalten. Wir bildeten ein tödliches Team, das mithilfe der 225- und 900-Kilogramm-Bomben und der lasergelenkten Raketen an Bord unserer Jets innerhalb kürzester Zeit ein Gebiet säubern konnte. Im Laufe der Zeit entwickelten wir ein vertrauensvolles Verhältnis zu den Combat Controllern und konnten sie allein anhand ihrer Stimme und Vorgehensweise unterscheiden, obwohl wir ihnen nie persönlich begegneten und auch nicht ihre Namen erfuhren.

In dem Intelligence-Briefing schilderte der Army-Offizier meinem Wingman und mir die Entwicklungen in den 24 Stunden seit unserem letzten Flug. Wir zeichneten die aktuellen

Positionen unserer Einheiten in eine Karte ein und gingen die Stellungen durch, von denen aus sie beschossen worden waren. Anschließend schauten wir uns die Cockpit-Aufnahmen von den Einsätzen des vergangenen Tages an, um herauszufinden, ob unsere Feinde ihre Taktik verändert hatten und wie wir wirkungsvoller agieren konnten.

Doch mitten in der Sitzung wurden wir plötzlich vom zuständigen Einsatzleiter unterbrochen, weil ein Feuergefecht ausgebrochen war. Ein Bodentrupp war beim Einmarsch in ein Dorf in einen Hinterhalt geraten. Da den Luftunterstützungskräften vor Ort allmählich die Waffen ausgingen, mussten wir schnellstmöglich starten und sie ablösen.

Wir stürmten los, um uns fertig zu machen. Nachdem ich mich in meinen Anti-*g*-Anzug gezwängt hatte, legte ich Gurtzeug und Rettungsweste an. Als Letztes holte ich immer meine M9-Pistole aus ihrem Holster und steckte sie zusammen mit einem Ersatzmagazin in das Holster der Rettungsweste, für den Fall eines Notausstiegs über feindlichem Gebiet. Dann machten wir uns zu unseren Jets auf. Sobald wir sie anließen, wurden unsere Waffen scharf geschaltet, und schon kurz darauf waren wir in der Luft. Mit vollem Nachbrenner flogen wir mit annähernd Schallgeschwindigkeit ostwärts. Als wir in Funkreichweite waren, nahm ich Kontakt mit den beiden F-16 vor Ort auf, die kaum noch Treibstoff und keinerlei Waffen mehr hatten. Sie gaben uns die Stellung unserer Soldaten durch und wo diese sich Gefechte mit den Feinden geliefert hatten, dann drehten sie ab und machten sich auf den Rückweg. Wir wechselten auf die verschlüsselte Frequenz des Combat Controllers, damit wir uns mit ihm abstimmen konnten.

Als Erstes erfuhren wir, dass sich auch die Apache-Hubschrauber auf den Rückweg machten, da sie kaum noch Kraftstoff hatten. Aufgrund ihrer geringen Geschwindigkeit von rund 260 Stundenkilometern würden wir sie für den Rest unserer Mission nicht mehr zu Gesicht bekommen. Dies war ein herber

Verlust. Die Apaches sind bei der Luftnahunterstützung von unschätzbarem Wert. Im Gegensatz zu Kampfjets, die mit enormer Geschwindigkeit in mehreren Zehntausend Fuß Höhe kreisen, operieren die Hubschrauber in unmittelbarer Nähe der Bodentruppen und können problemlos ihren Bewegungen folgen und gemeinsame Manöver mit ihnen durchführen. Dadurch sowie durch ihr umfangreiches Waffenarsenal sind sie bei Einsätzen in einer Stadt oder einem Dorf außerordentlich wirkungsvoll.

Als Nächstes hörten wir, wie sich der Combat Controller am Boden mit den anderen Flugzeugen im *Stack*, dem Luftraum unmittelbar oberhalb der Operation, absprach. Gelegentlich kreisen bei einer Operation bis zu fünfzehn Flugzeuge, Hubschrauber und Drohnen im Stack. Um Kollisionen zu vermeiden – und damit sie sich nicht versehentlich gegenseitig bombardieren –, erhält jedes von ihnen einen bestimmten Höhenkorridor zugewiesen, beispielsweise von 15 000 bis 17 000 Fuß. An jenem Tag befanden sich mehrere Aufklärungsflugzeuge und eine unbemannte Predator-Drohne über uns im Stack, unterhalb von uns kreiste das Furcht einflößende AC-130-Gunship, ein umgebautes Transportflugzeug mit einem 25-mm-Gatlinggewehr, einer 40-mm-Maschinenkanone und einer massiven 105-mm-Haubitze: Waffen, die es tatsächlich in eine Art fliegendes Schlachtschiff verwandelten.

Ich hatte bereits zuvor mit dem Controller zusammengearbeitet und dabei bemerkt, dass er selbst mitten in einem Feuergefecht stets die Ruhe behielt. Doch diesmal klang er angespannt. In kurzer Folge bat er die AC-130, bestimmte Areale vor dem Bodentrupp aufzuklären. Als wir uns bei ihm meldeten, gab er uns ein Update zu Position und Plan des Trupps und nannte uns die Gebäude, in denen höchstwahrscheinlich feindliche Kämpfer Unterschlupf gefunden hatten.

Die ersten Minuten einer Schutzmission sind jedes Mal die schwierigsten. Egal wie detailliert man zum Plan gebrieft worden ist, bleibt es stets eine Herausforderung, in wenigen Augenblicken ein Situationsbewusstsein aufzubauen, indem man sich einen Überblick über die Stellungen der eigenen und der feindlichen Truppen verschafft und versucht festzustellen, wohin sie vorrücken werden. Doch wie gesagt: Kein Plan übersteht den Erstkontakt mit dem Feind. Mit anderen Worten: Während man in der Luft ist, kommt es ständig zu irgendwelchen Veränderungen, auf die man reagieren muss. In diesem Fall wurde alles noch komplizierter durch die Tatsache, dass Soldaten der verbündeten afghanischen Armee an der Seite der US-amerikanischen Spezialkräfte kämpften, sodass die Beteiligten kaum sauber auseinanderzuhalten waren.

Was für die Ärzte der hippokratische Eid, ist für uns der Grundsatz, bei einer Luftunterstützungs-Mission keinem eigenen oder verbündeten Soldaten zu schaden. Ein sogenannter *fratricide*, die Tötung oder Verwundung eines eigenen oder verbündeten Soldaten, ist das Schlimmste, was einem Piloten passieren kann, noch schlimmer als der eigene Tod: Ein Fehler, durch den ein Kamerad verstümmelt oder getötet wird, ist schlicht unverzeihlich. Auch im Training wird der Beschuss des falschen Flugzeugs oder die Bombardierung des falschen Ziels als schwerwiegender Fehler betrachtet und umgehend sanktioniert.

Leider sind im Laufe der Zeit viele Soldaten durch eigenen Beschuss gestorben, weil es einfach schwierig ist, die Bodentruppen und die direkt über ihnen operierenden Luftkräfte zu koordinieren. Zudem potenziert die enorme Feuerkraft eines modernen Kampfjets die Tragweite jeder Entscheidung. Ein Gewehr und die Bombe eines Kampfflugzeugs werden beide von einer einzigen Person ausgelöst. Doch die Gewehrkugel kann nur einen Menschen töten, wohingegen die Bombe je nach Größe jeden in einem Umkreis von bis zu 100 Metern töten kann.

Während mein Wingman und ich unsere Positionen an den entgegengesetzten Enden unserer Kreisbahn um das Ziel einnahmen, meldete sich das Funkgerät mit einem Knistern, und dann rief auch schon der Controller: »Wir werden beschossen. Sie haben uns genau im Visier!« Im Hintergrund hörte ich die Salven automatischer Waffen und einen Soldaten, der brüllte, von wo die Schüsse kamen.

Der Controller forderte die AC-130 auf, die Feinde unter Beschuss zu nehmen. Die Besatzung des schwerfälligen Flugzeugs, das mehrere Tausend Fuß unter mir in entgegengesetzter Richtung kreiste, eröffnete das Feuer. Die Treibladungen der Maschinenkanone verursachten eine dichte Rauchgaswolke hinter dem Flugzeug, zugleich schlugen Hunderte Geschosse Funken sprühend in das Feld ein, aus dem die IS-Kämpfer unsere Bodentruppen beschossen.

Rund 15 Sekunden darauf meldete sich der Controller mit meinem Rufzeichen bei mir: »Viper, wir brauchen jetzt Bomben. Bleib auf Empfang für die nine-line.« Die neun Punkte einer sogenannten *nine-line* dienen der Koordinierung eines Luftschlags. Mein Wingman und ich verfügten als Einzige über Waffen, mit denen wir auch Gebäude zerstören konnten, während die AC-130 bei aller Feuerkraft nichts gegen Mauern auszurichten vermochte. Der Controller gab mir die Position eines Hauses durch, aus dem auf unsere Leute gefeuert wurde. Ich nahm die Koordinaten auf, vergewisserte mich, dass wir über dasselbe Objekt sprachen, und schwenkte aufs Ziel ein. Zugleich legte ich den Hauptwaffenschalter um, aktivierte den Laser, der die genaue Entfernung an die Bombe übermittelte, und drückte schließlich den roten Abwurfknopf. Eine 225-Kilogramm-Bombe raste auf das Ziel zu. 45 Sekunden darauf explodierte das Gebäude; nur noch eine Rauchwolke zeigte an, wo es gestanden hatte.

Ungefähr zur selben Zeit fielen die Funkgeräte der AC-130 aus, sodass die Besatzung vollkommen von jeder Kommunikation abgeschnitten war. Der Combat Controller bat die AC-130 mehrfach um Hilfe, und ich bemerkte die Verzweiflung in seiner Stimme, als er rief: »Wir brauchen sofortige Feuerunterstützung. Jetzt!« Nach mehreren Momenten der Stille wandte er sich an uns und gab uns neue Ziele durch.

Im Verlauf der folgenden fünf Minuten warfen mein Wingman und ich weitere 225-Kilogramm-Bomben ab. Es gelang uns, den Angriff der IS-Kämpfer einzudämmen und sie über einen trockenen Flusslauf zurückzudrängen. In dem Moment meldete der Controller, dass ein Soldat getroffen worden war: »Es ist ziemlich schlimm … Es sieht nicht gut aus für ihn.«

Gleich nach einem *fratricide* ist das Zweitschlimmste für uns als Kampfpiloten der Verlust eines Soldaten, den wir beschützen sollen. Um das Wohl und Wehe dieser Soldaten geht es schließlich bei der Luftnahunterstützung. Sie selbst und ihre Familien verlassen sich auf uns. Während der Ausbildung hatten unsere Fluglehrer immer wieder erzählt, bei wie vielen Kampfeinsätzen sie dabei gewesen waren und dass sie jeden einzelnen Soldaten wieder heil mit nach Hause gebracht hatten, für dessen Schutz sie verantwortlich gewesen waren. Als ich nun die Meldung des Controllers von einem verwundeten Soldaten hörte, wurde mir ganz flau im Magen.

Stress

Unter Kampfpiloten kursiert der Spruch, dass du nur den Helm aufsetzen musst, schon sinkt dein IQ um 20 Punkte. Damit wollen wir sagen, dass jede Aufgabe, so einfach sie im Schulungsraum erscheinen mag, unvergleichlich viel schwieriger wird, sobald man schwitzend im heißen Cockpit sitzt, während über Funk Dutzende Personen durcheinanderreden und Leben auf dem Spiel stehen.

Unsere Gefühle beeinflussen maßgeblich unsere Fähigkeit, Entscheidungen zu treffen. Im Laufe der biologischen Entwicklung des Menschen wurde der rationale Teil unseres Gehirns, der sogenannte präfrontale Kortex, mit dem für unsere Gefühle verantwortlichen limbischen System verschaltet. Dadurch können wir in vielen Situationen leicht dem Irrglauben verfallen, wir würden rational handeln, obwohl in Wahrheit schon längst unsere Gefühle die Kontrolle übernommen haben.

Der Mensch hat durchschnittlich 60 000 Gedanken am Tag, wobei bis zu 85 Prozent dieser Gedanken der angstgeleiteten Planung gewidmet sind, sprich, wir machen uns Sorgen über Dinge, die in der Zukunft passieren könnten. Dass sich der Mensch in diese Richtung entwickelt hat, dürfte der einstigen Allgegenwart des Todes geschuldet sein. Wenn sich unsere Vorfahren ein Bein brachen, hatten sie so gut wie keine Überlebenschance. Selbst soziale Entscheidungen waren eine Frage von Leben und Tod. Die Stammesgemeinschaften lebten im ständigen Krieg miteinander. Aufgrund von Skelettfunden aus der Steinzeit schätzen Archäologen, dass damals 25 Prozent aller Todesfälle gewaltsame Ursachen hatten, eine atemberaubende Quote, die rund 20 000 Prozent über der von heute liegt. Wer von seiner Gemeinschaft ausgestoßen wurde, dem drohte der sichere Tod. Aufgrund dieser erbarmungslosen Existenz entwickelte der Mensch eine konservative Mentalität, die jedoch der modernen Welt nicht gerecht wird.

Beim Aufkommen von Angstgefühlen in der Amygdala unseres Gehirns aktiviert diese die Produktion von Stress- und Angsthormonen wie Adrenalin und Cortisol. Während sich unser Körper darauf vorbereitet, tätig zu werden, setzt unsere Leber Glucose frei, um unsere Muskeln mit zusätzlicher Energie zu versorgen. Cortisol erhöht unseren Blutzuckerspiegel und hemmt unser Immunsystem. Unser Verdauungssystem stellt seine Arbeit ein, was das Gefühl von Schmetterlingen im Bauch erklärt – oder dass einem flau im Magen wird. Unsere Lungen intensivieren ihre Tätigkeit, da sie sich auf einen zunehmenden Sauerstoffbedarf vorbereiten. Wir beginnen schnell und flach zu atmen, unser Mund wird trocken, und das Schlucken fällt uns schwer. Sobald das Adrenalin ins Blut gelangt, beschleunigt sich unser Herzschlag, und wir spüren ein Hitzegefühl an Brust und Hals sowie im Gesicht.

Doch diese körperliche Vorbereitung fordert ihren Preis. Die Aktivität des präfrontalen Kortex sinkt, jenes höchstentwickelten Teils unseres Gehirns, der für die höheren kognitiven Prozesse zuständig ist. Unser Arbeitsgedächtnis nimmt ab, zugleich wechselt unsere Aufmerksamkeit von einem reflektierten, auf Priorisierung gründenden Top-down-Ansatz zu einem Bottom-up-Ansatz, bei dem wir uns allzu oft auf den stärksten Reiz konzentrieren.

Die Air Force begann nach dem Zweiten Weltkrieg, diese Veränderungen gründlich zu erforschen, angeregt durch die Beobachtung, dass Piloten, die ihr Können in Friedenszeiten bewiesen hatten, ihr Flugzeug in der Hitze des Gefechts aufgrund einfacher kognitiver Fehlleistungen verloren. Im Laufe der Zeit führte die Air Force eine Reihe von Studien zu den Auswirkungen von Stress auf Piloten durch. Die Ergebnisse zeigten, dass Stress bei simplen, einstudierten Aufgaben eine geringfügige Leistungssteigerung bewirken kann, die Leistungsfähigkeit jedoch bei Aufgaben, die komplexes oder flexibles Denken erfordern, erheblich verringert.

Als Fluglehrer erlebe ich das ständig bei meinen Schülern, so etwa auch während der Arbeit an dem vorliegenden Buch. Ich flog in Begleitung eines überdurchschnittlichen Schülers, der mit Mitte zwanzig gerade seine Pilotengrundausbildung absolviert hatte und noch über wenig Erfahrung im Kampfjet verfügte. Vor dem Flug konnte er spielend sämtliche meiner Fragen beantworten. Anschließend führte er uns problemlos in den reservierten Luftraum und schlug sich auch wacker im Nahkampf gegen mich. Doch auf dem Weg zurück gerieten die Dinge aus den Fugen. Der Tower wies uns an, auf eine andere Funkfrequenz zu gehen, ein simpler Vorgang, den man während eines Fluges dutzendfach durchführt. Doch der Schüler wechselte versehentlich auf die falsche Frequenz. Im Gegensatz zu anderen Kampfflugzeugen verfügt die F-35 über einen riesigen Touchscreen von der Größe zweier ausgewachsener iPads, nicht über traditionelle Skalenanzeigen und Instrumente. Dadurch hat man als Pilot ein deutlich höheres Situationsbewusstsein auf dem Gefechtsfeld, allerdings muss man sich erst einmal daran gewöhnen. Unerfahrenen Piloten kann es leicht passieren, dass sie auf dem Display die falsche Schaltfläche anklicken.

Nachdem es mehrere Momente still geblieben war, erkannte der Schüler, dass etwas nicht stimmte, und begann mit der Fehlersuche, wobei er jedoch von einem Defekt des Funkgeräts ausging. Da die F-35 ein einsitziger Kampfjet ist, musste ich ihn in einer zweiten F-35 begleiten. Ich flog in Formation neben ihm und bemerkte, dass seine Flughöhe um mehrere Hundert Fuß zu schwanken begann, ein deutliches Anzeichen dafür, dass er vom Crosscheck überfordert war.

Nach rund 30 Sekunden hatte er den Fehler gefunden und wechselte auf die richtige Funkfrequenz. Allerdings fiel mir auf, dass er schneller atmete, seine Stimme ein wenig höher klang und er beim Sprechen mehr Pausen machte. Für den Rest des Fluges fühlte es sich an, als wäre ich mit einem vollkommen anderen Piloten unterwegs. Dem besonnenen überdurchschnittlichen Schüler unterliefen plötzlich haarsträubende Fehler. Ihm entgingen Funksprüche, und er verpasste beim Annäherungsflug die richtigen Momente, um tiefer zu ziehen. Beinahe hätte er sogar eine andere Kampfjet-Formation geschnitten, sodass ich mehrfach eingreifen musste.

Als wir beim Debriefing das Geschehen analysierten, kam die zugrunde liegende Ursache ans Tageslicht: Er war wütend auf sich selbst gewesen, weil ihm ein dermaßen blöder Fehler unterlaufen war. Außerdem befürchtete er, den Flug nicht bestanden zu haben, was ihm noch nie passiert war. Die Wut und die Angst hatten eine Kampf-oder-Flucht-Reaktion ausgelöst.

Sein präfrontaler Kortex hatte die Arbeit eingestellt, sodass er keine logischen Entscheidungen mehr treffen konnte. Ein einziger Fehler hatte einen überdurchschnittlichen Schüler innerhalb weniger Sekunden in ein Nervenbündel verwandelt, das kaum noch geradeaus fliegen konnte.

Aufgrund meiner Erfahrungen mit Hunderten Schülern weiß ich, dass dies kein Einzelfall ist. Neuen Kampfpiloten passiert es immer wieder, dass sie während eines Fluges den Kopf verlieren, auch wenn sie in der Pilotenausbildung noch so gut abgeschnitten haben. Häufig liegt das daran, dass sie noch nicht gelernt haben, ihre Gefühle zu kontrollieren. Sie haben Angst davor, andere oder sich selbst zu enttäuschen. Die Last der Erwartung kann einen Kampfpiloten erdrücken. Tausende Menschen haben alles dafür gegeben, dass er seine Mission durchführen kann, darunter möglicherweise Agenten, die unter Einsatz ihres Lebens die notwendigen Informationen beschafft haben, Drohnen- und Satellitenmannschaften, die wochenlang das Gelände erkundet haben, Tankflugzeug-Crews, die auf einem anderen Kontinent gestartet sind, um ihn mit Treibstoff zu versorgen, und zahllose Mitarbeiter in der Einsatzzentrale, die den Flug in Echtzeit verfolgen – all dies, damit er mit seinen Waffen das Ziel angreifen kann. Als Pilot ist man das letzte Glied in dieser Kette, und wenn man einen Fehler macht, waren alle Mühen der anderen umsonst. Zudem handelt es sich nicht selten um einmalige Gelegenheiten, die so niemals wiederkehren.

Neben der Versagensangst gibt es noch die Angst davor, verwundet oder gar getötet zu werden. In Kampfgebieten mit geringem Bedrohungspotenzial wie etwa in Afghanistan liegt das Risiko, abgeschossen zu werden, nicht besonders hoch. Wenn wir dort wie üblich auf 15 000 Fuß Höhe flogen, konnte uns nicht allzu viel passieren. Allerdings sind Kampfflugzeuge ein ständiger Balanceakt zwischen Leistung und Zuverlässigkeit, wobei das eine oftmals zulasten des anderen geht. Momentan liegt die Absturzrate bei der F-16 ungefähr bei zwei Maschinen alle 100 000 Flugstunden. Bei der Verlegung unserer Staffel gingen wir davon aus, dass wir rund 10 000 Flugstunden absolvieren würden. Das hieß, das Risiko, dass es einen von uns erwischen würde, lag bei eins zu fünf. Im Hinterkopf spukt einem stets der Gedanke herum, dass nur das Triebwerk oder ein anderes zentrales Bauteil versagen muss, und schon wird man wenige Minuten später irgendwo auf feindlichem Territorium Deckung suchen müssen, während die Feinde Jagd auf einen machen.

Nicht einmal ein Jahr vor der Ankunft meiner Einheit in Afghanistan kam es beim Start einer F-16 in Bagram zu einer gewaltigen Explosion vorne am Flugzeug, gefolgt von einem lauten Knirschen, zwei mächtigen Schlägen und heftigen Vibrationen. Der Jet befand sich erst 20 Fuß über der Landebahn, doch er war bereits mit 400 Stundenkilometern unterwegs, zu schnell, um auf dem noch verbleibenden Pistenabschnitt einen Landeversuch zu unternehmen. Obwohl der Nachbrenner auf voller Leistung stand, spürte der Pilot einen Schubabfall. Er zog den Jet hoch, um Geschwindigkeit gegen Höhe einzutauschen. Anschließend zog er den Schleudersitzgriff und löste damit ein komplexes Geschehen aus, das ihm das Leben retten sollte.

Als Erstes wurde die Cockpithaube weggesprengt und aus der Flugbahn geschleudert. Dann zündete ein Raketenmotor im Sitz und erzeugte rund 2 000 Kilogramm Schub, um den Piloten mit annähernd 20-facher *g*-Kraft aus dem Jet zu schießen.[1] Der Sitz löste sich von dem Piloten, und rund zwei Sekunden, nachdem er den Griff gezogen hatte, befand er sich unter dem vollständig entfalteten Fallschirm.

Beim Notausschuss aus einem Flugzeug wirken derartige Kräfte, dass knapp ein Drittel der betroffenen Piloten Schäden an der Wirbelsäule erleidet. Doch auch wenn man das Flugzeug sicher verlassen hat, war es das noch lange nicht. Der Aufschlag

---

1 Die meisten Piloten sind nach einem Notausschuss fünf Zentimeter kleiner als davor.

auf dem Boden ist brutal, in etwa so, als würde man, bepackt mit der schweren Ausrüstung, vom Dach eines Hauses springen. Ein Notausschuss kann jederzeit erforderlich werden, und da sich der Fallschirm kaum steuern lässt, landet man möglicherweise auf Felsen, Bäumen, Stromleitungen oder an einem anderen gefährlichen Ort und trägt weitere Verletzungen davon. Doch in einem Kampfgebiet, auf der Flucht vor dem Feind, kann bereits eine vermeintlich harmlose Blessur wie ein verstauchter Knöchel tödlich enden. Glücklicherweise erlitt der Pilot in dem beschriebenen Fall nur geringfügige Verletzungen, und da er unweit des Stützpunkts heruntergekommen war, schaffte er es zum Eingangstor, bevor irgendwelche Taliban-Kämpfer oder auch nur unsere eigenen Rettungskräfte in Marsch gesetzt werden konnten.

Leider haben die meisten Piloten nicht solches Glück. Kampfpiloten gehören zu den wenigen Personen, die sich weit hinter die feindlichen Linien vorwagen, stets verbunden mit dem erheblichen Risiko, vollkommen auf sich allein gestellt zu enden. Auch wenn wir in der Regel im Rahmen eines Verbunds aus verschiedenen Luftfahrzeugen operieren, können die meisten davon aufgrund des geringen Spielraums bei Treibstoff und Logistik nur wenige Minuten im Einsatzgebiet bleiben. In Afghanistan kam erschwerend hinzu, dass wir stets nur zwei Kampfjets in der Luft hatten, die für das gesamte Land zuständig waren. Somit mussten wir uns immer wieder trennen, wenn mehrere Bodentrupps unter Beschuss gerieten. In solchen Situationen war jeder von uns allein unterwegs, im Fall eines Notausschusses zudem weit außerhalb der Reichweite unserer Funkgeräte. Da in den hohen Gebirgszügen eine Hubschrauberrettung so gut wie unmöglich war, wären wir tagelang vor den Taliban- und IS-Kämpfern auf der Flucht gewesen, die alles in ihrer Macht Stehende unternommen hätten, um uns aufzuspüren – mit absehbar schrecklichen Folgen, wenn es ihnen gelungen wäre. Das hatte die jüngste Geschichte gezeigt.

Zwei Jahre zuvor war über Syrien am Flugzeug eines jordanischen Piloten namens Muas al-Kasasba ein mechanischer Defekt aufgetreten. Al-Kasasba war 27 Jahre alt und flog einen seiner ersten Kampfeinsätze, eine gemeinsame Angriffsmission mit einer Staffel von meinem Stützpunkt. Er musste sich per Schleudersitz aus seiner beschädigten F-16 retten und wurde kurz darauf von ISIS-Kämpfern gefangen genommen.

Während seiner Gefangenschaft wurde al-Kasasba wochenlang gefoltert. Im Anschluss an gescheiterte Verhandlungen mit der jordanischen Regierung veröffentlichte ISIS ein aufwendig produziertes Video in den sozialen Medien, das zeigte, wie der verletzte al-Kasasba bei lebendigem Leib in einem Käfig verbrannt wurde. Am Ende des Videos wurden die Namen etlicher seiner Pilotenkameraden eingeblendet, die er vermutlich unter der Folter preisgegeben hatte. Auf jeden war ein Kopfgeld von 20 000 Dollar ausgesetzt.

Die Folterung und Ermordung von Muas al-Kasasba war kein Einzelfall. Wegen der strategischen Bedeutung von Kampfflugzeugen im Krieg wissen die Feinde um die symbolische Wirkung, die die Gefangennahme und Misshandlung von Piloten hat. Die heutigen nichtstaatlichen Akteure scheren sich nicht um die Regeln von bewaffneten Auseinandersetzungen und fühlen sich nicht der Genfer Konvention verpflichtet, daher ist von ihnen keine Gnade zu erwarten. Da man in gewissen Regionen lieber nicht in Gefangenschaft geraten möchte, erklärten einige Kampfpiloten, mit denen ich im Einsatz war, sich lieber selbst das Leben nehmen zu wollen, als dem Feind in die Hände zu fallen.

Ein Jahr nach der Ermordung von Muas al-Kasasba wurde das Kampfflugzeug des russischen Majors Roman Filipow von einer tragbaren Boden-Luft-Rakete getroffen, nur rund 200 Kilometer von der Stelle entfernt, an der al-Kasasba gefangen genommen worden war. Filipows Flugzeug ging in Flammen auf, sodass ihm nur der Notausschuss blieb. Während er am Fallschirm zu Boden schwebte, geriet er in den Kugelhagel der Rebellen. Nach der Landung gab er über Funk durch, dass er sich mit dem Schleudersitz gerettet hatte, doch nun von Feinden umzingelt sei. Die letzten Videoaufnahmen von Filipow zeigen, wie eine Gruppe von Rebellen auf ihn zukommt. Kurz bevor die Männer bei ihm sind, ruft er: »Die hier ist für euch, Leute!« Dann lässt er eine Granate in seinen Händen explodieren.

Gefechte sind immer mit einem gewissen Maß an Angst verbunden. Doch Angst ist beherrschbar. Die richtige Vorbereitung und praktische Erfahrungen können die Angst erheblich lindern. Doch meiner Ansicht nach ist das Training der eigenen mentalen Stärke eines der wertvollsten und zugleich am wenigsten genutzten Hilfsmittel zum Umgang mit starken Emotionen.

Während meiner Pilotenausbildung gehörte ich in keinem fliegerischen Bereich zur Spitze. Mein einziges großes Plus war meine mentale Stärke, die ich mir als Kämpfer in der Boxstaffel der Air Force Academy angeeignet hatte. Was mich an dem Sport faszinierte, war die einzigartige Kombination aus körperlichen und mentalen Fertigkeiten, die man ausbilden muss, um seinen Gegner zu besiegen. Obwohl ich seit meiner Kindheit immer Sport getrieben hatte, hatte ich bis dahin keine einzige Sportart kennengelernt, bei der man auch nur im Entferntesten dieselbe mentale Stärke benötigt hätte wie beim Boxen.

Als Boxer tritt man im Ring allein seinem Gegner gegenüber; niemand kann einem helfen. Man kämpft gegen einen anderen Menschen, dessen ganzes Training darauf ausgerichtet ist, einen k.o. zu schlagen und einem vor den Augen von Freunden und Familie wehzutun. Obwohl ich körperlich immer besser wurde, ging mir irgendwann auf, dass meine mentale Vorbereitung zu wünschen übrig ließ. Der Stress vor einem Kampf führte dazu, dass ich bereits erschöpft in den Ring stieg. Während des Kampfes dann fiel es mir wegen des Drucks schwer, mich zu konzentrieren. Machte ich einen Fehler, dann beschäftigte mich das übermäßig, und ich verlor meinen Kampfplan aus den Augen.

Manchmal fing ich mir schon zu Beginn eines Kampfes eine Kombination ein und war in der Folge aus Angst vor einem Niederschlag weniger aggressiv, als ich hätte sein müssen. Bei anderen Gelegenheiten befand ich mich bereits auf der Siegerstraße, doch dann schweiften meine Gedanken ab, und ich stellte mir vor, was ich nach dem Kampf machen würde. In solchen Momenten unterliefen mir unweigerlich Fehler.

Damals erkannte ich nicht, dass ich mir mental selbst im Wege stand. Erst eine Zufallsbegegnung veränderte meine Einstellung und sorgte dafür, dass ich mehr Kontrolle über meine Gefühle erlangte.

Die Air Force Academy befindet sich in Colorado Springs, wo auch der US-amerikanische Olympiastützpunkt beheimatet ist. Eines Tages wartete ich im Leistungsdiagnostikzentrum der Akademie, um an einer Studie zu den Auswirkungen von Höhentraining teilzunehmen. Da die Akademie auf mehr als 2000 Metern Höhe liegt, bietet sie hervorragende Testbedingungen. Neben mir saß ein Sportpsychologe des Olympiastützpunktes. Wir kamen auf mentales Training zu sprechen, und er erzählte mir, dass so gut wie jeder Teilnehmer an Olympischen Spielen nicht nur körperlich trainierte, sondern auch einen spezifischen mentalen Trainingsplan hatte.

Als ich mich in der Folge mehr mit diesem Gebiet zu beschäftigen begann, begriff ich, dass das, was ich im Ring erlebte, die natürliche Reaktion meines Körpers auf Stress und Druck war. Vor allem jedoch lernte ich bewährte Methoden zur Überwindung dieser Reaktion kennen, etwa Visualisierungen, Selbstgespräche und spezielle Atemtechniken. Zusätzlich zu meinem körperlichen Training begann ich, mich auch mental auf die Kämpfe vorzubereiten, und bemerkte mit der Zeit, dass ich immer besser boxte, insbesondere wenn viel auf dem Spiel stand. Zudem brachten mir die Kämpfe auch mehr Spaß, weshalb ich härter trainierte und sich meine Leistungen weiter steigerten. Doch der eigentliche Durchbruch kam für mich, als ich das mentale Training auf mein Leben außerhalb des Rings übertrug.

Ich begann, die Techniken einzusetzen, wenn ich wichtige Tests absolvieren oder vor einer großen Gruppe sprechen musste. Beim Fallschirmspringen nutzte ich sie ebenso wie bei meinem ersten Flug in einem Segelflugzeug. Durch sie steigerten sich meine Leistungen, während sich zugleich mein Stresslevel senkte. Auch wenn sie nicht zu 100 Prozent wirksam waren, hatte ich durch sie einen Plan, wie ich meine Einstellung und meine Gefühle in den Griff bekommen konnte. Sie waren kein Ersatz für harte Arbeit und ausreichende Vorbereitung. Doch ich hatte den Eindruck, durch sie den Weg zu einer deutlichen Steigerung meiner Leistungsfähigkeit gefunden zu haben.

Als ich einige Jahre darauf die Pilotenausbildung anfing, erwartete ich, dass uns beigebracht würde, wie Piloten von solchen Techniken profitieren konnten. Doch obwohl die Ausbildung absolutes Weltklasseniveau hatte, ging niemand darauf ein, wie man seine Gefühle kontrollieren kann und wie sie unsere Entscheidungen beeinflussen. Ich erkannte, dass mir das Mentaltraining, das ich damals bereits seit mehreren Jahren durchführte, einen Riesenvorteil verschaffte. Ich war zwar nicht der talentierteste Pilot, doch in entscheidenden Momenten konnte ich alles um mich herum ausblenden, und selbst wenn ich beim Fliegen einen Fehler beging, ließ ich mich davon nicht aus der Ruhe bringen.

Denn genau an diesem Punkt gerieten viele Schüler mental ins Straucheln. Die Kampfpilotenausbildung ist eines der kompetitivsten und herausforderndsten Programme der Welt. Nur drei Prozent der Bewerber werden überhaupt zugelassen. Die meisten Schüler gehörten bis dahin in allen Bereichen ihres Lebens zu den Besten. Doch jeder Kurs bestand aus 30 Schülern, die um einige wenige Plätze in einem Kampfjet konkurrierten. An meinem ersten Tag kam der Stützpunkt-Kommandeur in unseren Schulungsraum und forderte uns nach einer kurzen

Ansprache auf, die Augen zu schließen. Dann sagte er: »Wer einen Kampfjet fliegen will, hebe bitte die Hand.« Anschließend forderte er uns auf, die Augen wieder zu öffnen. Sämtliche 30 Schüler hatten die Hand nach oben gestreckt. Daraufhin sagte er: »Zwei von euch bekommen einen Platz in einem Kampfjet. Der Rest wird Transport- und Tankflugzeuge fliegen. Daran solltet ihr an jedem Tag, den ihr hier verbringt, denken.« Damit ging er hinaus, und die Ausbildung konnte beginnen.

Zunächst schien es so, als würden diejenigen mit reichlich Flugerfahrung in der zivilen Welt die Plätze im Kampfjet unter sich ausmachen. Einer von uns hatte sogar bereits als Verkehrspilot gearbeitet und Tausende Flugstunden auf dem Buckel, als er sich für den Wechsel zur Air Force entschied. Doch je länger die Ausbildung dauerte, desto geringer wurden die Überschneidungen mit der zivilen Luftfahrt. Irgendwann kam ein Punkt, an dem jeder aus unserer Klasse, unabhängig von seiner Erfahrung, an seine Grenzen stieß und entweder bei einem Manöver oder einem ganzen Flug durchfiel.

Bei manchen Mitschülern schaukelte sich ein kleiner Fehler in kürzester Zeit so weit auf, dass sie die Kontrolle verloren. Sie konnten ihre Gefühle nicht regulieren, und irgendwann überwältigte sie schließlich die Angst vor dem Versagen. Einer von uns schlug sich lange wacker, nur um dann im Verlauf einer Woche förmlich zu implodieren. Er verpatzte drei aufeinander folgende Flüge und musste noch vor dem Wochenende das Programm verlassen. Selbst der Verkehrspilot, der die erste Hälfte der Ausbildung mühelos absolviert hatte, fand sich am Ende nur im Mittelfeld wieder, weil er nach Fehlern nicht widerstandsfähig genug war. Ich selbst lieferte zwar in keiner Phase der Ausbildung herausragende Leistungen ab, doch nach einem Fehler fing ich mich rasch wieder, größtenteils dank der Mentaltechniken, die ich beim Boxen gelernt hatte.

Auch in den Jahren darauf setzte ich mein Mentaltraining fort und profitierte erheblich davon. Als ich selbst in eine Führungsposition gelangte, gab ich meine Erkenntnisse an die jüngeren Piloten weiter. Doch weiterhin gab es keinerlei formalen Unterricht in mentaler Stärke. Die Dinge begannen sich erst zu ändern, als ich auf die F-35 wechselte und dort auf einen Drei-Sterne-General traf, der für das gesamte Flugtraining der Air Force mit 60 000 Beschäftigten und 1600 Flugzeugen und Hubschraubern verantwortlich war.

Seinerzeit hatte das taktische Training auf der F-35 gerade erst begonnen – bis dahin hatten die Piloten in erster Linie Datenpunkte gesammelt, um bei der Entwicklung des Flugzeugs zu helfen. Doch da die F-35 wenig später offiziell in Dienst gestellt werden sollte, suchte die Armeeführung nach den wirkungsvollsten Trainingsmethoden für die künftigen Piloten. Der General und ich stimmten darin überein, dass der mentale Aspekt immer noch sträflich vernachlässigt wurde. Er hatte gerade begonnen, das Pilotentraining umzukrempeln, und wollte nicht nur die Flugübungen weiterentwickeln, sondern das Waffensystem insgesamt, einschließlich des Piloten, optimieren. Das Mentaltraining passte hervorragend zu seinem Vorhaben.

Bei einer Organisation von der Größe der Air Force sind Veränderungen oftmals nur schwer durchzusetzen. Unzählige interne und externe Gruppen streiten um begrenzte Ressourcen, sodass viele Ideen niemals über das Planungsstadium hinauskommen. Zudem stellte das Mentaltraining einen bedeutsamen Kulturwandel dar. Bis dahin hatte der mentale Aspekt stets als etwas Angeborenes gegolten. Wenn ein Schüler unter Druck zusammenbrach, hatte er angeblich einfach nicht das Zeug zum Piloten. Diese Friss-oder-stirb-Mentalität führte dazu, dass Schüler mit ungenügenden Leistungen nach kurzer Zeit aus dem Trainingsprogramm herausfielen. Doch dem General gelang es, mithilfe der heldenhaften Arbeit eines Flugmediziners, Gelder einzuwerben, um die Idee des mentalen Performance-Trainings auf meinem Stützpunkt auszuprobieren. Dahinter steckte die Einsicht, dass wir zwar achtstellige Dollarsummen für das Flugtraining ausgaben, aber so gut wie nichts dafür, das Beste aus Körper und Geist der Piloten herauszuholen. Unser Gedanke war: Was, wenn wir auf Basis der neuesten Methoden zur individuellen Leistungssteigerung einen Lehrplan erstellen, um Körper und Geist jedes einzelnen Kampfpiloten zu stärken und seine Entscheidungsfähigkeit optimal zu entwickeln?

Afghanistan

Nachdem der Controller erklärt hatte: »Es ist schlimm … Es sieht nicht gut für ihn aus«, blieb das Funkgerät stumm. Ich war wie betäubt. Meine Gedanken wanderten zu den Angehörigen des Soldaten, und ich stellte mir vor, wie demnächst jemand an ihrer Haustür klingeln würde. Vor sich würden sie einen Offizier und einen Seelsorger stehen sehen, beide in ihrer offiziellen Dienstuniform, die gekommen waren, um ihnen die Nachricht vom Tod ihres Ehemannes oder Sohnes zu überbringen. Einige Sekunden lang konnte ich an nichts anderes denken als an den Soldaten und seine Familie.

Vom Verstand her war mir klar, dass ich mich wieder auf die taktische Lage konzentrieren musste, doch meine Gefühle spielten mir einen Streich. Ich versuchte, die belastenden Gedanken zu verdrängen, doch sie kamen sofort zurück. Mechanisch wendete ich einige der Techniken an, die ich knapp ein Jahrzehnt zuvor gelernt hatte, bis ich mich allmählich wieder auf das aktuelle Geschehen konzentrieren konnte.

Die feindlichen Kämpfer begannen unsere Soldaten aus einer neuen Stellung zu beschießen. In Absprache mit dem Controller wies ich meinen Wingman an, eine 225-Kilogramm-Bombe auf sie abzuwerfen. Kaum eine Minute darauf explodierte die smarte Luftdetonationsbombe und zerstörte das Gebäude, begleitet von einer Rauch- und Staubwolke. Die Funkgeräte der AC-130 funktionierten immer noch nicht wieder. Ohne Verbindung zur Außenwelt konnte die Besatzung keine Ziele verifizieren.

Selbst unter optimalen Bedingungen ist die Luftnahunterstützung eine Herausforderung, da sich die Bodentruppen und die Besatzungen der Luftfahrzeuge exakt abstimmen müssen. Objekte können aus der Luft vollkommen anders aussehen als vom Boden, insbesondere durch den Targeting Pod, der alles in Schwarz-Weiß wiedergibt. Denken Sie an das letzte Mal zurück, als Sie aus einem Flugzeug auf eine Stadt hinabgeschaut und vielleicht nur mit Mühe die wichtigsten Wahrzeichen erkannt haben. Und nun stellen Sie sich vor, Sie befänden sich in einem fremden Land über weitläufigen Siedlungen, in denen sich nicht nur feindliche Kämpfer, sondern auch eigene Soldaten versteckt halten. Wirft man eine Bombe allzu weit entfernt von den feindlichen Kämpfern ab, wird sie so gut wie wirkungslos bleiben. Schlägt sie jedoch in der Nähe der eigenen Truppen ein, fallen ihr unter Umständen eben jene Menschen zum Opfer, die man eigentlich beschützen will.

Obwohl die Crew der AC-130 über kein funktionierendes Funkgerät verfügte, feuerte sie unablässig Salven auf das Feld ab, in dem sie den Feind zuletzt gesehen hatte. Es war eine tollkühne Aktion, um unseren Soldaten zu helfen – und ein klarer Verstoß gegen die Vorschriften, mit dem die Kameraden die eigene Karriere aufs Spiel setzten. Durch meinen Targeting Pod beobachtete ich, wie die Geschosse in den Boden einschlugen und Querschläger durch die Luft zischten. Beim Blick durch das Kabinendach erkannte ich das volle Ausmaß der Zerstörungen: überall nur wüste Erde und kleine qualmende Feuer, eine Szenerie wie aus der Hölle, vor der eine Gruppe feindlicher Kämpfer Reißaus nahm.

Doch etliche ihrer Kameraden hatten sich überall in der Ortschaft verteilt. Sie hielten mehrere Gebäude besetzt und nahmen unsere Soldaten aus verschiedenen Richtungen unter Beschuss. Die einzige Chance für unsere Leute war, dass mein Wingman und ich ihnen einen Weg aus dem Ort bahnten. Allerdings kreiste die AC-130 nach wie vor in einem engen Radius unter uns, sodass wir keine freie Schussbahn hatten. Zudem waren wir aufgrund der Konfiguration unserer Sensoren in gegenläufiger Richtung zu dem Schlachtschiff unterwegs, sodass wir mit unseren Bomben durch die Umlaufbahn der riesigen Maschine auf die sich bewegenden Feinde am Boden zielen mussten, ein komplexes Manöver, das so gut wie keinen Spielraum für Fehler ließ.

Mein Wingman und ich beschleunigten auf annähernd Schallgeschwindigkeit und vergrößerten unseren Radius, um der AC-130 Zeit zu lassen, wieder vorbeizuziehen. Sobald sie in unsere Richtung einschwenkte, rollte ich in Richtung des Ziels ein und wartete darauf, dass die AC-130 meine Nase passierte. Als das Flugzeug über mein Head-up-Display zog, war es Zeit für mich, die Bombe auszulösen, ein nicht gerade angenehmes Gefühl angesichts eines Flugzeugs mit 13 Besatzungsmitgliedern direkt vor mir. Ich drückte den Abwurfknopf, und einen Moment darauf löste sich die Bombe mit einem Ruck von meinem Flügel. Während sie in einem Bogen zur Erde stürzte, kehrte ich in meine Umlaufbahn zurück und lenkte sie über meinen Targeting Pod auf den sich bewegenden Feind. Kurz darauf schlug die Bombe ein, dicht gefolgt von der Bombe meines Wingmans. »One's splash«, meldete ich über Funk die Explosion. Gleich darauf verkündete mein Wingman: »Two's splash.«

»Gute Treffer, gute Treffer!«, lobte der Controller, während wir nach weiteren Zielen Ausschau hielten. Inzwischen war die AC-130 »Winchester«, sie hatte also keine Munition mehr und kehrte zur Basis zurück. Die Besatzung hatte eine beeindruckende Demonstration der Stärke gegeben und alles dafür getan, die Feinde in Schach zu halten, bis hin zur Überhitzung der eigenen Waffen.

Die Bodentruppen befanden sich seit Stunden im Feuergefecht. Langsam gingen ihnen die Munition und die Vorräte aus. Auch meiner Formation blieben nur noch wenige Waffen. Mein Wingman hatte noch drei kleinere lasergelenkte Raketen, ich nur noch eine einzige riesige 900-Kilogramm-Bombe, die für den Einsatz gegen Höhlen gedacht war. Über Satelliten teilte ich der Einsatzzentrale mit, dass wir weitere Luftkräfte benötigten. Ohne zusätzliche Unterstützung waren unsere Soldaten hilflos in dem Ort gefangen, während die IS-Kämpfer ihre Stellungen festigen konnten. Mir wurde erklärt, dass in den folgenden beiden Stunden keine Luftkräfte verfügbar seien, die Army jedoch bereits an einem Raketenschlag aus der Ferne gegen die feindlichen Stellungen arbeite.

Um den durchgehenden Schutz unserer Soldaten zu gewährleisten, schickte ich meinen Wingman zu dem unweit von uns kreisenden Tankflugzeug. Indem ich meinen Verbrauch minimierte, würde ich bis zu seiner Rückkehr vor Ort bleiben können. Inzwischen hatten sich die IS-Kämpfer in einem etwas abgelegenen, von einer Mauer umgebenen Gehöft versammelt, wo nur eine trockene Schlucht sie von unseren Truppen trennte. Die Mauern boten den Feinden Schutz, während sie zugleich aus ihrer erhöhten Stellung weiterhin auf unsere Soldaten feuern konnten.

Der Gebäudekomplex musste zerstört werden, doch mittlerweile war ich das einzige Flugzeug vor Ort und verfügte nur noch über eine einzige Waffe – die 900-Kilogramm-Höhlensprengerbombe. Bei einem Abwurf direkt auf das Gehöft befänden sich unsere Truppen im letalen Explosionsradius der Bombe, es handelte sich also um einen sogenannten »danger close«-Abwurf mit dem Risiko von Verletzten oder sogar Toten unter unseren Soldaten. Obwohl ich bereits häufiger Waffen »danger close« eingesetzt hatte, würde die Bombe in diesem Fall in unglaublicher Nähe detonieren – nur rund ein Drittel so weit entfernt wie empfohlen.

Die Wucht einer explodierenden Bombe lässt nicht linear nach, sondern unterliegt dem Long-Tail-Potenzgesetz. Daher wären die Soldaten bei einem Drittel der Entfernung nicht einfach der dreifachen Wucht ausgesetzt, vielmehr würden die Explosion, der Überdruck und die Bombenfragmente eine 27-mal so starke Wirkung entfalten wie bei einer Entfernung am Rande des »danger close«-Bereichs. Metallkugeln mit einem Gewicht von insgesamt knapp 500 Kilogramm würden mit einer Hyperschallgeschwindigkeit von bis zu 8 000 Stundenkilometern durch die Luft fliegen – eine Geschwindigkeit, bei der jede der Kugeln zweieinhalb Zentimeter dicken Panzerstahl durchschlagen konnte. Weitere erhebliche Schäden würden der Überdruck und das nachfolgende Vakuum anrichten. Bei Übungen hatten wir den Abwurf einer Bombe in solcher Nähe zu den eigenen Truppen nicht einmal simuliert – es galt als ausgemacht, dass er für sie tödlich wäre.

Doch dies war keine normale Situation. Unsere Soldaten konnten sich wegen des gezielten Beschusses aus einer befestigten Stellung nicht vom Fleck rühren. Zudem blieb uns nicht mehr viel Zeit, da ihnen langsam, aber sicher die Munition ausging und ich bald auf Bingo-Kraftstoff sein würde.

Mir kamen zwei Optionen in den Sinn, um die Wucht der Bombe zu begrenzen. Die erste war, die Bombe auf der unseren Soldaten abgewandten Seite des Gehöfts abzuwerfen, sodass sie durch die Gebäude und die Mauer geschützt würden. Doch da es meine letzte Bombe war, musste ich mit ihr auf jeden Fall die feindliche Stellung zerstören. Die andere Option war, den Zünder so umzuprogrammieren, dass die Bombe erst Sekundenbruchteile nach dem Einschlag detonieren würde. Indem die Bombe im Boden losginge, würden die Druckwelle und die Wirkung der Metallkugeln abgeschwächt.

Für jede Waffe, die mein Wingman und ich einsetzten, trug ich die alleinige Verantwortung. Eine 900-Kilogramm-Bombe in derart geringer Entfernung zu unseren eigenen Soldaten abzuwerfen, verstieß gegen sämtliche taktischen Vorschriften. Sollte auch nur ein Soldat verwundet oder getötet werden, würde das vermutlich das Ende meiner Kampfpilotenkarriere bedeuten – wenn ich nicht sogar vor ein Kriegsgericht gestellt würde. Doch glücklicherweise ist für die meisten Soldaten die eigene Karriere das Letzte, worüber sie sich im Kampf Gedanken machen. Sie tun einfach, was notwendig ist, um eine Mission erfolgreich durchzuführen und die Kameraden heil nach Hause zurückzubringen. Ich habe selbst miterlebt, wie Tankflugzeuge in der Luft blieben, obwohl sie schon längst auf Bingo-Kraftstoff waren, nur um andere Maschinen auftanken zu können; wie Piloten bei viel zu schlechtem Wetter abhoben, um Kameraden unter Beschuss zu helfen; und wie Flieger ihre Waffen außerhalb des empfohlenen Bereichs einsetzten, weil sie nur so Bodentruppen retten konnten. Die Regeln und Vorschriften wurden für Modellszenarien erlassen, doch in Gefechten gerät man immer wieder in Situationen, in denen verschiedene Variablen auf zuvor unvorhersehbare Weise zusammenkommen.

In jenem Moment zählte für mich nur, die beste Option ausfindig zu machen, um das Plus für die Bodentruppen zu maximieren und das Minus zu minimieren. Aus der sicheren Entfernung von 15 000 Fuß über dem Gefechtsfeld konnte ich das große Ganze überblicken. Die feindlichen Kämpfer festigten ihre Stellung und gewannen mit jeder Minute an Stärke, wohingegen unsere Soldaten ausgelaugt und zermürbt waren. Wie es weitergehen würde, ließ sich nicht mit Gewissheit sagen. Doch wenn ich nichts unternahm, schätzte ich die Wahrscheinlichkeit weiterer Opfer unter unseren Leuten auf mindestens 50 Prozent. Zudem bestand eine geringfügige, allerdings zunehmende Wahrscheinlichkeit, dass immer mehr IS-Kämpfer zusammenströmen würden, bis schließlich ein Kipppunkt erreicht wäre, an dem sie unsere Soldaten überrennen könnten.

Um den erwarteten Wert des Bombenabwurfs zu bestimmen, griff ich auf eine Tabelle mit dem Titel *Die Wahrschein-*

lichkeit der Einsatzunfähigkeit zurück, die ich vor unserer Verlegung nach Afghanistan auswendig gelernt hatte. Die Tabelle listete unsere Waffen auf sowie die Wahrscheinlichkeit, dass wir bei unterschiedlichen Entfernungen eigene Soldaten einsatzunfähig machen würden. Doch ein Abwurf wie an jenem Tag lag weit außerhalb von dem, was in der Tabelle vorgesehen war. Ich würde das Risiko extrapolieren müssen. Unter Berücksichtigung des Long-Tail-Potenzgesetzes ging ich von einer 30-prozentigen Wahrscheinlichkeit aus, dass unsere Soldaten verwundet würden, sofern sie nicht irgendwo in Deckung gehen konnten. Diese Wahrscheinlichkeit würde ich vermutlich auf zehn Prozent senken können, wenn ich den Zünder so einstellte, dass die Bombe im Boden explodierte. Und noch einmal geringer würde sie, sofern die Soldaten Schutz etwa hinter Felsen oder einem Erdhügel suchen könnten.

Ich erklärte dem Controller, dass ich die Stellung zerstören könne, dies jedoch mit einem erheblichen Risiko für die Soldaten einherginge. Bei der Detonation der Bombe müssten sie in Deckung gehen und sich ihre Ohren zuhalten und den Mund öffnen, damit sie durch den Überdruck keine Schäden an Trommelfell und Lunge erlitten. Er besprach sich mit dem Kommandanten der Einheit, und gemeinsam entschieden sie, dass es das Risiko wert sei.

Also schob ich den Gashebel nach vorn und beschleunigte, um der Bombe möglichst viel Energie auf dem Weg ins Ziel mitzugeben. Ich schwenkte ein, und während mich die *g*-Kräfte in den Sitz pressten, richtete ich in meinem Head-up-Display den Balken zur Lenkung der Bombe aus. Als Nächstes widmete ich mich meiner Bordelektronik und verschob den Zielpunkt im Targeting Pod ein wenig zur Seite, weg von unseren Soldaten, aber nur so weit, dass er immer noch auf dem Gehöft lag. Ich zog den Auslöser halb nach hinten, um den Laser loszuschicken, der die waffenfähigen Zielkoordinaten an die Bombe übermittelte. Nachdem ich mich noch einmal vergewissert hatte, dass der Hauptwaffenschalter auf »hot« stand, drückte ich den roten Abwurfknopf. Eineinhalb Sekunden lang geschah scheinbar nichts, während tatsächlich das Signal zur Bombe gelangte und die Halterungen gelöst wurden. Obwohl ich bereits unzählige Bomben abgeworfen hatte, fühlten sich diese eineinhalb Sekunden immer wieder aufs Neue wie eine Ewigkeit an, insbesondere wenn bei einem Angriff derart viel auf dem Spiel stand. Schließlich löste sich die Bombe von der Größe eines Mittelklassewagens vom Flügel, woraufhin der Jet in die entgegengesetzte Richtung wegkippte. Über Funk rief ich: »Waffe ab. Einschlag in 45 Sekunden.«

In diesem Moment konnte ich nichts mehr tun – die Bombe war unwiderruflich unterwegs. Moderne Waffen sind unglaublich präzise und verlässlich, dennoch gibt es weiterhin Dutzende möglicher Fehlerquellen, deretwegen eine Bombe möglicherweise ihr Ziel verfehlt. Einen Monat zuvor hatte meine Staffel mehrere Bomben abgeworfen, die aufgrund eines Defekts nicht den vorgesehenen Ort trafen. In diesem Fall gab es jedoch keinen Spielraum für einen Fehler, dafür befanden sich unsere Soldaten zu dicht am Einschlagspunkt.

Während die Bombe auf ihr Ziel zuflog, kehrte ich in meine Kreisbahn zurück. In meinem Targeting Pod hatte ich das Gehöft herangezoomt. Ich sah das heiße Mündungsfeuer der Waffen der IS-Kämpfer, während der Countdown bis zum Einschlag lief. »Zehn Sekunden«, warnte ich über Funk. Die riesige Bombe stürzte nun mit annähernd Schallgeschwindigkeit auf das Ziel zu. Obwohl sie so laut wie ein Güterzug war, konnte man sie am Boden aufgrund ihrer Geschwindigkeit erst Sekunden vor dem Einschlag hören. Als der Countdown bei null ankam, sah ich die Bombe über mein Display huschen, bevor sie im nächsten Moment auf der Rückseite des Gebäudes einschlug. Eine Stoßwelle breitete sich in rasendem Tempo nach außen aus, dann wurde mein Display wegen der Explosionshitze kurzzeitig schwarz, ehe ein riesiger Rauchpilz an der Stelle sichtbar wurde, wo bis vor einem Moment noch das Gehöft gestanden hatte.

Der Augenblick der Wahrheit war gekommen – die Bombe hatte ihr vorgesehenes Ziel getroffen, doch hatte ich einen unserer Soldaten getötet oder kampfunfähig gemacht? Ich hatte vorsätzlich eine Bombe innerhalb des »danger close«-Bereichs der Waffe eingesetzt und damit ihr Leben aufs Spiel gesetzt. Obwohl das Risiko meiner Ansicht nach gerechtfertigt gewesen war, fragte ich mich, ob ich in den 30 Sekunden, die mir für die Entscheidung geblieben waren, wirklich alles bedacht hatte. Wenn nicht, würde ich bis an mein Lebensende mit dem Wissen leben müssen, dass ich versehentlich Soldaten, die ich eigentlich beschützen sollte, getötet oder verstümmelt hatte. Würde man mir meine Schwingen abnehmen oder mich vor ein Militärgericht stellen? Ich bemerkte, wie die negativen Gedanken von mir Besitz ergriffen und mich von der aktuellen Situation ablenkten. Doch meine Mentalübungen halfen mir, diese Gedanken loszulassen. Nach der Mission bliebe mir genügend Zeit, um über all das nachzudenken, doch in diesem Moment wurde ich auf dem Gefechtsfeld gebraucht und musste mich auf die nächste Entscheidung konzentrieren.

Zehn endlose Sekunden der Stille. Mittlerweile hatte der Rauch den Blick auf die Einschlagstelle wieder freigegeben, doch außer Schutt und herumwehendem Müll sah ich nichts. Ich wollte gerade mein Mikrofon anklicken, um mich nach den Soldaten zu erkundigen, als der Controller durchgab: »Guter Treffer, guter Treffer! Uns geht es gut.« Im Hintergrund rief jemand: »Verdammte Scheiße!« Andere jubelten.

Das Gehöft war die wichtigste Stellung der Feinde gewesen. Da sie nun nicht mehr von den Mauern geschützt wurden, zogen sich viele der verbliebenen Kämpfer in das hohe Gras und die Bäume am Flussufer zurück. Inzwischen war mein Wingman mit vollem Tank zurück. Ich gab ihm einen kurzen Lagebericht durch, damit er ein aktuelles Situationsbewusstsein erlangen konnte, dann brach ich zum Tankflugzeug auf.

Die Sonne näherte sich dem Horizont. Die Berggipfel, von denen etliche mehr als 6000 Meter hoch aufragten, warfen lange Schatten in die Täler. Ich meldete mich beim Hauptquartier, um mich auf den neuesten Stand bringen zu lassen. Die Army hatte sich für einen umfassenden Raketenangriff entschieden, der innerhalb der folgenden 30 Minuten beginnen sollte. Wegen der einbrechenden Dunkelheit nahm ich meinen Helm ab, entfernte das Augmented-Reality-Visier und befestigte stattdessen das Gestell mit meiner Nachtsichtbrille. Beim Blick aus dem Cockpit, wenige Tausend Fuß über den Gipfeln, sah ich, wie der Wind den Schnee von den kahlen Felsen blies, und mir fiel einmal mehr auf, wie trostlos die Gegend war.

Als ich schließlich aufgetankt hatte, war es dunkel geworden. Durch die Nachtsichtbrille wurde die gesamte Umgebung in eine Palette von Grau- und Grüntönen getaucht. Obwohl die Sonne bereits untergegangen war, hielt sich am Horizont noch ein hellgrüner Schimmer. Nach mehreren Minuten war ich zurück an der Seite meines Wingmans und griff erneut ins Kampfgeschehen ein. Die IS-Kämpfer rückten inzwischen durch ein Gebüsch vor, um unsere Soldaten von der Seite anzugreifen. Per Satellitenfunk wies mich das Hauptquartier an, auf eine weite Kreisbahn zu gehen. Da der Raketenangriff unmittelbar bevorstand, wollten die Verantwortlichen sichergehen, dass wir nicht versehentlich abgeschossen würden – eine Warnung, für die wir durchaus dankbar waren.

Dreißig Sekunden darauf wurden auf der Air Base Jalabad, von uns nur J-Bad genannt, die ersten Raketen abgeschossen. Obwohl die Basis mehrere Dutzend Kilometer entfernt lag, färbten die startenden Raketen das Sichtfeld meiner Nachtsichtbrille grellgrün, bevor sie als hell strahlende Lichtkugeln in die Atmosphäre aufstiegen. Normalerweise wurden nur ein oder zwei Raketen auf einmal abgeschossen, doch diesmal zählte ich mehr als ein Dutzend, eine unmittelbar nach der anderen. Als das letzte Raketentriebwerk ausbrannte, breitete sich eine gespenstische Stille aus, während die Sprengköpfe mehr als 100 000 Fuß über uns ihren Scheitelpunkt erreichten.

Minuten später stürzten sie zwischen meinem Wingman und mir hindurch, so schnell, dass sie lediglich als lang gezogene Lichtstreifen erschienen. Im Abstand von rund 100 Metern zueinander schlugen sie in einem Gitterraster in das Feld ein. Da die Army den genauen Standort der IS-Kämpfer nicht kannte, hatte man sich entschieden, das gesamte Gebiet zu zerstören. Mehrere Sekunden darauf loderten überall kleine Feuer. Wir blieben noch eine Stunde vor Ort, während unsere Soldaten zurück in ihre vorgeschobene Operationsbasis gelangten.

Mentaltraining

Die Erfahrungen, die ich im Gefecht gesammelt hatte, flossen in die Entwicklung des Trainingsprogramms zur Verbesserung der mentalen Stärke von Kampfpiloten ein. Dank der Unterstützung durch den General und der notwendigen finanziellen Ausstattung bot sich uns die seltene Gelegenheit, das Training auf der gesamten Basis einzuführen. Doch es ging dabei um mehr: Unser Stützpunkt diente als Experimentierfeld, und bei einem Erfolg des Programms sollte es auf allen Trainingsbasen der U.S. Air Force eingeführt werden. So würde in Zukunft jeder Pilot von Beginn an Leitlinien und Methoden zum Umgang mit den eigenen Emotionen vermittelt bekommen, damit er sowohl im Cockpit als auch außerhalb davon jederzeit Spitzenleistungen abliefern konnte.

Das Ziel von mir und den anderen an der Entwicklung des Programms beteiligten Ausbildern war, den Piloten Werkzeuge an die Hand zu geben, die sich in vielfältigen Situationen einsetzen ließen. Neben ihrer zentralen Bedeutung bei Entscheidungen auf Leben und Tod sollten diese Werkzeuge auch im Alltagsleben von Nutzen sein. Die Piloten sollten ihre mentale Einstellung bewusst regulieren können, um durchgehend ihr Bestes geben zu können, als Führungskräfte ebenso wie als Redner oder wenn sie Feedback erhielten. Zugleich wünschten wir uns, dass sie diese Fertigkeiten auch außerhalb der Arbeit abrufen könnten.

Die Fähigkeit zu Spitzenleistungen lässt sich nicht nach Belieben an- und ausknipsen. Um sich im Cockpit bewähren zu können, mussten die Piloten auch ihr Privatleben erfolgreich gestalten. Das Leben als Soldat ist mit zahlreichen Belastungen verbunden. Im Durchschnitt verbringen Kampfpiloten die Hälfte ihrer Zeit fern von zu Hause und müssen alle drei Jahre, manchmal von einem Tag auf den anderen, auf einen neuen Stützpunkt umziehen, der sich oftmals in einer unwirtlichen Gegend am anderen Ende der Welt befindet. Wir wollten den Piloten Hilfsmittel zur Verfügung stellen, mit denen sie ihre Emotionen regulieren und die bestmöglichen Entscheidungen für sich und ihre Familie treffen konnten.

Im Laufe eines Jahres entwickelten wir ein vollkommen neuartiges Programm, in dessen Genuss jeder Pilot, der für den Einsatz auf der F-16 oder F-35 geschult wurde, in allen Phasen seines Trainings kommen sollte. Während man bis dahin von den Piloten erwartet hatte, dass sie selbst einen Weg zur mentalen Stärke finden würden – nach dem Motto »Friss oder stirb« –, betrachteten wir diese als eine Fähigkeit, die erlernt und weiterentwickelt werden konnte. Manche Piloten hatten ihre Emotionen von Natur aus besser im Griff als andere, doch bei jedem gab es noch Spielraum nach oben. Ab dem ersten Tag sollten die Schüler zusätzlich zur Flugausbildung auch ihren Geist und ihren Körper trainieren.

Die Stärke des Programms lag darin, dass es das Wissen, das Kampfpiloten seit den frühen Tagen der Luftfahrt angehäuft hatten, mit modernen wissenschaftlichen Erkenntnissen zur kognitiven Leistungsfähigkeit verband. Dieser kombinierte Ansatz ermöglichte es uns, bestimmte sich überschneidende Konzepte zu identifizieren, sodass wir uns sicher sein konnten, welche Prinzipien funktionierten. Ein konkreter Lehrplan gewährleistete schließlich, dass alle Schüler das erforderliche Training erhielten. Dieser Lehrplan beruhte auf mehreren Grundpfeilern:

1. Als Erstes gingen wir davon aus, dass die eigenen Leistungen nicht auf das Niveau der eigenen Erwartungen steigen, sondern auf das Niveau der eigenen Vorbereitung sinken. Es genügt nicht, das Konzept der mentalen Stärke lediglich zu verstehen, vielmehr muss es so lange trainiert werden, bis es zu einem unbewussten Reflex wird. Bei zunehmendem Stress und Druck wird man allzu leicht zum Gefangenen der eigenen Emotionen und büßt die Fähigkeit zum analytischen Denken ein. Aus eben diesem Grund sinkt unser IQ um 20 Punkte, sobald wir unseren Helm aufsetzen. Dasselbe geschieht beim Reden vor einer großen Gruppe, bei einem Vorstellungsgespräch oder in jeder beliebigen sonstigen Situation, in der eine Person hohem Druck ausgesetzt ist. Nur indem man eine Fähigkeit Tausende Male übt, kann man sie in Situationen abrufen, in denen es auf sie ankommt.

   Doch auch wenn das Training der mentalen Stärke entscheidend zu Spitzenleistungen beiträgt, kann es nicht den Erwerb der zugrunde liegenden Kompetenz ersetzen. Ob am Steuer eines Flugzeugs, bei einem Vortrag oder im Sport: Kein noch so ausgiebiges Mentaltraining kann in der Praxis eine mangelhafte Vorbereitung kompensieren. Die eigentliche Fähigkeit sollte so lange trainiert werden, bis ein Großteil der Handgriffe und Entscheidungen in Fleisch und Blut übergegangen ist.

   Für unsere Schüler bedeutete dies, dass sie in den Simulatoren immer wieder dieselben Manöver wiederholen mussten, bis diese sich tief in ihr Bewusstsein eingeschliffen hatten. Dann erhöhten wir den Schwierigkeitsgrad und ließen sie die Manöver in der Luft durchführen, wo sie einerseits dem körperlichen Stress der hohen *g*-Kräfte, andererseits dem mentalen Stress durch schlechtes Wetter, andere Flugzeuge, Störfälle und sonstige unvorhergesehene Vorkommnisse ausgesetzt waren. Zuletzt schließlich banden wir die Manöver in umfassende Truppenübungen ein, bei denen sich Dutzende anderer Piloten darauf verließen, dass unsere Schüler ablieferten. Am Ende der Ausbildung hatten die Schüler dieselben Manöver immer wieder trainiert, bis sie schließlich gleichsam automatisch abliefen. Selbst in extremen Stresssituationen konnten sie nun auf die ständig wiederholten Abläufe zurückgreifen, was ihnen die Gewissheit gab, die vorgegebene Aufgabe meistern zu können.

2. Der zweite Grundpfeiler unseres Programms war das fokusbasierte Training. Unser Gehirn ist ein unglaublich leistungsfähiges Organ. Doch einen Großteil seiner Kapazitäten verschwenden wir dafür, uns den Kopf über Dinge zu zerbrechen, die bereits geschehen sind, oder über zukünftige Ereignisse, die sich unserer Kontrolle entziehen. Um unsere geistigen Ressourcen optimal zu nutzen, sollten wir uns ausschließlich auf das konzentrieren, was unserer Kontrolle unterliegt, also die jeweils unmittelbar bevorstehende Entscheidung.

   Fehler passieren immer, egal auf welchem Niveau. Anstatt über sie nachzugrübeln und damit die eigene geistige Bandbreite unnötig einzuengen, sollte man derartige Gedanken beiseiteschieben und sich wieder vollkommen auf die aktuelle Situation konzentrieren. Es gibt genau einen richtigen Zeitpunkt, um sich mit Fehlern zu beschäftigen: das Debriefing nach einer Mission. Sich während der Mission mit vergangenen Fehlern aufzuhalten, kostet unnötig Aufmerksamkeit, die man besser auf die Dinge richten sollte, die der eigenen Kontrolle unterliegen. Dasselbe gilt für Gedanken, die allzu weit in die Zukunft abschweifen – auch sie führen unsere Konzentration von dem weg, was gerade geschieht. Wenn wir uns Sorgen über Schritt 857 machen, obwohl wir gerade erst bei Schritt 15 sind, ist das eine unnötige Ablenkung. So viel kann schiefgehen – und über vieles davon besitzen wir keinerlei Kontrolle –, dass wir unsere Energie und Zeit am besten nutzen, indem wir uns auf die nächste Entscheidung konzentrieren und zugleich flexibel bleiben für den Fall, dass irgendwelche Veränderungen auftreten.

So schwierig es ist, seine Gedanken bewusst zu kontrollieren: Mit zunehmender Übung wird es einem, wie jede Fähigkeit, immer leichter fallen. Unser Ziel war, dass die Piloten unser Training unter Extrembedingungen einsetzen konnten, doch um dorthin zu gelangen, begannen wir am entgegengesetzten Ende: Zuerst brachten wir ihnen eine Meditationstechnik namens *fokusbasiertes Training* bei, die sie allein in einem stillen Raum übten.

Neue Piloten erhielten von uns einen Übungsplan, wie man es sonst vom Fitnesstraining kennt. Zu Beginn sollten sie lediglich mehrere Minuten die Augen schließen und sich des unaufhörlichen Gedankenstroms in ihrem Kopf bewusst werden. Sie sollten das Geschehen einfach nur objektiv beobachten, ohne sich auf einen bestimmten Gedanken zu konzentrieren. Wenn sie bemerkten, dass sie den Fokus verloren hatten, kehrten sie zum objektiven Ausgangszustand zurück. Nach und nach dehnten wir die Sessions aus und veränderten die Schwerpunkte. Als optimale Länge erwiesen sich 30 Minuten: Diese ließen sich in den vollgepackten Zeitplan der Schüler integrieren, zugleich machten sie weiterhin Fortschritte.

Sobald die Piloten das Mentaltraining in dem stillen Raum beherrschten, integrierten wir unterschiedliche Elemente davon in Workouts, um die Komplexität und den körperlichen Stress zu erhöhen. Im nächsten Schritt mussten die Techniken auch im Simulator und zuletzt schließlich im Flugzeug eingesetzt werden.

3. Beim dritten Grundpfeiler unseres Programms ging es darum, wie sich Körper und Geist in stressigen Situationen beruhigen lassen – eine der wichtigsten Fähigkeiten, die ein Kampfpilot erwerben muss. Selbst wenn er einfach nur geradeaus fliegt, liegt sein Puls nicht selten über 100. Bei extremem Stress oder bei hohen *g*-Kräften ist es nicht ungewöhnlich, dass unsere Herzfrequenz wie bei einem 100-Meter-Sprint auf über 180 hochschnellt. Das hat weitreichende Folgen für die feinmotorischen Fertigkeiten, die beim Fliegen eines Kampfjets von zentraler Bedeutung sind. Bereits eine geringfügige Bewegung des Steuerknüppels kann einen abrupten Richtungswechsel auslösen, mit möglicherweise katastrophalen Folgen im Nahkampf oder bei der Luftbetankung.

   Die beste Methode, um Körper und Geist zu beruhigen, ist die Konzentration auf die eigene Atmung. Als einer von wenigen körperlichen Vorgängen unterliegt sie sowohl der bewussten als auch der unbewussten Kontrolle. Wir müssen nicht daran denken, zu atmen, doch anders als die vollkommen automatischen Prozesse wie etwa die Verdauung können wir unsere Atmung durchaus beeinflussen. Bei Angst oder Stress schaltet unser Körper in den Kampf-oder-Flucht-Modus, und wir beginnen flach und schnell zu atmen. Um dem entgegenzuwirken, müssen wir nur bewusst langsam und tief durch die Nase ein- und ausatmen. Dadurch wird der Parasympathikus aktiviert, jener Teil des vegetativen Nervensystems, der für die körperliche Entspannung zuständig ist und so dazu beiträgt, dass unsere Entscheidungsfindung wieder an den präfrontalen Kortex übertragen wird.

In der Hitze des Augenblicks fällt es unter Umständen schwer, sich der eigenen Atemfrequenz bewusst zu werden: Die eigene Zeitwahrnehmung wird verzerrt, sodass man nicht einschätzen kann, wie viel Zeit tatsächlich vergangen ist. Damit unsere Schüler ein besseres Gefühl für ihre Atemfrequenz bekamen, ließen wir sie beim Atmen im Kopf mitzählen. Eine Übung war das sogenannte *Box Breathing* (Kästchen-Atmung), bei dem man fünf Minuten lang jeweils fünf Sekunden lang einatmet, die Luft anhält, ausatmet und erneut die Luft anhält. Eine Variation davon ist das *Triangle Breathing* (Dreiecks-Atmung), bei dem man immer fünf Sekunden einatmet, fünf Sekunden ausatmet und fünf Sekunden die Luft anhält. Daneben gibt es noch etliche andere Techniken. Für welche man sich entscheidet, ist letztlich eine Frage der persönlichen Vorliebe und des jeweiligen Sauerstoffbedarfs. Beim Laufen oder Schwimmen ebenso wie im Luftnahkampf benötigt der Körper weit mehr Sauerstoff als bei einem niedrigeren Aktivitätslevel. Ein bestimmtes Atemmuster einzuhalten, ist weniger entscheidend, als zu lernen, langsamer und tiefer zu atmen, damit das Gehirn schnellstmöglich wieder voll funktionsfähig wird. Zudem sollte man vorrangig durch die Nase atmen, da auf diese Weise die Temperatur, Feuchtigkeit, Menge und Zirkulation der Atemluft besser reguliert werden als bei der Mundatmung. Nachdem die Schüler die fokusbasierte Atmung in einer statischen Umgebung geübt hatten, integrierten wir diese Atemtechnik in ihr Fitnesstraining. Auf diese Weise lernten sie, die erlernten Techniken in einem dynamischeren Umfeld einzusetzen, als Übergang zwischen den Übungen in einem stillen Raum und ihrer Anwendung beim Fliegen.

4. Der vierte Grundpfeiler unseres Programms war die systematische Entwicklung des Selbstvertrauens unserer Schü-

ler – eine entscheidende Fähigkeit, wenn es darum geht, eine Maschine mit einer Schubkraft von 13 Tonnen zu kontrollieren, während sich zugleich im Gefecht Hunderte Menschen auf einen verlassen. Ohne das erforderliche Selbstvertrauen, um angemessene Entscheidungen zu treffen, setzt man sich selbst und andere unweigerlich Gefahren aus.

Selbstvertrauen ist ein fester Bestandteil des Kampfpiloten-Ethos, das sich in den vergangenen rund 100 Jahren ausgebildet hat. In der Vergangenheit ging man davon aus, dass man es entweder hatte oder nicht – und wer keines hatte, wurde rasch ausgesiebt. Doch Selbstvertrauen ist eine Fähigkeit, die sich verbessern lässt, in erster Linie durch unseren inneren Dialog, also die Art und Weise, wie wir mit uns selbst sprechen. Viele unserer Schüler waren Perfektionisten – Leistungsmenschen, die sich selbst unter unnötigen Erfolgsdruck setzten. Das verstärkte die Auswirkungen von Stress auf ihren Entscheidungsfindungsprozess zusätzlich, sodass sie häufig an Aufgaben scheiterten, die sie eigentlich beherrschten. Der extreme Wettbewerb in der Pilotenausbildung in Verbindung mit den hohen Standards beim darauffolgenden Kampffliegertraining ließ viele von ihnen an ihren Fähigkeiten zweifeln und lähmte sie gerade in entscheidenden Momenten.

Viele der Schüler machten sich selbst schlecht und ergingen sich in negativen inneren Dialogen. Dies konnte zwar eine mächtige Motivationsquelle sein, allerdings rief es auch Selbstzweifel hervor, mit nachteiligen Auswirkungen auf die folgenden Entscheidungen. Die Lösung bestand darin, das Fokus-Training mit der Technik des sogenannten *Reframings*, also des Umdeutens, zu verbinden. Sobald jemand einen destruktiven Gedanken bemerkte, sollte er diesen klar benennen und durch ein Gegenbeispiel aus der eigenen Vergangenheit ersetzen. Dies war leichter gesagt als getan – es musste so lange geübt werden, bis es zur zweiten

Natur wurde. Wir begannen langsam, mit wenigen Minuten täglich, bevor wir die Technik zunächst beim körperlichen Training, dann bei Simulator-Einheiten und schließlich beim eigentlichen Fliegen einsetzten.

5. Den letzten Grundpfeiler unseres Programms bildete eine Form des Visualisierungstrainings namens *Stuhlfliegen*. Dieses wurde bereits im Zweiten Weltkrieg von Piloten praktiziert, allerdings nahmen wir auf Grundlage der modernen Neurowissenschaft gewisse Modifikationen vor. Die Schüler sollten mit geschlossenen Augen einen Flug geistig durchgehen und dabei möglichst viele Sinneswahrnehmungen einbeziehen. Dies ermöglichte ihnen, die erlernten Konzepte auf dieselbe Weise zu nutzen wie bei einem tatsächlichen Flug. Einerseits war das eine hervorragende Vorbereitung auf das eigentliche Fliegen, andererseits ließ sich damit auch das Selbstvertrauen der Schüler stärken. Beim Stuhlfliegen visualisierten sie sich selbst, wie sie beliebige Manöver erfolgreich durchführten. Bei Zweifeln oder wenn sie glaubten, einen Fehler begangen zu haben, wiederholten sie die Manöver oder die Vorgänge einfach so lange, bis sie diese im Kopf als Erfolg verbuchen konnten.

Ein Jahr lang zeichneten wir die Leistungen der Schüler auf und verglichen sie mit den vorliegenden Daten. Das Ergebnis war eindeutig: Indem man die emotionale Regulation als erlernbare Fähigkeit betrachtet, lässt sie sich erheblich steigern – und zwar bei jedem. Schon bald wurde die Methode zu einem der zahlreichen unverzichtbaren Faktoren, die zur Ausbildung eines erfolgreichen Kampfpiloten gehörten. Die Abbrecherquote sank, und während die Leistungen der besten Schüler stabil blieben, stiegen die der durchschnittlichen und unterdurchschnittlichen Schüler signifikant. Uns Ausbildern fiel auf, dass seltener Schneeballeffekte auftraten, wenn einem Schüler ein Fehler unterlief – trotz des Rückschlags blieb er konzentriert und konnte den Flug fortsetzen.

Die Resultate waren derart überzeugend, dass das Mentaltraining auf allen Pilotentrainingsbasen der Air Force eingeführt wurde. Mittlerweile werden diese Techniken den Flugschülern vom ersten Tag ihrer Ausbildung an beigebracht, sodass sie beim Umstieg auf einen Kampfjet bereits über eine gewisse mentale Stärke verfügen, auf der sie aufbauen können. Aufgrund der Wirksamkeit des Trainings hat das Verteidigungsministerium die Techniken in etlichen Bereichen eingeführt, nicht nur bei Frontkämpfern, sondern auch bei Mitarbeitern fernab des Kampfgeschehens, damit jeder von ihnen durchgängig mentale Spitzenleistungen abliefern kann.

7

Priorisieren und entschlossen handeln

Am frühen Morgen des 12. November 2016 verpasste ein Mann namens Ahmad Nayeb absichtlich den Bus, der ihn vom Gelände der Bagram Air Base in Afghanistan bringen sollte. Anstatt einzusteigen, begann er die noch dunkle Straße entlangzumarschieren, die nur alle 100 Meter durch dieselbetriebene Lichtmasten beleuchtet wurde.

Nayeb, ein gebürtiger Afghane, arbeitete als Zivilangestellter auf der Bagram Air Base, der größten internationalen Militärbasis im Land. Auch wenn nach einem umfangreichen Truppenabzug nicht einmal mehr 8500 US-amerikanische Soldaten im Land stationiert waren, arbeiteten in Bagram nach wie vor Zehntausende Zivilisten, um die Unterstützungsfunktionen der Basis – im Grunde eher eine Art befestigte Stadt – aufrechtzuerhalten.

Im Verlauf der vorangegangenen 15 Jahre hatte sich der Stützpunkt in ein ausuferndes Gebilde aus festen Bauten und Zelten verwandelt, umgeben von hoch aufragenden Betonmauern, um die Bewohner vor dem alltäglichen Beschuss mit Mörsergranaten zu schützen. Tagsüber waren die Straßen von Bussen, Lkws und Baufahrzeugen verstopft, zwischen denen sich mächtige gepanzerte Fahrzeuge ihren Weg bahnten. Abgesehen von den Soldaten stammten nur wenige der Bewohner aus den Vereinigten Staaten, die meisten kamen aus Ländern wie Indien, Uganda,

Ukraine, Kirgisistan und Nepal, aber auch aus der ländlichen afghanischen Umgebung.

Nayeb war ein bekennendes Ex-Mitglied der Taliban, allerdings hatte er ein Wiedereingliederungsprogramm durchlaufen, dessen Ziel es war, »der Gewalt durch ehrbare Mittel abzuschwören und sich an die Gesetze Afghanistans zu halten«. Anschließend war er von einem Subunternehmen der Fluor Corporation angestellt worden, des größten US-amerikanischen Ingenieurs- und Bauunternehmens, das an solchen Megaprojekten wie dem Wiederaufbau des Irak, der Beseitigung der Schäden durch Hurrikan Katrina in Louisiana und dem Bau der Trans-Alaska-Pipeline mitgewirkt hatte.

Im Laufe seiner fünfjährigen Tätigkeit arbeitete Nayeb zunächst in verschiedenen Bereichen des Fuhrparks, wo er anspruchslose Wartungsarbeiten durchführte, ehe er schließlich in den Gefahrgutbereich des Lagers versetzt wurde, wo er nachts der einzige Beschäftigte war. Seltsamerweise hatte Nayeb keinen direkten Vorgesetzten. Je nach Aufgabe bekam er eine kurze Einweisung und wurde dann wieder allein gelassen. Da er kaum irgendwelche Disziplinarmaßnahmen fürchten musste, wurde Nayeb wiederholt schlafend erwischt und verschwand oft stundenlang. Ein Kollege von ihm erklärte im Nachhinein: »Es war vollkommen normal, dass er nicht an seinem Arbeitsplatz war.«

Als Arbeiter im Gefahrgutbereich hatte Nayeb keinen Grund, Werkzeuge von seinem Arbeitsplatz mitzunehmen, geschweige denn, dass er dazu autorisiert gewesen wäre. Dennoch hatte er im Verlauf mehrerer Monate unter anderem neun Mal ein Multimeter entliehen, ein elektrotechnisches Gerät zum Messen von Strom, Spannung und Widerstand. Als ein Vorgesetzter wegen des wiederholten ungenehmigten Gebrauchs von Werkzeugen nachhakte, erklärte Nayeb einmal, er würde ein Radio, ein anderes Mal, er würde eine Haarschneidemaschine reparieren. Tatsächlich jedoch konstruierte er eine Sprengstoffweste – und sein Arbeitsplatz war der perfekte Ort dafür. Dort hatte er nicht nur Zugriff auf alles, was er brauchte, etwa Draht, Schalter und Werkzeuge, sondern vor allem auch die notwendige Zeit. Das Einzige, was es vor Ort nicht gab, war Sprengstoff, daher schmuggelte er jeden Tag eine kleine Menge in einem Geheimfach seines Tabakbeutels auf das Gelände, bis er schließlich genug beisammenhatte.

Und so brach Nayeb in jenen frühen Morgenstunden des 12. November zum letzten Mal aus der Werkstatt auf. Theoretisch hätte seine Abwesenheit noch durch eine letzte Sicherheitsvorkehrung entdeckt werden können: Nayeb sollte mit dem Bus um 4:45 Uhr das Gelände durch das Haupttor verlassen, und laut Vorschrift mussten afghanische Arbeiter in Bagram durchgängig von Aufsehern des jeweiligen Unternehmens begleitet werden. Allerdings wechselten bei Fluor die Aufseher beinahe im Wochentakt, sodass sie sich auf eine Liste verlassen mussten, auf der sich die Arbeiter selbst austrugen. Regelmäßig wurden örtliche Arbeitskräfte vergessen, und gelegentlich musste sogar ein zweiter Bus für die Nachzügler anrücken.

Nayeb hatte sich nicht ohne Grund für den 12. November entschieden. Normalerweise lief der Betrieb in Bagram unvermindert rund um die Uhr, auch nachts und am Wochenende. Doch an einigen wenigen Feiertagen des Jahres genehmigten die Verantwortlichen kleinere Versammlungen, um die Truppenmoral zu heben. Zu diesen Tagen gehörte der 12. November, an dem zur Feier des Veterans Day (der eigentlich am 11. November begangen wird) bei Sonnenaufgang um 6:15 Uhr der Startschuss zu einem Fünf-Kilometer-Lauf fallen sollte.

Nayeb wanderte 53 Minuten lang ungestört allein die Hauptstraße des Stützpunkts, den Disney Drive, entlang in Richtung des Hauptquartiers, wo der Start stattfinden sollte. In der frühmorgendlichen Kühle waren bereits Hunderte Personen im Trainingsoutfit ihrer jeweiligen Einheit zusammengekommen. Wortlos passierte Nayeb die Ausläufer der Versammlung. Doch rund 300 Meter vor dem Startpunkt fiel er einem 20-jährigen

Army-Specialist namens Winston Hencely auf, der sich fragte, was Nayeb dort zu suchen hatte. Hencely forderte den Unbekannten mehrmals vergeblich auf, stehen zu bleiben. Stattdessen beschleunigte Nayeb seine Schritte und drängte sich durch die Menge. Hencely rannte zu ihm und packte ihn an der Schulter. In dem Moment spürte er die Sprengstoffweste unter Nayebs Kleidung, doch noch ehe er eine Warnung ausrufen konnte, drückte Nayeb auf den Auslöser. Die Weste explodierte, und Hunderte Schrauben und Muttern flogen durch die Menschenmenge.

Meine Unterkunft lag auf der gegenüberliegenden Seite der Landebahn. Ich war in der Nacht einen Einsatz geflogen und gerade erst zu Bett gegangen, als ich die Explosion hörte. Zunächst dachte ich mir nichts dabei, da Bagram eine Art moderner Wilder Westen war. Rund um die Uhr vernahm man den Lärm von startenden Raketen, ankommenden Mörsergeschossen und Flaks, die in die Luft feuerten. Trat man nach draußen, war es nicht ungewöhnlich, irgendwo auf dem Stützpunkt eine ohne ersichtlichen Grund in die Luft steigende Rauchfahne zu sehen. Es geschah so viel, und wir hatten so viel um die Ohren, dass uns irgendwann alles normal vorkam. Solange man nicht selbst direkt betroffen war, zerbrach man sich darüber nicht groß den Kopf.

Also blieb ich liegen, bis aus der Lautsprecheranlage die Hornklänge des Kavallerie-Angriffssignals erklangen, das Signal dafür, dass die Basis angegriffen wurde. Ich hatte mich gerade aufgerappelt, als ein Kamerad hereinstürmte und mir atemlos mitteilte, dass es sich um einen internen Angriff handele und mehrere Todesopfer und mehr als ein Dutzend Verwundete zu beklagen seien. Er hatte bereits mit unseren Vorgesetzten gesprochen und überbrachte mir die Anweisung, dass ich weiterschlafen sollte, um am Nachmittag mit einer F-16 abzuheben – sofern dann wieder Flugzeuge vom Stützpunkt starten könnten.

Ich hatte gerade erfahren, dass die Basis angegriffen worden war und dass es mehrere Opfer gegeben hatte, und nun sollte ich also wieder einschlafen – nicht gerade einfach. Doch unzählige Studien der Air Force zu der Beziehung zwischen der Länge und Tiefe des Schlafs von Piloten und ihrer Leistungsfähigkeit hatten zweifelsfrei belegt, dass ausreichend Schlaf einer der wichtigsten Faktoren bei der Vorbereitung auf einen Flug ist. Das rief ich mir noch einmal ins Gedächtnis, und tatsächlich gelang es mir einzunicken. Doch die meiste Zeit lag ich einfach nur da, ruhte mich aus und stellte mir vor, was der Nachmittag bringen würde. Wir hatten zwar Schlaftabletten erhalten, die sogenannten *No-Go*-Pillen, doch ich wollte wach genug bleiben, um unsere Kaserne im Fall eines direkten Angriffs verteidigen zu können.

Als ich nach mehreren Stunden aufstand und einen Blick aus dem Fenster warf, konnte ich nicht fassen, wie sehr sich das Leben auf dem Stützpunkt verändert hatte. Noch vor Kurzem hatten sich Busse, Lkws, Fußgänger und gepanzerte Wagen auf den schmalen Schotterpisten gedrängt, und nun war kein einziger Mensch mehr zu sehen. Die Aktivitäten waren komplett heruntergefahren worden, und sämtliche Flugzeuge und Hubschrauber waren am Boden, sogar unsere F-16. Zum ersten Mal seit Jahren herrschte vollkommene Stille auf der Basis.

In den Stunden nach dem Selbstmordattentat überschlugen sich die Nachrichten und Gerüchte. Die Wachen an den Außenposten meldeten unbemannte Flugsysteme über dem Stützpunkt, weitere mutmaßliche improvisierte Sprengkörper wurden gefunden, und an den überwachten Zugängen versammelten sich verdächtige Menschenmengen. Zudem gab es Berichte von Pistolenschüssen und weiteren unbestätigten Explosionen. Allem Anschein nach stand ein umfassender und koordinierter Angriff bevor, daher sollte unsere F-16-Staffel den Stützpunkt verteidigen. Mir wurde mitgeteilt, dass ich am Abend bei einem der ersten Starts nach der Explosion eine Zweierformation führen sollte.

Auf dem Stützpunkt war die höchste Alarmstufe ausgerufen worden, was bedeutete, dass alle in den Gebäuden bleiben, abwarten und ihre Schusswaffen am Mann tragen mussten. Wenn jemand unbedingt ins Freie musste, dann nur in »voller Kampfmontur«, also mit der durch Keramikplatten verstärkten kugelsicheren Weste und Kevlar-Helm. Wegen der Gefahr eines chemischen Angriffs trugen wir außerdem unsere Atemschutzmasken griffbereit an der Hüfte.

Als unser Einsatz näher rückte, trafen mein Wingman und ich uns am Rand der Kasernen und machten uns in unserer unförmigen Ausrüstung schweigend zum Vorfeld auf, wo sich unser Gefechtsstand befand. Der Wind fegte über die Schotterpisten und wirbelte feinen weißen Staub auf, der im Licht der untergehenden Sonne rötlich schimmerte. Noch am Vorabend waren Tausende Menschen zu Fuß oder in Fahrzeugen auf den Straßen unterwegs gewesen, doch nun war die Stadt wie ausgestorben. Nicht einmal Sicherheitskräfte waren zu sehen. Im Anschluss wurde bekannt, dass sich viele von ihnen im Chaos nach dem Anschlag selbst für verzichtbar erklärt und drinnen verkrochen hatten.

Im Gefechtsstand wurden wir zu den neuesten Erkenntnissen über das Geschehen und die möglichen nächsten Schritte unserer Feinde gebrieft. Dem tödlichsten Szenario zufolge würden sie versuchen, mit einer Fahrzeugbombe auf den Stützpunkt vorzudringen. In dem Fall wäre es unser Job, dies um jeden Preis zu verhindern. Im Anschluss an das Briefing ging ich mit meinem Wingman kurz den Einsatz durch und schärfte ihm ein, dass, selbst wenn einer von uns aus irgendeinem Grund den Start abbrechen müsste, der andere aufgrund der Sicherheitslage auf jeden Fall abheben sollte. Das widersprach zwar unserem Standardvorgehen, stets als Team zu operieren, allerdings mussten wir das erhöhte Risiko zum Wohle des Stützpunktes eingehen. Dann legten wir unsere Flugausrüstung an: das Gurtzeug zum Festschnallen im Schleudersitz, den Anti-*g*-Anzug, die Überlebensweste und die Pistole. Doch aufgrund der verschärften Sicherheitslage und der Gefahr feindlicher Scharfschützen kamen dieses Mal noch unsere Kevlar-Schutzwesten und -Helme dazu, wodurch unsere Ausrüstung insgesamt rund 25 Kilogramm wog.

Als wir aus dem gesicherten Gebäude in den dunklen Abend traten, empfing uns ein beißender Wind. Auf dem Weg zu den Flugzeugen fühlten sich unsere Gesichter bereits nach kurzer Zeit taub an. Die Jets erwarteten uns im grellen Neonlicht der Flutlichter. Normalerweise bereiteten Dutzende Techniker die Flugzeuge vor, doch dieses Mal war kein einziger zu sehen. Nur das elektrische Sirren der Sicherheitsleuchten durchbrach die Stille auf dem Vorfeld.

Erst kurz vor meinem Jet entdeckte ich einen einzigen Flugzeug-Wart, den Crew-Chef, der noch wie ein Teenager aussah. Die kugelsichere Weste und der Helm waren viel zu groß für seinen schmächtigen Körper. Er hielt sein M16-Gewehr in den Händen, doch als er mich erblickte, warf er es sich über die Schulter, legte die Hand zum Gruß an die Stirn und streckte sie mir dann entgegen. Ich erwiderte seinen Gruß und schüttelte ihm die Hand; dann erkundigte ich mich, wo die anderen waren. Er erwiderte, dass sie die Anweisung erhalten hatten, drinnen zu bleiben. Nur er allein wartete bereits seit einer halben Stunde draußen in der Kälte.

Die Mechaniker haben einen der anstrengendsten Jobs in der gesamten Air Force. Auf jede Flugstunde kommen bei einem Kampfjet rund ein Dutzend Wartungsstunden. Die Warte schuften die ganze Nacht hindurch und kriechen auf Händen und Knien in den Triebwerkseinlauf, um sicherzustellen, dass die Maschine abheben kann. Ein Chefwart im Teenageralter, der sich einsam in der kalten Nacht die Beine in den Bauch stand, war der Inbegriff ihrer Mentalität.

Nach dem Walk-around-Check kletterte ich über die Leiter ins Cockpit. Ich gab dem Wart noch einmal die Hand, dann begann ich, die Avionik hochzufahren. Ich signalisierte ihm, dass ich das Triebwerk starten würde, und legte den Schalter um, mit dem das Hilfsaggregat angelassen wurde. Während die

Pressluft das Triebwerk zum Rotieren brachte, schloss ich die Cockpithaube und fuhr fort, das Triebwerk und die Einsatzsysteme des Jets hochzufahren.

Plötzlich bemerkte ich am Rande meines Blickfelds eine Bewegung. Es dauerte einige Sekunden, bis mir klar wurde, dass ein Tanklastwagen auf mich zuraste – und zwar keiner von uns. Im Gegensatz zu den überall auf der Basis eingesetzten Tanklastwagen war er nicht olivgrün, sondern blassgelb und schmutzübersät. In einem Höllentempo schlängelte er sich zwischen den Barrikaden hindurch und hielt genau auf uns zu. Schaukelnd raste er an den gesicherten Abstellplätzen der anderen F-16 vorbei und kam immer näher, sodass ich schließlich oberhalb der rostigen Kotflügel einen fremdsprachigen Schriftzug ausmachen konnte.

Ein Tanklastwagen oder Sattelzug voller Sprengstoff stellte die mit Abstand schlimmste Bedrohung für die US-amerikanischen Truppen in Afghanistan dar. Wenn er explodierte, würde er jede noch so massive Verstärkung einfach wegpusten. Bei einer solchen Gefahr mussten wir noch nicht einmal auf die Genehmigung zum Abschuss warten. Wenn wir uns sicher waren, durften wir sie zerstören, ohne Rücksicht auf mögliche Kollateralschäden. Zwei Monate zuvor war in Kabul, der südlich der Basis gelegenen afghanischen Hauptstadt, eine Autobombe explodiert. Als Helfer an dem Ort zusammenströmten, war ein zweiter Sprengsatz hochgegangen und hatte die Zahl der Todesopfer noch einmal drastisch erhöht. Und gerade einmal zwei Tage vor dem Attentat in Bagram war vor dem deutschen Konsulat in Masar e-Sharif ein mit Sprengstoff beladener Lkw explodiert, gefolgt von einem Angriff durch schwer bewaffnete Terroristen. Insgesamt starben mindestens sechs Menschen, und mehr als 120 wurden verletzt, außerdem wurden das Gebäude und die Umgebung schwer beschädigt.

Die zwölf F-16 unserer Staffel waren die einzigen US-amerikanischen Kampfjets in Afghanistan. Uns war immer wieder eingeschärft worden, dass wir für die Taliban ein strategisches Ziel darstellten und wachsam wegen Sabotageversuchen und sonstigen Angriffen sein mussten. Der auf mich zuhaltende Lkw fiel genau in dieses Raster.

In meinem Leben hatte ich bei einer Handvoll Gelegenheiten wirkliche Todesangst. In der Regel war das mehr oder weniger ein Reflex, wenn mehrere Jets mit Überschallgeschwindigkeit aufeinander zurasten, und war nach wenigen Sekunden wieder vorbei. In solchen Momenten denkt man an nichts mehr, sondern konzentriert sich einzig und allein auf die Lösung des Problems. Doch nun blieb mir noch mehr als genügend Zeit. Ich durfte keine reflexhafte Entscheidung treffen, sondern musste methodisch vorgehen. Trotz aller Unsicherheit musste ich entschlossen handeln.

Operation Overlord

Rund eineinhalb Stunden südöstlich von London erhebt sich ein gutes Stück oberhalb des Hafens von Portsmouth das ehemalige Herrenhaus Southwick House. Idyllisch in eine Parklandschaft eingebettet, könnte man es für ein Hotel halten. Doch ungeachtet der musealen Ruhe, die heute hier herrscht, war Southwick House vor etlichen Jahrzehnten das Nervenzentrum einer der großartigsten Militäroperationen der Geschichte.

An dem Herrenhaus wurde kaum etwas geändert seit jenen wenigen Wochen, die den entscheidenden Wendepunkt des Zweiten Weltkriegs markieren sollten. Das Zentrum des Gebäudes bildet der sogenannte Kartenraum, in dem die letzten Vorbereitungen für die Landung am D-Day getroffen wurden. Heute steht dieser Raum leer, doch eine Zeichnung an der Wand verrät, wie er im Sommer 1944 aussah. Damals war er einer der unter strengster Geheimhaltung stehenden Orte der Welt, daher ist diese auf Schilderungen von Augenzeugen beruhende Darstellung das einzige visuelle Zeugnis, das eine Ahnung davon gibt, wie es dort einst zugegangen sein muss.

Auf der Zeichnung drängen sich in dem Raum Dutzende uniformierte Frauen und Männer, denen die Erschöpfung und Anspannung ins Gesicht geschrieben steht. Überall an den Wänden und auf den zusammengeschobenen Tischen befinden sich Karten, die den Raum in eine improvisierte Einsatzzentrale verwandeln. An der Stirnseite hängt eine großformatige gemalte Karte des Ärmelkanals, auf der ein Mann auf einer Leiter hölzerne Schiffe hin und her schiebt. Die Operation war so geheim, dass selbst diese riesige Karte ein Problem dargestellt hatte.

Dem nationalsozialistischen Regime in Deutschland war klar, dass eine Invasion bevorstand, daher hatte es ein Spionagenetzwerk aufgebaut, um hinter die genauen Pläne zu kommen. Da den Alliierten die Zeit und das geeignete Personal fehlten, um eine naturgetreue, zwei Stockwerke hohe Karte zu erstellen, beauftragten sie einen Spielwarenproduzenten. Obwohl das Unternehmen selbst als vertrauenswürdig galt, verfügten die Angestellten nicht über die nötige Freigabe für die streng geheimen Informationen. Um den genauen Ort der Landung nicht preiszugeben, wurde eine Karte von ganz Kontinentaleuropa in Auftrag gegeben, von der Höhe eines Mehrfamilienhauses. Die verschiedenen Teile der Karte sollten von Schreinern der Firma vor Ort zusammengesetzt werden. Doch nach ihrer Ankunft bekamen die Schreiner die Anweisung, nur den Teil mit der normannischen Küste aufzuhängen und die übrigen Abschnitte zu verbrennen. Da sie nun den Ort der Landung kannten, wurden sie unter Arrest gestellt, zugleich wurde ihren Familien lapidar per Telegramm mitgeteilt, dass sie in absehbarer Zeit nicht mit einer Nachricht von den Männern rechnen dürften.

Anfang Juni, wenige Tage vor dem vorgesehenen Invasionsdatum, verlegte General Dwight D. Eisenhower, der Oberbefehlshaber der alliierten Streitkräfte in Nordwesteuropa, sein Hauptquartier in das Herrenhaus. Der Deckname der geplanten Aktion lautete Operation Overlord, und sie sollte die größte derartige Operation der Geschichte werden. Die Zahlen sind überwältigend: fast 12 000 Flugzeuge, 7 000 Schiffe und Boote sowie mehr als 160 000 Soldaten sollten den Ärmelkanal in nicht einmal einem Tag überqueren und die deutschen Truppen an der normannischen Küste zurückdrängen. Bis Ende August war die Landung von mehr als zwei Millionen alliierten Soldaten in Frankreich vorgesehen.

Der Angriff sollte den krönenden Abschluss von drei Jahren intensiver Planung und Vorbereitung bilden. Die internationalen Streitkräfte setzten sich aus Angehörigen von 13 Nationen zusammen, doch die meisten Soldaten stammten aus den Vereinigten Staaten, Großbritannien und Kanada. Allein die Produktion, der Transport und die Lagerung der für die Operation benötigten Ausrüstung und Versorgungsgüter hatte sich über mehr als zwei Jahre hingezogen. Auf jeden Soldaten kamen zehn Tonnen Ausrüstung und sonstige Güter und noch einmal eine Tonne mit jedem laufenden Monat. Um den tatsächlichen Ort der Landung zu verschleiern, war eine umfassende Täuschoperation in Szene gesetzt worden, einschließlich gefälschtem Funkverkehr, fiktiven Militärverbänden und Fahrzeug- und Geschützattrappen. Als Kommandant eines der Schein-Bataillone fungierte sogar General Patton, der von den Deutschen wohl am meisten gefürchtete Befehlshaber – all dies, um der Finte Glaubwürdigkeit zu verleihen, dass die alliierte Landung bei Calais stattfinden würde, fast 400 Kilometer nördlich vom eigentlich geplanten Ort. Um die Deutschen zusätzlich zu verwirren, hatte der britische Geheimdienst MI5 mithilfe eines Doppelagenten einen Ring mit fiktiven Spionen aufgebaut, der den deutschen Nachrichtendienst derart glaubhaft hinters Licht führte, dass noch Monate nach dem D-Day zwei Panzerdivisionen und 19 Infanteriedivisionen für die erwartete »echte« Invasion in Reserve gehalten wurden.

Die Dimensionen des Trainings und der Manöverübungen zur Vorbereitung auf den D-Day waren beispiellos. Die Invasion der US-amerikanischen Truppen am Utah Beach wurde mit echter Munition geprobt. Ganze Ortschaften wurden für die wochenlangen Übungen geräumt, an denen 30 000 Soldaten und eine aneinandergereiht rund fünf Kilometer lange Schiffsarmada teilnahmen. Bei der ersten Probeinvasion fielen unglaubliche 450 Soldaten durch eigenen Beschuss. Dennoch wurde das Manöver fortgesetzt, da die richtige Vorbereitung als entscheidend galt. Tags darauf versenkten deutsche Schnellboote mehrere Landungsboote, wobei 749 US-amerikanische Soldaten starben. Infolge dieses Vorfalls wäre die Invasion in der Normandie beinahe abgeblasen worden, doch nicht etwa wegen der Todesopfer, sondern weil es Gerüchte gab, die deutschen Schnellboote hätten Soldaten aus dem Wasser gefischt, die nun verhört würden. Mehrere der vermissten Offiziere besaßen eine über die übliche höchste Geheimhaltungsstufe hinausgehende Freigabe, die ihnen Zugang zu Informationen über die britische Invasion im von Deutschland besetzten Gebiet gewährte. Da dies die Invasion hätte gefährden können, durchsuchten Marinetaucher 48 Stunden lang das Meer, bis die Leichen sämtlicher Offiziere geborgen worden waren. Alle an der Rettungsaktion Beteiligten wurden zur Geheimhaltung verpflichtet, und die Einzelheiten des Vorfalls blieben knapp 40 Jahre lang unter Verschluss.

Als Eisenhower und sein Stab ihr Quartier in Southwick House aufschlugen, war der gesamte Süden Englands ein einziges riesiges Militärlager. Millionen Soldaten wurden durch Stacheldraht und bewaffnete Wachen vom Rest des Landes isoliert, damit sie das Gebiet nicht verlassen und möglicherweise geheime Informationen verraten konnten. In Eisenhowers Worten: »Das mächtige Heer war von Spannung erfüllt wie eine Spiralfeder … Noch war sie zusammengepreßt, um dann mit der ganzen ihr innewohnenden Kraft loszuschnellen und über den Ärmelkanal den größten amphibischen Sturmangriff hinwegzutreten, der je unternommen wurde.«

Da die Planungen so gut wie abgeschlossen waren, lag es nur noch an Eisenhower, den Befehl zur Invasion zu geben. Als Zeitpunkt hatte man die frühen Morgenstunden des 5. Juni ins Auge gefasst, spätestens jedoch den 7. des Monats, da die Luftlandedivisionen auf Mondschein angewiesen waren und die Landungen nur bei Ebbe durchgeführt werden konnten. Danach hätte man zwei Wochen auf günstige Bedingungen warten müssen. Eine derart lange Verzögerung hätte erhebliche Auswirkungen gehabt, die sich noch mehr als ein Jahr darauf bemerkbar machen und die alliierte Kampagne gefährden konnten.

Eisenhower hatte bereits früh das unvorhersehbare englische Wetter als die schwerwiegendste Variable der Operation ausgemacht. Der Mai war freundlich gewesen, doch im Juni war das Wetter traditionell wechselhaft und schlug oft von einem Moment zum nächsten um. Die logistische Herausforderung, die Ausrüstung an einer militärisch befestigten Küste an Land zu bringen und ins Landesinnere vorzudringen, erforderte ideale Bedingungen. Bei bedecktem Himmel würden die Fallschirmspringer und Lastensegler ihre Landezonen verfehlen, zudem könnten die alliierten Jagdflugzeuge keine Luftnahunterstützung leisten. Und bei aufgewühlter See würden viele der Landungsschiffe noch vor der Küste sinken. Selbst bei einem erfolgreichen Verlauf der ersten Invasionswelle benötigte man mindestens drei Tage lang stabil gutes Wetter, um während des erwarteten deutschen Gegenangriffs den Nachschub für die gelandeten Truppen zu gewährleisten. Hierfür hatten die Alliierten zwei riesige künstliche Häfen konstruiert, die eine zügige Entladung von Nachschubgütern ermöglichen sollten. Diese Häfen allein bestanden aus mehr als 400 von Schiffen geschleppten Einzelteilen und wogen mehr als 20 moderne Flugzeugträger. Nur bei idealen Bedingungen ließen sich die Einzelteile durch die küstennahen Gewässer in die richtige Position verfrachten und zusammenbauen.

Eisenhowers meteorologische Abteilung bestand aus britischen und US-amerikanischen Militärexperten sowie Mitarbeitern des nationalen Wetterdienstes. Geleitet wurde sie von Group Captain James Stagg von der Royal Air Force, einem erfahrenen Meteorologen. Er war Leiter einer Arktis-Polarexpedition und Vorsteher des berühmten Londoner Kew Observatory gewesen, ehe er zum Chefmeteorologen der Operation Overlord ernannt wurde.

Um Wetterdaten für die Operation zu sammeln, wurden enorme Anstrengungen unternommen. Nur mit dem Nötigsten ausgestattete Halifax-Bomber flogen Hunderte Kilometer weit über den Atlantik hinaus und gaben die Bewegungen von Temperatur- und Luftdruckgebieten durch. Trotz des schlechten Wetters wurden die zehnstündigen Missionen rund um die Uhr durchgeführt. Mehrere Besatzungen hatten bereits ihr Leben gelassen bei dem Versuch, die Wetterentwicklungen abzuschätzen, um Eisenhower bei seiner Entscheidung zu unterstützen.

Rund 72 Stunden vor dem vorgesehenen Invasionstermin begann Eisenhower zweimal täglich Wetterbesprechungen in der Bibliothek des Herrenhauses durchzuführen, einem weitläufigen, in Beige gehaltenen Raum mit Blick auf den Park. Die Daten hatten bis dahin kein eindeutiges Bild ergeben – von Island aus wanderte ein Hochdruckgebiet südwärts und verursachte ein Tief über dem Atlantik, in der Regel ein Zeichen für schlechtes Wetter. Dennoch war es klar und freundlich. Unter den Wetterexperten herrschte Uneinigkeit, bis schließlich Eisenhowers stellvertretender Stabschef ausrief: »Verdammt noch mal, Stagg, klären Sie das, bevor Sie morgen früh zur Besprechung beim Oberbefehlshaber kommen.«

Als größtes Seelandemanöver der Geschichte unterlag die Operation Overlord beträchtlichen geopolitischen Kräften. Knapp sechs Monate zuvor waren die Regierungschefs der drei Hauptalliierten im Iran zu einer Geheimkonferenz zusammengekommen. Die Russen führten an der Ostfront einen unerbittlichen Abnutzungskrieg, und Stalins Ungeduld mit Roosevelt und Churchill wuchs. Bis dahin gingen rund 80 Prozent der gefallenen deutschen Soldaten auf das Konto der Sowjetunion, die selbst die unfassbare Zahl von 20 Millionen Todesopfern zu beklagen hatte; außerdem waren rund 40 Prozent des Landes verwüstet worden. Die sowjetischen Befehlshaber sagten nicht ohne Stolz, dass das Land jeden Morgen bereits vor dem Frühstück mehr Opfer zu beklagen hatte als die westlichen Alliierten in einem Monat. Und so entsprach Roosevelt auf der Konferenz Stalins Forderung nach Unterstützung und legte ein Datum für die Invasion fest: den Mai 1944.

In den Monaten danach wurden die Pläne noch einmal ausgeweitet, wodurch sich das Datum schließlich auf die ersten Junitage verschob. Aufgrund der Geheimhaltung rund um die Invasionspläne wurde den Sowjets lediglich Ende Mai als ungefähres Datum genannt, ohne irgendwelche Einzelheiten. Das verärgerte sie, da sie einen gleichzeitigen Angriff an der Ostfront planten. In der sowjetischen Führung wuchs das Misstrauen, dass es sich um ein Täuschungsmanöver der Vereinigten Staaten und Großbritanniens handeln könnte und diese überhaupt nicht vorhätten, ihre Zusagen einzuhalten.

Doch auch die westlichen Alliierten fürchteten eine weitere Verzögerung der Operation. Immer deutlicher trat für sie zutage, dass die Sowjetunion nach einer deutschen Niederlage zu ihrem Widersacher werden würde. Ein erfolgreicher Feldzug durch Frankreich nach Deutschland hätte ihnen einen weitaus größeren Einfluss bei der Neugestaltung Europas nach dem Krieg gesichert.

Am Abend des 3. Juni hatten sich in Vorbereitung auf den Angriff bereits etliche Schiffe in Bewegung gesetzt. Angesichts der riesigen Streitmacht und der Komplexität des Plans mussten sie eine ganze Weile vor Eisenhowers endgültiger Entscheidung in See stechen. Bei der abendlichen Besprechung erklärte Stagg die Wetterlage: »Unter all den Wetterkarten der vergangenen 40 oder 50 Jahre aus dieser Jahreszeit haben wir nicht eine einzige gefunden, die auch nur annähernd so viele und so intensive Tiefdruckgebiete wie die vorliegende Karte aufgewiesen hätte.«

Es herrschte eine Wetterkonstellation wie im Winter, und das zu Beginn des Sommers. Und als wäre dies noch nicht verwirrend genug gewesen, war das Wetter auch noch perfekt. Doch Staggs hielt an seiner Vorhersage fest, dass es schon bald umschlagen würde und Windgeschwindigkeiten von mehr als 70 Kilometern pro Stunde und eine dichte Wolkendecke auf 300 Metern zu erwarten waren. Eisenhower bat die drei Befehlshaber seiner Teilstreitkräfte um ihre Meinung. Der Marinekommandant sprach sich gegen die Durchführung aus. Selbst bei einem möglicherweise erfolgreichen Erstschlag könnten sie die Truppen im Anschluss nicht mit weiterer Ausrüstung versorgen, sodass sie den deutschen Gegenangriffen hilflos ausgesetzt sein würden. Auch der Kommandant der Luftstreitkräfte war für einen Abbruch der Vorbereitungen. Wegen der tief hängenden Wolken könnten die Piloten ihre Ziele nicht ausmachen und von den eigenen Truppen unterscheiden. Nur der Bodenkommandant sprach sich dafür aus, die Operation wie vorgesehen durchzuführen. Da es noch eine Chance gab, dass sich die Wetterlage bis zum Morgen verbesserte, wies Eisenhower alle an, am darauffolgenden Tag erneut für eine endgültige Entscheidung zusammenzukommen.

Um 4:30 Uhr am Morgen war der Himmel klar, und es war beinahe windstill. Eisenhower fragte Stagg, ob sich an seiner Vorhersage etwas geändert habe. »Nein, Sir«, erwiderte Stagg und erklärte, dass die Bedingungen derzeit zwar ideal seien, aber in den nächsten paar Stunden Wolken aufziehen würden. Der Kommandant der Bodentruppen sprach sich unverändert für eine Fortsetzung der Operation aus, wohingegen der Kommandant der Luftstreitkräfte zur Verschiebung riet. Der Marinekommandant schließlich erinnerte die Versammelten, dass seine Schiffe bereits in See gestochen waren und es in einer halben Stunde kein Zurück mehr für sie gäbe. Eisenhower grübelte mehrere Minuten, dann ergriff er das Wort: »Verglichen mit den feindlichen Truppen sind unsere nicht übermäßig stark, daher sind wir auf unsere Luftüberlegenheit angewiesen. Wenn die Flieger nicht einsetzbar sind, müssen wir verschieben. Irgendwelche anderen Meinungen?« Da ihm niemand widersprach, verschob Eisenhower die Invasion offiziell.

Die Befehlshaber eilten aus dem Raum, um ihre Truppen zurückzurufen. So gut wie alle Schiffe und Landungsboote kehrten daraufhin zu ihren Häfen und Rendezvous-Punkten im Meer zurück. Doch ein Verbund von 138 Schiffen empfing die Meldung nicht und hielt weiter Kurs auf die Normandie. Die Funker versuchten verzweifelt, Kontakt aufzunehmen. Sollten die Schiffe nicht auf der Stelle umkehren, kam das einer Katastrophe gleich. Nicht nur flögen damit die Invasionspläne auf, die Schiffe wären auch eine leichte Beute für die Deutschen. Doch noch immer kam keine Antwort von den Schiffen, die unverdrossen ihren Weg fortsetzten. Schließlich wurde ein britischer Walrus-Doppeldecker losgeschickt. Nachdem er mehrmals über die Schiffe hinweggeflogen war und versucht hatte, sie auf sich aufmerksam zu machen, sah der Pilot keine andere Möglichkeit, als einen Kanister auf das Deck des Leitschiffes zu werfen, mit einer Notiz, in der er den Kapitän von der Verschiebung informierte. Endlich wendete der Konvoi. Die Katastrophe war gerade noch abgewendet worden.

Wie von Stagg vorausgesagt, zogen in den späten Morgenstunden dunkelgraue Wolken am Himmel auf. Eisenhower stürmte hinaus, eine Hand in der Jackentasche, in der anderen ständig eine glimmende Zigarette. Die Vorhersage sah inzwischen noch düsterer aus. Das Wetter sollte sich erheblich verschlechtern, wodurch eine Invasion in den kommenden Tagen ausgeschlossen erschien. Am 8. oder 9. Juni würde man tagsüber eine mit erheblichem Risiko verbundene Landung unternehmen können, doch erst in zwei Wochen würden die Gezeiten und der Mondschein wieder günstig sein. Ein derart langer

Aufschub würde den Deutschen mehr Zeit geben, die Küste zu befestigen und weitere geheime Waffen wie die gefürchtete Rakete V-1 einzusetzen. Derweil müssten mehr als 100 000 Soldaten die Schiffe wieder verlassen und in ihre Lager zurückkehren, was die Anspannung steigen und die Moral sinken lassen würde. Da so viele Soldaten nun zumindest die Grundzüge des Plans kannten, musste man zudem um dessen Geheimhaltung fürchten. Darüber hinaus belasteten Eisenhower auch die Probleme mit der Sowjetunion und die sich aufschaukelnden Folgen. Einer späteren Beschreibung zufolge wurde Eisenhower »von den Sorgen niedergedrückt …, als würde jeder der jeweils vier Sterne auf seinen Schultern eine Tonne wiegen«.

Am Abend traf sich Eisenhower mit seinen Befehlshabern in der Bibliothek. Schwere Regentropfen klatschten gegen die Fenster, und ein Sturm heulte um das Haus. Stagg vermeldete eine überraschende neue Entwicklung: Westlich von Irland hatte sich eine kleine Kaltfront gebildet, die am Morgen des 6. Juni in Richtung Normandie ziehen sollte und möglicherweise bis zu 36 Stunden lang für gute Wetterbedingungen sorgen würde. Das Meer wäre weiterhin unruhig, doch die Wolkendecke würde eventuell aufreißen, sodass Luftbombardements möglich wären und die Kriegsschiffe ihre Waffen einsetzen könnten.

Die Befehlshaber berieten über ihre Optionen. Der Kommandant der Luftstreitkräfte wollte sich nicht allzu weit aus dem Fenster lehnen und nannte die Entscheidung für einen Angriff »riskant«, aber umsetzbar. Dem Marinekommandanten zufolge würde es für die Landungsboote nicht gerade ein Spaziergang zur Küste werden, aber er rechnete auch nicht mit chaotischen Zuständen. Zudem gab er zu bedenken, dass etliche Landungsboote inzwischen nur noch wenig Kraftstoff an Bord hatten und deshalb bei einem erneuten Abbruch der Operation in den Hafen zurückkehren müssten, ein langwieriger und komplexer Vorgang. Der Bodenkommandant erklärte, an seiner Zustimmung habe sich nichts geändert – vermutlich würden die Deutschen von den weniger genauen Vorhersagen ihrer kleineren meteorologischen Abteilung in falscher Sicherheit gewiegt und den Wetterumschwung nicht voraussehen, sodass man sie auf dem falschen Fuß erwischen könnte.

Einige Minuten lang herrschte vollkommene Stille im Raum. Eisenhower erwog die Entscheidung und sagte, an niemanden speziell gerichtet: »Die Frage ist, wie lange man diese Operation am ausgestreckten Arm halten kann, bevor sie verhungert.« Niemand erwiderte etwas. Schließlich erklärte Eisenhower: »Ich denke, wir müssen den Befehl geben. Es gefällt mir nicht, aber hiermit ist er erteilt.« Damit gab er sein vorläufiges grünes Licht für die Operation, allerdings behielt er sich die endgültige Entscheidung für die frühen Morgenstunden vor.

Im Laufe der Nacht wurde das Unwetter immer heftiger. Eisenhower selbst schrieb:

> *Am nächsten Morgen um 3:30 Uhr wurde unser kleines Lager von einem Sturm gepackt, der fast die Stärke eines Hurrikans besaß, und der gleichzeitig herabströmende Regen schien in fast waagerechten Streifen vorüberzujagen. Die kilometerlange Fahrt über verschlammte Straßen bis zum Marine-Hauptquartier war alles andere als erheiternd, da es unter solchen Verhältnissen vollkommen sinnlos erscheinen mußte, die Lage auch nur zu diskutieren.*

Mittlerweile war der Morgen des 5. Juni hereingebrochen, also des ursprünglich vorgesehenen Invasionsdatums. Wäre die Operation nicht aufgeschoben worden, hätten sich die Schiffe nun bereits nach der Überfahrt über das aufgewühlte Meer der normannischen Küste genähert. Ein beträchtlicher Teil der Landungsflotte wäre bis dahin bereits gekentert und untergegangen, und Tausende Soldaten wären ertrunken. Wegen des Sturms hätten die Fallschirmspringer und Lastensegler nicht starten können, sodass die Truppen an den Flanken schutzlos gewesen wären. Es hätte keinerlei Luftunterstützung gegeben. Der Versuch, am 5. Juni zu landen, wäre in jeder Hinsicht ein katastrophaler Rückschlag für die Alliierten gewesen.

Die Kommandanten trafen kurz nach vier Uhr morgens zusammen ein, gegen den peitschenden Regen eingehüllt in ihre Mäntel. Im Konferenzraum erklärte Stagg den düster dreinblickenden Anwesenden, dass sich seine Wetterprognose nicht entscheidend geändert habe. In Eisenhowers Worten: »Die Aussichten waren nicht glänzend, weil die Möglichkeit bestand, daß wir die ersten Wellen zwar erfolgreich an Land bringen, dann aber den späteren Aufmarsch nicht durchführen konnten, wodurch die ersten Verbände, allein auf sich gestellt, eine leichte Beute der deutschen Gegenaktion werden mußten.«

Einer der Kommandanten beschrieb die Situation im Nachhinein: »Eisenhower erhob sich von seinem Stuhl und schritt bedächtig auf und ab … Er hielt den Kopf ein wenig zur Brust geneigt, die Hände im Rücken verschränkt. Von Zeit zu Zeit blieb er stehen, drehte den Kopf ruckartig zu einem der Anwesenden und feuerte eine Frage ab … , dann schritt er weiter.«

Noch war Zeit, die Invasion zu verschieben. Die Alliierten hatten alles auf diese Karte gesetzt, und der Einsatz war hoch: Drei Jahre Planung, zwei Jahre Vorbereitung und Hunderttausende Leben standen auf dem Spiel. Aufgrund des Angriffs vom Meer aus war ein geordneter Rückzug so gut wie unmöglich, sollten sie die Küste nicht halten können. Der Preis des Scheiterns wäre enorm. Zudem bestand die Möglichkeit, dass die Vereinigten Staaten, die parallel auch im Pazifik gegen Japan kämpften, den Schwerpunkt ihres Engagements von Europa weg verlagern würden. Die Entscheidung, fortzufahren, lag vollkommen bei Eisenhower. Als hochrangige deutsche Militärs und Politiker später davon erfuhren, konnten sie es nicht fassen: Sie hätten es niemals gewagt, eine derartige Entscheidung ohne Rücksprache mit Hitler zu treffen.

Das Unwetter tobte weiter um das Haus. Eisenhower nahm auf einem Sofa Platz und brütete mehrere Minuten über die Entscheidung. Schließlich sagte er: »Also, Stagg, wenn Sie mit Ihrer Prognose recht behalten, werden wir das zu angemessener Zeit feiern, das verspreche ich Ihnen.« Dann erklärte er: »Okay, es geht los.« Damit war die Operation unwiderruflich gestartet – die größten Invasionsstreitkräfte der Geschichte waren in Bewegung gesetzt und würden sich schon bald bewähren müssen. Der Raum leerte sich schlagartig, da die Kommandanten die Entscheidung an ihre Truppen weitergeben mussten.

Nachdem Eisenhower gerade eine der bedeutendsten Entscheidungen aller Zeiten getroffen hatte, war für ihn die Zeit gekommen, sich geistig zu erholen. Zweifellos gab es Hunderte kleinerer Aufgaben, auf die er sich hätte stürzen können, doch ihm war klar, dass ihn schon bald erneut wichtige Entscheidungen erwarteten. Anstatt sich nachrangigen Problemen zu widmen, akzeptierte er die Unsicherheit und lenkte sich bewusst ab.

Im Anschluss an die Besprechung nahm sich Eisenhower Zeit, um zu frühstücken und Kaffee zu trinken, dann brach er zu einer Stippvisite im Hafen auf, um die letzten britischen Divisionen beim Ablegen zu beobachten. Nach seiner Rückkehr spielte er mit seinem Adjutanten Dame und das Brettspiel Hounds and Fox, wie der Adjutant später berichtete: »Er gewann jedes Mal, weil man als Jagdhund im Vorteil ist. Dann spielten wir eine Partie Dame, und als ich seine Dame mit meinen beiden Damen in die Ecke getrieben hatte, sprang er, wie nicht anders zu erwarten, noch über eine meiner Damen hinweg und holte ein Remis. Beim Mittagessen erzählten wir uns irgendwelche lange zurückliegenden Geschichten aus der Politik. Er hatte meinen alten Freund Pat Harrison gut gekannt, als dieser als junger Mann im Kongress von sich reden gemacht hatte … Wir unterhielten uns über Senatoren, Stinktiere und Zibetkatzen.«

Nach dem Mittagessen setzte sich Eisenhower hin und verfasste eine Notiz, die er Wochen später seinem Adjutanten zeigte:

Bei unseren Landungsoperationen im Gebiet von Cherbourg-Havre ist es nicht gelungen, einen starken Brückenkopf zu bilden, und ich habe daher die Truppen zurückgezogen. Mein Entschluss, zu dieser Zeit und an diesem Ort anzugreifen, beruhte auf den besten uns verfügbaren Informationen. Die Land-, Luft- und Seestreitkräfte haben mit großer Tapferkeit und Hingabe ihre Pflicht erfüllt. Falls das Scheitern auf irgendeinen Fehler zurückzuführen ist, so trifft allein mich die Schuld.

Glücklicherweise musste Eisenhower diese Zeilen nie absenden. Wie es weiterging, ist bekannt. Die Deutschen hatten den Wetterumschwung nicht vorhergesehen und wurden komplett überrumpelt. Innerhalb von 24 Stunden konnten die Alliierten erste Stellungen errichten, die sie in der Folge immer weiter ausbauten. Wenige Monate darauf erfolgte die Befreiung von Paris. Die deutschen Truppen wurden immer weiter zurückgedrängt, bis das Nazi-Regime schließlich zerschlagen werden konnte.

Priorisieren

Dass Eisenhower eine der besten Entscheidungen der Geschichte treffen konnte, verdankte sich in erster Linie seiner Fähigkeit, Prioritäten zu setzen. »Was wichtig ist, ist selten dringend, und was dringend ist, ist selten wichtig«, erklärte er immer wieder. Manche Aufgaben sind dringend: Wenn sie nicht innerhalb einer gewissen Zeit erledigt werden, ist die Gelegenheit vorbei. Andere sind wichtig: Werden sie nicht korrekt ausgeführt, hat das gravierende Folgen. Indem Eisenhower Aufgaben nach ihrer Wichtigkeit und Dringlichkeit beurteilte, konnte er auf simple und doch effektive Weise seine Zeit und Energie priorisieren und sich darauf konzentrieren, die bestmögliche Entscheidung zu treffen.

ZEITAUFTEILUNG

Eisenhowers Technik der Priorisierung lässt sich in Form eines Diagramms darstellen, wobei die Wichtigkeit die vertikale Achse und die Dringlichkeit die horizontale Achse bilden, sodass sich vier Quadranten ergeben. In den rechten oberen Quadranten fallen sämtliche Aufgaben, die sowohl wichtig als auch dringend sind. Diese essenziellen Tätigkeiten müssen auf der Stelle erledigt werden. In der Kampfpiloten-Sprache bezeichnen wir sie als *near rocks*, also als Felsen, die unmittelbar vor uns auftauchen und uns in den Tod reißen können. Dabei handelt es sich um Entscheidungen, die Auswirkungen auf die Sicherheit und das Wohlergehen unserer Soldaten, des Piloten selbst oder von Zivilisten haben. Breitet sich zum Beispiel im Cockpit Rauch aus, besitzt das Aufspüren der Rauchquelle oberste Priorität. Und wenn vor einer Mission in allerletzter Minute ein Tankflugzeug ausfällt, müssen wir auf der Stelle entscheiden, ob der vorhandene Kraftstoff ausreicht. Für einen Software-Entwickler könnte einen vergleichbaren Fall eine Sicherheitslücke darstellen oder für einen Arzt ein Patient mit Herzinfarkt. Alle vorhandenen Energien und Ressourcen müssen umgehend im Sinne einer Lösung des Problems priorisiert werden. Anzumerken ist jedoch, dass Entscheidungen und Aufgaben keineswegs zu gleichen Teilen in die vier Quadranten fallen sollten, vielmehr befinden sich bei sorgfältiger Planung idealerweise nur wenige im ersten Quadranten.

Der Quadrant oben links, Quadrant II, enthält wichtige, jedoch nicht dringende Entscheidungen und Aufgaben. Sie sind notwendig, unterliegen aber keinem Zeitdruck. Als Kampfpiloten bezeichnen wir sie als *far rocks* – Dinge, die in den kommenden paar Minuten ein Faktor werden. Bei der Planung einer Mission stellen sie potenzielle Stolpersteine dar, die den Erfolg gefährden können. Übertragen etwa auf das Gesundheitswesen heißt dies etwa für die Verantwortlichen, dafür zu sorgen, dass sämtliche Einrichtungen jederzeit über die erforderlichen Ressourcen verfügen. Ein Bauingenieur wiederum muss sicherstellen, dass bei einem Projekt niemand zu Schaden kommt. Entscheidend bei Aufgaben des Quadranten II ist, sich Zeit für die gründliche Planung einschließlich eines Zeitplans zu nehmen, damit eine Aufgabe nicht aus dem Crosscheck herausfällt und schließlich in den ersten Quadranten wandert.

Eisenhower war klar, dass die wichtigste Entscheidung, die er zu treffen hatte, den Zeitpunkt der Invasion betraf. Die Planungen waren bereits so gut wie abgeschlossen, daher beschränkte sich sein Einfluss im Grunde genommen auf die Frage, wann er grünes Licht geben würde. Zweifellos strömten während seines Aufenthalts Hunderte Probleme auf ihn ein, doch keines davon war auch nur annähernd so bedeutsam wie die Entscheidung, die Invasion zunächst zu verschieben und schließlich den Startschuss zu geben, als sich das Wetter geändert hatte.

In den Quadranten unten rechts, den Quadranten III, fallen alle Aufgaben, die dringend, aber nicht wichtig sind. Hier zeigt sich die Brillanz von Eisenhowers System. Die beiden vorangegangenen Quadranten begreifen die meisten Menschen intuitiv und verfahren überwiegend auch entsprechend. Doch welche Aufgabe sollte Priorität genießen: eine dringende oder eine wichtige? Rational ist die Antwort klar: die wichtige. Doch aus psychologischen Gründen, wegen des sogenannten *Dringlichkeitseffekts*, neigen wir oftmals dazu, uns zunächst der dringenden Aufgabe zuzuwenden. Deshalb lassen wir uns bei der Arbeit immer wieder von E-Mails und Small Talk ablenken, zulasten eines konzentrierten, wohldurchdachten Vorgehens, ohne das man seine langfristigen Ziele nicht erreichen wird. In diesen Quadranten fallen die ständigen Unterbrechungen durch Kollegen und überflüssige Meetings. Leider wird das Problem durch die zunehmend digitaler werdende Welt noch verstärkt. Das Bombardement durch E-Mails und Handy-Nachrichten lockt unser Gehirn in die Aufmerksamkeitsfalle, da es auf Neuigkeiten anspringt und leicht abzulenken ist. In Verbindung mit unserem Verlangen, uns beschäftigt und produktiv vorzukommen, passiert es leicht, dass wir in diesen Quadranten hineingesogen werden. Allerdings konnte gezeigt werden, dass sich der Effekt verringern lässt, wenn man sich vor einer Entscheidung mit den möglichen Auswirkungen beschäftigt. Aus diesem Grund ist es erforderlich, die anstehenden Aufgaben zunächst den entsprechenden Quadranten zuzuordnen, bevor man sich mit ihnen befasst. Dadurch wird unser Gehirn gezwungen, die langfristigen Folgen einzubeziehen, anstatt einfach nur nach Dringlichkeit zu entscheiden.

Eisenhowers Lösung für Aufgaben des Quadranten III lautete, sie zu delegieren. Musste eine Tätigkeit erledigt werden, erforderte jedoch nicht seine spezifischen Kenntnisse, dann suchte er einfach jemand anderen, der sie ausführen konnte. Diese Fähigkeit zu erlernen, stellt viele Menschen vor eine große Herausforderung. Als Kampfpilot beginnt man zunächst als Wingman und muss zahllose lästige Aufgaben erledigen, etwa die Missions-Dateien in das Computersystem des Jets einspielen, die Besprechungsräume vorbereiten und bei Bedarf erfahrenen Piloten zur Hand zu gehen. Erst nach mehreren Jahren kann man zum Flight Lead befördert werden und ist dann für mehrere andere Flugzeuge verantwortlich. Ein Flight Lead benötigt jedoch andere Fähigkeiten als ein Wingman. Eine Viererformation aus modernen Kampfflugzeugen ist eine strategische Ressource und kann in einem Gefecht ausschlaggebend sein. Als Flight Lead muss man über ein Verständnis des großen Ganzen verfügen, intellektuell anspruchsvolle Aufgaben erledigen und seine Absichten an die anderen Mitglieder der Formation kommunizieren, damit sie an der Umsetzung mitwirken können. Doch nach mehreren Jahren als Wingman bereitet dies vielen frischgebackenen Flight Leads Schwierigkeiten, daher halten sie sich mit unbedeutenden Aufgaben auf, die ihnen vertraut sind. In der Folge verlieren sie das große Ganze aus dem Auge, was oftmals zu einem Scheitern des Einsatzes führt. Man muss sich darüber klar sein, dass man nicht alles selbst machen kann und als Flight Lead bestimmte Aufgaben an seine Wingmen delegieren muss, um geistige Kapazitäten frei zu haben für die Aufgaben, die nur man selbst erledigen kann (die Entscheidungen des Quadranten II). Dasselbe gilt auch außerhalb des Cockpits. Wir verfügen nur über ein begrenztes Zeit- und Energiekontingent, und dieses müssen wir für die zur Erreichung unserer langfristigen Ziele wichtigsten Aufgaben aufwenden. Viele Menschen verfügen über kein Team, das ihnen Aufgaben des Quadranten III abnehmen könnte, doch diesen Mangel gleicht in zunehmendem Maße die Technologie aus. Jeder mit einem Smartphone kann heute auf Planungssoftware, automatisierte Finanzbuchhaltung und die Sortierung und Filterung von E-Mails mithilfe von künstlicher Intelligenz zurückgreifen. Wir müssen nur ein wenig Zeit investieren, um zu verstehen, wie wir uns die Technologie zunutze machen können, dann können wir uns auf das wirklich Wichtige konzentrieren.

Der Quadrant IV schließlich umfasst alle Ablenkungen – Dinge also, die weder wichtig noch dringend sind. Derartige Tätigkeiten sind reine Zeitverschwendung und sollten komplett gestrichen werden. Wenn sie weder zu den eigenen langfristigen Zielen beitragen noch ihre Nichterledigung irgendwelche Konsequenzen nach sich zieht, haben sie nichts auf der eigenen To-do-Liste zu suchen. Das Prinzip lautet hier, dass man am schnellsten mit etwas fertig wird, indem man es gar nicht erst anfängt.

Von den Aufgaben im Quadranten IV sind die reinen Freizeitbeschäftigungen zu unterscheiden, die man machen möchte und die einem bei der geistigen und körperlichen Regeneration helfen. Manch einen dürfte es überrascht haben, dass sich Eisenhower während der Invasion am D-Day Zeit für Brettspiele nahm. Doch um gute Entscheidungen treffen zu können, muss man auch die eigenen Bedürfnisse kennen und wissen, wann man eine Auszeit benötigt.

Unsere Gefechtseinsätze dauerten gelegentlich bis zu acht Stunden, eine lange Zeit, wenn man durchgehend Entscheidungen treffen muss. Um geistig wieder Kraft zu schöpfen, trank ich jede Viertelstunde einige Schlucke Wasser und genehmigte mir jede Stunde einen kleinen Snack. Das war nicht gerade viel, doch auf diese Weise konnte ich meinen Fokus über einen längeren Zeitraum aufrechterhalten.

Die entscheidende Grundfrage beim Priorisieren lautet: Was wollen wir mit unserer Arbeit erreichen? Ohne eindeutige Absichten oder Ziele werden wir nicht verstehen, wie alles untereinander zusammenhängt. Mangelt es uns an einer klaren Vision, wird unser Verstand seiner Neigung zu den dringenden Aufgaben nachgeben, ob diese nun wichtig sind oder nicht. Nur indem wir die eigene Vision diszipliniert verfolgen, können wir unbarmherzig unwichtige Aufgaben ausmerzen, die uns daran hindern, den größtmöglichen Ertrag zu erzielen.

Bagram

Während das Triebwerk meiner F-16 hochfuhr, hielt der rostige Tanklaster unverändert auf mich zu. Als Kampfpilot hatte ich immer wieder Momente der Angst erlebt, doch in diesem Moment verspürte ich daneben auch eine übermächtige Neugier, was geschehen würde. Es war, als schaute ich einen Film – nur dass ich mittendrin war. Alles schien wie in Zeitlupe abzulaufen, und ich dachte an nichts anderes mehr. Über Funk fragte mich mein Crew-Chef: »Was sollen wir machen?«

Aufgrund der Berichte unseres Nachrichtendiensts und des Geschehens am Morgen schätzte ich die Wahrscheinlichkeit eines weiteren Selbstmordattentäters auf 50 Prozent. Obwohl so viel auf dem Spiel stand, war die Antwort simpel. Ein Tanklastwagen kann fast 20 000 Kilogramm Treibstoff fassen, die ihn bei einer Explosion zu einer der größten konventionellen Bomben überhaupt machen. Zudem saß ich in einem voll betankten Jet mit verschiedenen Bomben, Raketen und Bordkanonenmunition, der noch dazu unweit einer Reihe weiterer F-16 stand. Sollte es sich um einen Selbstmordattentäter handeln, würde niemand von uns die Explosion überleben. Falls es jedoch kein Selbstmordattentäter war, mussten wir unverändert unsere Mission durchführen.

Ich meldete mich beim Gefechtsstand. Normalerweise bemüht man sich als Kampfpilot im Funkverkehr um eine besonnene, unaufgeregte Stimme, um den anderen ein Gefühl von Sicherheit zu vermitteln. Doch in dem Fall wollte ich den Ernst der Lage unmissverständlich deutlich machen, also sprach ich bewusst schnell und energisch: »Ein unidentifizierter verdächtiger Lkw bewegt sich in hohem Tempo auf das F-16-Vorfeld zu. Er muss aufgehalten werden. Sofort.«

Rund 20 Meter vor meinem Jet kam der Tanklaster mit zischenden Hydraulikbremsen zu stehen und schaukelte vor und zurück. Die Fahrerkabine lag im Dunkeln, da sie von den Sicherheitsscheinwerfern nicht erfasst wurde. Der Moment der Wahrheit war gekommen. Was würde als Nächstes geschehen? Unwillkürlich verkrampfte ich ein wenig. Doch mir blieb keine Zeit, um einfach nur dazusitzen und abzuwarten. Ich hatte mich entschieden, den Start fortzusetzen, also gingen mein Crew-Chef und ich schnellstmöglich die Startsequenz durch. Aus dem Augenwinkel sah ich, wie mehrere Personen in T-Shirts und mit Gewehren bewaffnet aus einem benachbarten Bunker herausgerannt kamen: keine Sicherheitskräfte, sondern Mechaniker. Obwohl sie dafür nicht ausgebildet waren, rannten sie zu zehnt mit ihren M-16 auf den Lkw zu, kletterten zum Führerhaus hinauf, rissen die Tür auf und zerrten den Fahrer heraus.

Inzwischen war die F-16 bereit zum Taxiing. Ich wollte die Jets von meinem Wingman und mir aus der Gefahrenzone bringen für den Fall, dass der Lkw mit einem Fernzünder ausgerüstet sein sollte. Dann hätten wir zumindest zwei einsatzbereite F-16 in der Luft, um den Stützpunkt gegen einen Angriff zu verteidigen. Ich schob den Gashebel nach vorn, rollte auf die Startpiste und hob ab zu unserem Einsatz.

Unterdessen sicherten die Mechaniker den Bereich und richteten eine Sperrzone ein. Dann warteten sie auf die Sicherheitskräfte, die den Fahrer schließlich in Gewahrsam nahmen. Was er tatsächlich vorgehabt hatte, wurde nie aufgeklärt. Er war in einem anderen Bereich der Basis beschäftigt gewesen und durfte sich überhaupt nicht in unserem Abschnitt aufhalten. Man fand keinen Sprengstoff, allerdings wurde spekuliert, dass er möglicherweise einen Jet rammen wollte und im letzten Augenblick doch noch von seinem Vorhaben abgekommen war. Insgesamt verloren an dem Tag fünf US-Bürger ihr Leben, weitere 17 wurden verletzt.

Entschlossenheit

Vielen fällt es schwer, entschlossen zu handeln, insbesondere wenn viel auf dem Spiel steht. Sie grübeln zu viel über ein Problem nach und schränken ihre geistigen Kapazitäten selbst ein, weil sie nach der perfekten Entscheidung suchen. In Verbindung mit der physiologischen Reaktion des Körpers auf Stress und Druck kann dies zu Verwirrung führen und ein entschlossenes Vorgehen verhindern.

Wenn ich einen unerfahrenen Flugschüler begleite, erlebe ich immer wieder, dass er von der Vielzahl der Aufgaben überfordert wird. Ein Kampfflugzeug zu fliegen, stellt eine Herausforderung dar, da ein Pilot Tausende Kommandos kennen muss, um die Maschine zu kontrollieren. Es ist, als würde man eine neue Sprache lernen, und bis man sie fließend beherrscht, vergehen Jahre. In Verbindung mit dem Erfolgsstreben der Schüler führt dies oftmals dazu, dass sie sich geistig überfordern. Daher ermahne ich sie, niemals mehr als 90 Prozent Aufgabensättigung zuzulassen. Sie benötigen freie Kapazitäten, um das große Ganze zu sehen und in dem immerwährenden Strom von Aufgaben Prioritäten zu setzen. Bei 100 Prozent Aufgabensättigung verliert man die Kontrolle – manche Aufgaben werden automatisch hinten runterfallen, ob man will oder nicht, zudem kann man nicht länger die für die Situation richtige Handlungsreihenfolge festlegen.

Die Lösung hierfür ist einfach, ihre Umsetzung allerdings schwierig: weniger tun! Sobald man sich der 90-Prozent-Marke nähert, muss man manche Aufgaben bewusst übergehen – selbst wenn man gern mehr tun würde und andere das möglicherweise von einem verlangen. Doch das Beste, was man in einer solchen Situation tun kann, ist, seine Grenzen zu erkennen und sie deutlich zu kommunizieren.

Dies gilt im Übrigen nicht nur für Flugschüler. Mit zunehmender Erfahrung eines Kampfpiloten lassen der Neuigkeitsfaktor und die Aufregung nach, wodurch er zu einem effektiveren und tödlicheren Piloten wird. Doch selbst erfahrene Kampfflieger erleben immer wieder Grenzsituationen, in denen sie leicht in den Zustand der Aufgabensättigung rutschen – beispielsweise, wenn sie erfahren, dass eigene Truppen angegriffen werden und sie ihnen helfen könnten. Auch wenn man die Soldaten am liebsten auf der Stelle retten würde, muss man der Versuchung widerstehen, die Dinge zu übereilen, sondern sich an der 90-Prozent-Marke orientieren. Denn was die Soldaten in einem solchen Moment brauchen, ist ein Pilot über ihnen, der klar denkt und entschlossen handelt.

Ein weiterer Grund, warum manche Menschen unentschlossen agieren, ist, dass sie unbedingt jegliche Unsicherheit aus ihren Entscheidungen verbannen wollen. Doch die besten Entscheider begegnen der Unsicherheit mit einem Lächeln. Im Leben kommt es nur höchst selten vor, dass man sich bei einer Entscheidung zu 100 Prozent sicher sein kann. Auch wenn sich mit Werkzeugen wie der Schnellprognose die Unsicherheit zumindest verringern lässt, kann man im Grunde nur versuchen, die Wahrscheinlichkeit eines positiven Resultats so weit es geht zu seinen eigenen Gunsten zu beeinflussen. Jeder Moment, in dem man keine Entscheidung trifft, landet in Form von Zeit und geistiger Energie auf der Kostenseite, bis diese Kosten schließlich den Nutzen des Wartens übersteigen – an diesem Punkt gilt es, eine Entscheidung zu treffen und nach vorne zu schauen.

Eine andere Methode, um zu einer Entscheidung zu gelangen, besteht darin, einfach die Optionen zu eliminieren, die eindeutig nicht optimal sind. Stellen Sie sich vor, Sie würden sich 1000 unterschiedliche Routen zu einem bestimmten Ziel in ihrer

Stadt ausdenken. Zu 99 Prozent werden diese Routen auf den ersten Blick unbrauchbar sein. Sie können unmittelbar verworfen werden, sodass nur ein paar gute Optionen übrig bleiben. Auf Grundlage der eigenen Prioritäten – etwa möglichst geringer Zeitaufwand und Benzinverbrauch, größtmögliche Einfachheit oder schöne Strecke – lassen sich im Anschluss weitere der verbliebenen Optionen ausschließen, bis nur noch zwei oder drei übrig bleiben. Doch an diesem Punkt geraten viele Menschen ins Stocken. Sie versuchen, ihre Evaluation weiter zu verfeinern, bis nur noch eine einzige Option vorhanden ist. Doch oftmals gibt es entweder zu viele Unsicherheitsfaktoren, oder die Optionen sind für eine eindeutige Wahl schlicht zu unterschiedlich. Anstatt nun weiter abzuwägen, gibt es in dem Moment eine simple Lösung: Entscheiden Sie sich einfach für eine der verbliebenen Lösungen, egal welche. Ihre Zeit und Energie sollten Sie lieber für ein anderes Problem aufwenden oder dafür, flexibel zu bleiben, damit Sie sich an die unvermeidlich auftretenden unvorhersehbaren Veränderungen anpassen können. Wenn Ihnen die Entscheidung weiterhin schwerfällt, sollten Sie die einfachste Option nehmen. Auf diese Weise können Sie geistige Energie sparen und zugleich die Anzahl der möglichen Fehlerquellen bei der Durchführung minimieren.

Bei Lebensentscheidungen erreicht man nach meiner Erfahrung am meisten, wenn man sich im Fall mehrerer vermeintlich gleichwertiger Optionen für die riskanteste entscheidet. Die meisten Menschen hassen Unsicherheit, insbesondere wenn diese mit einem Risiko verbunden ist. Der Mensch ist biologisch darauf programmiert, Risiken zu überschätzen. Gelingt es einem, diese mentale Hürde zu überwinden, wird man sich von den Menschen in seinem Umfeld abheben und die Wahrscheinlichkeit des eigenen Erfolgs erheblich steigern.

Sollten Sie an diesem Punkt nach wie vor Zweifel haben, hier ein Trick, den ich als Kind gelernt habe, um mich zwischen mehreren gleichwertigen Optionen zu entscheiden. Weisen Sie jeder brauchbaren Option einen Finger zu, strecken Sie diese dann nacheinander aus und schlagen Sie mit ihnen auf eine harte Oberfläche. Bei welchem Finger es am meisten wehtut, für die Option entscheiden Sie sich. Natürlich ist es besser, wenn Sie sich mithilfe ihres kritischen Denkvermögens zwischen verschiedenen Optionen entscheiden können. Doch wenn Sie damit nicht weiterkommen und Ihnen die Zeit davonläuft, dann probieren Sie es einmal aus!

Nachwort

Durchgehend gute Entscheidungen treffen zu können, ist eine der großen Herausforderungen unserer Zeit. Wir befinden uns mitten in einer technologischen Revolution, die unser Leben, unsere Arbeit und unsere Beziehungen von Grund auf verändert. Während im 19. und 20. Jahrhundert vor allem die Auswirkungen der Industriellen Revolution und der Umgang mit großen Menschengruppen im Vordergrund standen, müssen sich in unserem Jahrhundert Führungskräfte an der Klarheit ihres Denkens und ihrer Entscheidungen messen lassen.

Bereits heute erleichtern künstliche Intelligenz und andere technologische Hilfsmittel die mechanischen und monotonen Aufgaben in unserem Leben – oder übernehmen sie sogar vollständig. Diese Revolution führt, wie ihre Vorläufer, in beinahe sämtlichen Wirtschaftszweigen zu tiefgreifenden Einschnitten und verändert etwa die Art und Weise, wie wir unsere Reisen planen, wie wir arbeiten und wie wir unsere Kinder erziehen. Das Resultat ist ein zunehmend dynamischer werdendes Umfeld, in dem Entscheidungen nicht mehr auf dieselbe Weise getroffen werden können wie bisher. Vielmehr müssen sie immer wieder neu evaluiert werden, oftmals in halsbrecherischem Tempo. Doch wer sich anpassen kann, dem eröffnet der technologische Hebel die Chance, weit mehr zu erreichen, als ihm jemals zuvor möglich gewesen wäre.

Der Schlüssel, mit dem sich dieses Potenzial erschließen lässt, ist die klare Entscheidungsfindung – eine bewusste und wiederholbare Methode, Entscheidungen zu treffen, die angesichts der gegebenen Beschränkungen den größtmöglichen Ertrag hervorbringt. Als Kampfpiloten erfahren wir diese Revolution bereits seit Jahrzehnten am eigenen Leib, und in diesem Buch habe ich zahlreiche der Prinzipien vorgestellt, die wir lernen, um in einem komplexen und dynamischen, von Unsicherheit geprägten Umfeld unsere bestmögliche Leistung abzurufen. Inzwischen wurden unsere Erkenntnisse von zahllosen Personen aus anderen Bereichen übernommen, die im Laufe der Jahre an unseren Schulungen teilgenommen haben, etwa von Chirurgen, Profi-Trainern, CIA-Agenten, Vorstandsvorsitzenden oder NASA-Astronauten.

Ein Problem klar zu evaluieren, mögliche Vorgehensweisen zu finden, den erwarteten Wert abzuschätzen und dann zu handeln, ist eine universelle Kompetenz, die jeder erlernen und verbessern kann. Die hier präsentierten Konzepte und Prinzipien stellen einen Ausgangspunkt dar und sollten nicht als Dogmen aufgefasst werden. Der Wert jeglichen Wissens bemisst sich daran, inwieweit man es in dem Moment, da man es benötigt, abrufen und nutzen kann. Es spielt keine Rolle, wie gut man unter Laborbedingungen irgendwelche Informationen wiedergeben kann – es zählt nur, ob man sie in der realen Welt mit ihren Ablenkungen, Unsicherheiten und Risiken praktisch einsetzen kann. Die Lektionen dieses Buches werden Ihre Entscheidungsfähigkeit zweifellos steigern, doch nun beginnt die eigentliche Arbeit: Sie müssen selbst herausfinden, wie Sie die vorgestellten Konzepte am besten in das mentale Modell integrieren können, das Sie im Laufe Ihres Lebens aufgebaut haben. Viel Erfolg!

Dank

Dieses Buch, bis zu dessen Fertigstellung sechs Jahre vergingen, stellt einen Versuch dar, die Erkenntnisse und das Wissen weiterzugeben, die ich in meiner Laufbahn als Kampfpilot erworben habe. Für jegliche Fehler oder offenen Fragen trage ich ganz allein die Verantwortung.

Zuallererst möchte ich meiner Familie für ihre bedingungslose Unterstützung danken – nicht nur bei der Arbeit an diesem Buch, sondern in jeder Phase meines Lebens. Ich habe mich selbst aus freien Stücken für die endlosen Tage bei den Manöverübungen, die kurzfristigen Reisen und die Verlegung in Kampfgebiete entschieden, doch meiner Familie blieb keine andere Wahl, als sich damit abzufinden. Jedes Mal, wenn ein Kampfjet abstürzte, konnte meine Familie nur bange abwarten, ob es ihren Ehemann, Vater, Sohn und Bruder getroffen hatte.

Ohne meine Frau Kylie hätte dieses Buch nie entstehen können. Mehr als eineinhalb Jahre lang hat sie mir den Rücken freigehalten, damit ich mich Tag für Tag an den Schreibtisch setzen konnte. In jener Zeit war sie die einzige Person, der ich den rohen, noch nicht überarbeiteten Text anvertraute, weil ich stets auf ihr Feedback und ihre Unterstützung vertrauen konnte. Doch auch meinen Kindern möchte ich danken, nicht nur für die Zeit, die sie mir für das Schreiben ließen, sondern auch dafür, dass ich ihre unstillbare Neugier und ihren unbezähmbaren Drang zu lernen aus erster Hand miterleben durfte. Sie haben mir mehr beigebracht als ich ihnen.

Meinen Eltern, Ping und Deborah, möchte ich dafür danken, dass sie ein Kind, das in mehr als einer Hinsicht rebellisch war, stets gefördert und unterstützt haben. Ich habe ihnen das Leben nicht gerade leicht gemacht. Doch dank ihrer unerschöpflichen Geduld und ihres klaren Kurses konnte ich meine Energie schließlich in die richtigen Bahnen lenken. Dasselbe gilt für meine Geschwister Derek und Sophia, die ihr Leben dem Dienst an unserem Land verschrieben haben.

Meinem guten Freund Dan Schilling, einem ehemaligen Combat Controller und heutigen Autor, danke ich dafür, dass er mir während des Schreibprozesses stets mit seinem Rat zur Seite stand und den Kontakt zu meinem Agenten, Larry Wiseman, herstellte. Larry gebührt unendliche Anerkennung für die unzähligen Stunden, die er in die Arbeit mit mir steckte, und für seinen eines Kampfpiloten würdigen Killer-Instinkt, mit dem er schließlich einen Verlag fand.

Auch meinem Lektor, Marc Resnick, gebührt mein Dank. Mit seiner beruhigenden Art und seinem unerschütterlichen Vertrauen in meine Arbeit ermöglichte er es mir, aus meinem Text das Buch zu machen, das heute vor Ihnen liegt. Das gilt auch für das restliche Team bei St. Martin's Press, das mich auf großartige Weise unterstützte.

Zuletzt schließlich möchte ich meinen Kampfpiloten-Kameraden danken: Diese Krieger der Lüfte haben über die Jahre jede Menge Blut, Schweiß und Tränen gegeben, um die Armee der Vereinigten Staaten zur beeindruckendsten Streitmacht der Welt zu machen. Nur wenige Menschen werden jemals verstehen, welchen Beitrag diese kleine Gruppe zur Verteidigung der Freiheit geleistet hat. Auf persönlicher Ebene haben sie mich mit ihren Ratschlägen und ihrer Unterstützung während meiner Zeit als Kampfpilot zu dem Mann gemacht, der ich heute bin. Dasselbe gilt auch für den Inhalt des vorliegenden Buches: Etliche aktive und ehemalige Kampfpiloten haben mir geholfen, den Konzepten und dem Text den letzten Schliff zu geben. Manche von ihnen sind seither für immer abgetreten … Crush'Em, AFF, Prowl, Banzai, Strength and Honor …

Quellen

Zur Einleitung

»Fatal Airliner (14+ Passengers) Hull-Loss Accidents«, *Aviation Safety Network*, Flight Safety Foundation, https://aviation-safety.net/statistics/period/stats.php?cat=A.

»Global Fatal Accident Review 2002 to 2011«, UK Civil Aviation Authority, https://web.archive.org/web/20170802210140/http:/publicapps.caa.co.uk/docs/33/CAP%201036%20Global%20Fatal%20Accident%20Review%202002%20to%202011.pdf.

Zu Kapitel 1: Evaluation

Armstrong, Paul: »Has Air France Flight 447 Mystery Finally Been Solved?«, *CNN*, 5. Juli 2012, https://cnn.com/2012/07/04/world/europe/air-france-flight-447-explainer/index.html.

Faccini, Barbara: »Four Minutes, 23 Seconds«, in: *Volare Aviation Monthly*, Januar 2013, S. 2–38.

Irving, Clive: »Air France Flight 447 Crash Timeline«, *The Daily Beast*, 13. Juli 2017, https://www.thedailybeast.com/air-france-flight-447-crash-timeline.

O'Brien, Jamie: »Mystery Over the Atlantic: The Tragic Fate of Air France Flight 447«, in: *The CASE Journal* (15) H. 1, 2019, S. 22–45, https://doi.org/10.1108/tcj-08-2018-0090.

»Who We Are«, Airbus, 14. Juni 2021, https://airbus.com/en/who-we-are.

Zu Kapitel 2: Potenzgesetze

»Excite-Magellan Merger Signals Trend«, *CNET*, 29. Juni 1996, https://cnet.com/tech/mobile/excite-magellan-merger-signals-trend/.

Fisk, Peter: »Metcalfe's Law Explains How the Value of Networks Grows Exponentially … Exploring the ›Network Effects‹ of Businesses Like Apple, Facebook, Trulia and Uber«. 18. März 2020, https://peterfisk.com/2020/02/metcalfes-law-explains-how-the-value-of-networks-grow-exponentially-there-are-5-types-of-network-effects/.

Hewitt, Paul: »Exponential Growth and Doubling Time«, in: *The Science Teacher* (87), H. 9, Juli/August 2020, S. 16–18.

De Langhe, Bart, Stefano Puntoni und Richard Larrick: »Linear Thinking in a Nonlinear World«, in: *Harvard Business Review* (95), H. 3, Mai/Juni 2017, S. 130–139.

Levy, Steven: *In the Plex: How Google Thinks, Works, and Shapes Our Lives*, New York: Simon & Schuster 2011.

McCullough, Brian: »Excite.com CEO George Bell«, *Internet History Podcast*, Episode 38, 17. November 2014, https://www.internethistorypodcast.com/2014/11/excite-ceo-george-bell/.

Peer, Eyal und Eyal Gamliel: »Pace Yourself: Improving Time-Saving Judgment When Increasing Activity Speed«, in Judgment and Decision Making (8), H. 2, März 2013, S. 106-115. https://doi.org/10.1017/S1930297500005040.

Szekely, Pablo, et al: »The Mass-Longevity Triangle: Pareto Optimality and the Geometry of Life-History Trait Space«, in: *PLOS Computational Biology* (11), H. 10, Oktober 2015. https://doi.org/10.1371/journal.pcbi.1004524.

West, Geoffrey B. Scale: *The Universal Laws of Growth, Innovation, Sustainability, and the Pace of Life in Organisms, Cities, Economies, and Companies*, New York: Penguin Press 2017.

Ziv, Shahar: »Which Would You Pick: $1,000,000 or a Magical Penny?«, in: *Forbes*, 10. Dezember 2021, https://www.forbes.com/sites/shaharziv/2019/07/30/can-you-correctly-answer-the-magical-penny-question/?sh=549eed6f1a64.

Zu Kapitel 3: Aus Erfahrung lernen

Boyne, Walter: »Red Flag«, in: Air & Space Forces (83) H. 11, November 2000, S. 44–52.

Herculano-Houzel, Suzana und Jon H. Kaas: »Gorilla and Orangutan Brains Conform to the Primate Cellular Scaling Rules: Implications for Human Evolution«, in: *Brain, Behavior and Evolution* (77) H. 1, 2011, S. 33–44, https://doi.org/10.1159/000322729.

Ridley, Matt: *The Rational Optimist: How Prosperity Evolves*, New York: Harper 2010.

Zu Kapitel 4: Schnellprognose

Carr, Nicholas: »Are We Becoming Too Reliant on Computers?«, in: *The Guardian*, 17. Januar 2015, https://www.theguardian.com/books/2015/jan/17/nicholas-carr-are-we-becoming-too-reliant-on-computers.

Feynman, Richard P.: »Vom Vergnügen, etwas herauszufinden«, in: ders., *Es ist so einfach. Vom Vergnügen, Dinge zu entdecken*, München: Piper 2001 [1999], S. 19–46.

Tuarez, Jaimar: »How Many Calculations Per Second Can the Human Brain Do?«, *NeuroTray*, 19. Oktober 2022, https://neurotray.com/how-many-calculations-per-second-can-the-human-brain-do/.

Zu Kapitel 5: Kreativität

Barnes, Julian E.: »Why the U.S. Was Wrong About Ukraine and the Afghan War«, in: *The New York Times*, 24. März 2022, https://nytimes.com/2022/03/24/us/politics/intelligence-agencies-ukraine-afghanistan.html.

Cohen, Eliot (Hg.): *Gulf War Air Power Survey, Volume IV: Weapons, Tactics, and Training and Space Operations*, Washington, D.C.: Department of the Air Force 1993.

Comer, Richard: »Operation Eager Anvil: Pave Low Leaders«, *Defense Media Network*, https://www.defensemedianetwork.com/stories/operation-eager-anvil-pave-low-leaders/.

Deptula, David: *Effects-Based Operations: Change in the Nature of Warfare*, Aerospace Education Foundation, Arlington (VA) 2001.

Duczynski, Guy: *Effects-Based Operations: A Guide for Practitioners*, Perth: Edith Cowan University 2004.

»Gulf War Fast Facts«, *CNN*, https://edition.cnn.com/2013/09/15/world/meast/gulf-war-fast-facts/index.html. Archiviert vom Original am 12. November 2020: https://web.archive.org/web/20201112020744/https:/edition.cnn.com/2013/09/15/world/meast/gulf-war-fast-facts/index.html. Abgerufen am 15. Dezember 2020.

Keeney, Ralph: »Creativity in Decision Making with Value-Focused Thinking«, in: *MIT Sloan Management Review* (35) H. 4, Sommer 1994, S. 33-41.

Mackenzie, Richard: »Apache Attack«, in: *Air Force Magazine* (74) H. 10, Oktober 1991, S. 54-60.

Rich, Ben R. und Leo Janos: *Skunk Works: A Personal Memoir of My Years at Lockheed*, New York: Little, Brown 1994.

Underwood, Beth: »Blinding Saddam«, in: *Military History* (33) H. 7, März 2017, S. 38-47.

Whitcomb, Darrel: »Flying the First Mission of Desert Storm«, in: *Air Power History* (59) H. 1, Frühjahr 2012, S. 4–11.

Zu Kapitel 6: Mentale Stärke

Arnsten, Amy F.: »Stress Signalling Pathways That Impair Prefrontal Cortex Structure and Function«, in: *Nature Reviews Neuroscience* (10) H. 6, 2009, S. 410–422, https://doi.org/10.1038/nrn2648.

Geneva International Centre for Humanitarian Demining: »Explosive Weapon Effects: Final Report«, Genf, Februar 2017.

United States District Court: *District of South Carolina, Greenville Division. Winston Tyler Hencely vs. Fluor Corporation, Inc.; Fluor Enterprises, Inc.; Fluor Intercontinental, Inc.; Fluor Government Group International, Inc.*, Juni 2020.

Zu Kapitel 7: Priorisieren und entschlossen handeln

Butcher, Harry: *My Three Years with Eisenhower*, New York: Simon and Schuster 1946.

Buttle, Cameron: »The RAF Weathermen Who Helped Save D-Day«, *BBC News*, 4. Juni 2019, https://bbc.com/news/uk-scotland-48498383.

D'Este, Carlo: »The Storm Before the Storm«, *HistoryNet*, 29. März 2022, https://historynet.com/the-storm-before-the-storm/?f.

Eisenhower, David: *Eisenhower at War, 1943–1945*, New York: Random House 1986.

Eisenhower, Dwight D.: *Kreuzzug in Europa*, Amsterdam: Bermann-Fischer 1948.

Hand, Rodger: »›Okay, We'll Go‹ – An Analysis of Eisenhower's Decisions Launching Overlord«, in: *Army History*, H. 41, Frühling 1997.

»How Busyness Leads to Bad Decisions«, *BBC Worklife*, https://bbc.com/worklife/article/20191202-how-time-scarcity-makes-us-focus-on-low-value-tasks.
Sibbons, Mike: *From the Archives: An Eclectic Mix of Stories from the History of REME*, Oxford: Osprey Publishing 2016.